# 海上战略的若干原则

【英】朱利安·斯塔福德·科贝特 著
吕贤臣 译

**内容提要**

《海上战略的若干原则》是英国海军战略理论家科贝特的成名之作，也是一部关于海军战略理论的传世名著。该书共分为三个部分，第一部分为战争理论，作者分别从进攻型战争与防御型战争、有限战争与绝对战争以及有限战争与海上战争、干涉战争的关系等不同角度，阐述了当时的战争理论。第二部分海战理论，主要论述了三个基本问题，分别是：目标理论——制海权、工具理论——船队组成、方法理论——兵力的集中与分散。第三部分首先简要分析了海战的基本概念，而后详细阐述了海战中所涉及的夺取制海权的方法、阻止敌人夺取制海权的方法、行使制海权的方法。书中的很多观点至今仍有较大的参考价值。该书的主要读者为海军战略研究专业人士和有兴趣的一般读者。

This is a translation of *Some Principles of Maritime Strategy*, published in English by Naval Institute Press, 1986.

**图书在版编目(CIP)数据**

海上战略的若干原则／(英)科贝特(Corbett,J. S.)
著；吕贤臣译. —上海：上海交通大学出版社，2015
ISBN 978-7-313-13062-4

Ⅰ. ①海… Ⅱ. ①科… ②吕… Ⅲ. ①海洋战略—研
究 Ⅳ. ①E815

中国版本图书馆CIP数据核字(2015)第114918号

**海上战略的若干原则**

著　　者：[英]朱利安・斯塔福德・科贝特　　译　　者：吕贤臣
出版发行：上海交通大学出版社　　地　　址：上海市番禺路951号
邮政编码：200030　　电　　话：021-64071208
出 版 人：韩建民
印　　制：杭州富春印务有限公司　　经　　销：全国新华书店
开　　本：787 mm×960 mm　1/16　　印　　张：18
字　　数：204千字
版　　次：2015年12月第1版　　印　　次：2015年12月第1次印刷
书　　号：ISBN 978-7-313-13062-4/E
定　　价：50.00元

# 序　言

尽管朱利安·斯塔福德·科贝特爵士（Sir Julian Stafford Corbett）没有任何海军背景，但丝毫没有影响他成为英国最伟大的海军战略学家。1854年11月12日，科贝特出生于伦敦，是一位家境富裕的建筑师的次子。他在马尔伯勒学校读完中学后，考入了剑桥大学三一学院攻读法律，获得一等荣誉学位。1877年，科贝特开始担任高级律师（有资格出席高等法庭的辩护律师），这种不用整天工作而又衣食无忧、令人敬仰的职业，使其得以抽出时间四处游历，他先后去过印度、美国、加拿大和欧洲大陆。

科贝特曾对绘画颇为迷恋，而后他的兴趣转向了文学创作，并在1886年出版了自己的处女作小说《仙宫秋日》，描写的是挪威人与海洋的故事。次年，科贝特以16世纪英国伊丽莎白女王纵容私掠船到处寻衅滋事为背景，创作出版了第二部关于海洋的文学作品《为了上帝和财富》。这两本书由与科贝特私交不错的麦克米伦出版社出版，可惜获利甚少。不管怎样，出版界还是对科贝特编撰的英国著名人物系列丛书印象深刻。科贝特首次尝试写作的历史作品是关于阿尔比马尔公爵乔治·蒙克一世的短篇个人传记，该书于 1889 年出版。其后的几年，科贝特又对德雷克展开了类似的研究。

科贝特撰写历史著作的能力要强于写作小说。在完成了另外两部不太成功的小说——《卡佩修阿十三世》(科贝特引以为豪的滑稽讽刺小说)和《大洋上的贸易》(以英国支持法国旺代省保皇党反对法国革命为背景创作的海洋文学作品，科贝特以此尝试严肃历史作品创作)后，他再次将写作对象确定为弗朗西斯·德雷克(Sir Francis Drake)爵士，一部两卷本的《德雷克与都铎王朝的海军》于 1898 年问世。一位资深的科贝特研究者评价道:“这是一部经典著作，尽管初出茅庐，但科贝特却对历史研究方法运用自如。”翌年，该书以简装本发行，畅销书市，此后多次被朗曼·格林公司——科贝特的新出版商再版发行。

《德雷克与都铎王朝的海军》出版后不久，科贝特撰写的续篇——《德雷克的继承者》于 1900 年正式出版。科贝特自信这一系列丛书的第三部肯定也会受到欢迎，于是 1899 年底他要求得到更多的稿酬。此时的科贝特在与其著作代理商的讨价还价中，既显示出他不断增强的商业敏锐性，同时也表现出他已经掌握了战略思想的永恒主题。科贝特认为《德雷克的继承者》是一部“时尚”的著作，“因为该书的‘灵魂’是:一支海军如果缺乏训练有素、装备精良的陆军的协助，一旦遇到舰队能力范围之外的情况将会力不从心”。科贝特预言的“如同海军这十年繁荣发展一样，陆军的黄金时代也将来临”，这样一个历史先后顺序的论断将会“受到关注并被引用”。

科贝特是英国海军档案协会的创始人之一，该协会于 1893 年创建，负责编辑和出版英国海军历史文献。1896 年，海军档案协会的首任会长约翰·劳顿爵士邀请科贝特编撰 11 卷本的《西班牙战争相关文件(1585—1587)》，这项工作对于科贝特进行以德雷克为主要内容的作品创作非常有利。次年，科贝特被吸收为海军档案协会委员会的委员，此时劳顿爵士正计划出版短篇的《海军札记》第一卷，科贝特受邀协助编辑其中的一些章节。

世纪之交，科贝特已经成为一位小有名气的海军历史学家，在妻子伊迪斯（与科贝特于 1899 年结婚）的鼓励下，他决定将毕生精力投入海军史的编撰工作。1901 年初，科贝特在给其著作代理商的信中写道："我认为，以海军教育为目的的海军历史的繁荣时期即将到来，很多有影响力的海军军官正专注于此项研究。"科贝特此时踌躇满志，以至于他拒绝了《战士》杂志关于传统作品的约稿邀请，而将兴趣转向政治新闻类刊物，定期为新自由主义杂志《评论月刊》撰写文章。科贝特于 1900 年迁往伦敦，在那里他和家人平静度过了 22 年。

渐渐地，科贝特身边形成了一个以海军界人士为主的交际圈子，随后不久，他被正在兴起的海军改革运动吸引。1902 年春，科贝特在《评论月刊》撰文呼吁采取更为激进和更为系统的方式推进海军教育改革，支持改革的海军上将威廉·亨德森爵士和赫伯特·里奇蒙海军中校为该文提供了素材，第二海务大臣约翰·费舍尔爵士对此文也表示支持。1902 年底，科贝特应邀前往格林尼治皇家海军战争学院讲授战争课程。该课程开设于两年前，起初 8 个月的课程后来缩减为 4 个月，授课对象为海军中校和海军上校等高级军官，甚至包括一些海军将官，授课内容为"战争艺术"，包括海军战略和海军战术。该课程长期以来一直由其创建者 H·J·梅海军少将一人负责讲授，梅因此劳累过度于 1904 年英年早逝。科贝特被请来开设海军历史方面的系列讲座，目的是"从中总结出一些适用于现代战争的经验教训"。

梅认为由一位文人学者来教授海军史可能会过分强调政治因素而"偏离"战略本身。正像科贝特后来指出的那样，"我的本意是想要他们认识到：过去海军部从未制定出一个思路清晰的作战计划，经常因为政治和外交上的顾虑而裹足不前，无法完全按照既定战略方针执行。"科贝特此时正在为新式海军教育中如何教授历史的问题冥思苦想，为了在年底的塞尔伯恩备忘录上发表这些看法，他对其进行了整理。整个海军历史教育被分为三个阶段，第一阶段是奥伯恩向十二三岁的军校学员宣讲海军英雄事迹，第二阶段则是达特茅斯指导学员针对海军史和政治史"为什么会如此"展开深入研究。而且，达特茅斯的课程并非是简单的理论复述："无论马汉（Alfred Thayer Mahan）上校的著作多么吸引人，我们还是要避免陷入那些纯理论之中。"①战略，包括所有细节和复杂性，最好留给具有成熟思想的学生们，作为"高级军官的最后课程"，这就是战争理论授课。

1903年，科贝特在海军学院的授课作为颇具声望的福特讲座在牛津多次举行，这也为他的第三部力作——两卷本的《英国在地中海：关于处于困境中的英国崛起及其影响的研究（1603—1713）》奠定了基础。这部著作完成于1903年11月，于1904年出版。实际上，科贝特在1901年就开始将书中内容作为"海军历史在斯图亚特王朝统治时期的延续"进行研究，但他在海军学院的授课启发他产生了许多新的思想。正如科贝特在该书序言中写的那样，他最终选择这个特殊主题是因为"要着手解决这个经常被提及的问题，它与我们今天所熟知的历史有关，同时也是制定海军战略的当务之急。"这正是科贝特在格林尼治倡导的"应用历史观"。

这部严谨的学术著作很快给科贝特带来了作为英国当代著

① 见科贝特《海军及军事历史教学》，1916年1月7日他在历史协会的演讲材料。

名海军历史学家的声誉,科贝特继续为《评论月刊》的专栏撰稿,支持海军部中的改革派。1903 年 7 月,科贝特发表文章进行"直接攻击",批评塞尔伯恩的海军理论,对费舍尔表示强烈支持。费舍尔对此甚为满意,他邀请科贝特加入了他的私人挚友交际圈——著名的"鱼塘"。费舍尔的器重在一定程度上帮助科贝特以伦敦《时代》杂志特约记者的身份参加了 1903 年的舰队海上演习,科贝特也正是从这时开始有机会阅读官方文件。然而,他并没有对所阅览的内容留下太多印象。1905 年,科贝特直言费舍尔,批评海军部的战略思想缺乏智慧且太过迂腐。随后,科贝特被召去与海军情报部长和已经成为第一海务大臣的费舍尔讨论上述问题,最终得出的结论是:要更加重视战争理论授课中的"战略"教学。同时,科贝特还将海军情报部长的发言补充到教学内容当中。

科贝特继续将一些海军历史命题作为授课内容,诸如:拿破仑入侵、特拉法尔加海战后的拿破仑战争、1866 年的奥地利—意大利战争甚至还有罗马时代的海战。1906 年后,日俄战争成为科贝特授课中的一项重要内容,他以联合作战为主题开设了一系列讲座。新的战略课程理论性更强,在第一讲中,他向持怀疑态度的听众证明了"将战略理论(或科学)转变为共同战略原则的逻辑必要性"。在第二讲中,他选择范例,研究分析了"克劳塞维茨的理论体系"。在第三次和第四次讲座中,他解释了"真正意义上的海上防御的本质"。在第五讲中讲了"有限战争和绝对战争",接着又进行了战例分析(例如:美西战争和七年战争),课程结束时安排的总结性讲座是关于"控制敌方战略的方法"以及各种形式的封锁。实际上,这就是后来广为人知的《海上战略的若干原则》一书的雏形。

海军学院的新任院长是能力很强的埃德蒙 J·W·斯雷德

海军上校，科贝特很快与他建立起良好的私人关系。战略课程在很大程度上是一项"合作工程"，其中很多概念是经过讨论研究才得出来的。到1905年为止，学习这些理论的学员要比科贝特刚开始在格林尼治讲课时多得多。早期只有15—20名军官学习这些课程，而现在听课者中通常有4位海军将官，大约十几位海军上校和海军中校军官，4名海军上尉和4名士兵或皇家海军陆战队队员。这时，科贝特开始与位于坎伯利的陆军参谋学院进行学术交流。他的授课从格林尼治依次扩大到3个母港，目的是能使其他军官既能听到他的授课，也可以进行他所提出的战争演习。这种新式课程于1905年11月首先在德文波特开讲，接着于1906年春天在朴茨茅斯进行。但是巡回授课尚未到达查塔姆之前，海军学院就已决定将授课地点仅限于朴茨茅斯，而在德文波特和查塔姆只进行战争演习。这些辅助性讲座是被科贝特称作"战例研究"的一种方法，当然有时他仍教授理论性较强的课程内容，例如：封锁。当英国皇家海军的"特耳西科瑞"号停泊于朴茨茅斯总司令官邸对面的军港内时，海军学院已经开始静静等待自己黄金时代的到来①。

具有标志性的"无畏"号战列舰在附近造船厂的完工颇具象征意义。建造无畏舰和"特耳西科瑞"号反映了费舍尔所期望的改革的不同方面：后者（暗指海军学院）将为前者提供制度上的指导。的确，1906年"无畏"号下水的几个月后，费舍尔写信给科贝特建议海军学院扩大规模。此举引出了由斯雷德和科贝特精心创作并发表于《时代》杂志上的系列文章，他们分析解释了海军学院如何扮演着双重角色——既是一座思想库又是一所学

① 战争理论授课于1914年一战爆发时中止，1920年在格林尼治恢复，1978年最终停止。

校。但不管科贝特怎样暗示,海军学院还是要作为费舍尔不愿正式建立的"海军参谋部",这位第一海务大臣喜欢独揽大权。科贝特这时发现自己正处于执掌皇家海军战略智库的重要位置。科贝特此后不断完善的思想观点,在后来广为人知的《海上战略的若干原则》一书中展现出来。尽管这些思想观点并不总是被其最初的读者看好,甚至不被理解,但是至少一段时间内,它们确实逐渐成了费舍尔时代权威的战略学说。

在斯雷德的大力协助下,科贝特从自己的讲座笔记中归纳总结出一些基本概念,如制海权、集中和封锁等,它们后来出现在《海上战略的若干原则》一书中。斯雷德和科贝特认为部分颇感困惑的读者需要一个关于基本概念的参考资料,这一想法促成了《绿色小册子》的编写,准确地说是《海军历史讲座中使用的战略术语和概念》,它完成于 1906 年。科贝特的名字作为"海军历史授课者"出现在其中。这份内部文件中的观点非常激进。作者认为"海军战略并不是一门单独的分支学科,它是战争艺术的一部分。军官们研究的是战争艺术,只不过专注于海军战略……其正确的研究方式是先掌握战争的宏观理论,进而确定海军战略与其整体的关系。"克劳塞维茨在著作中明确写道:"战争是政治交往的一种形式,当武力被用于实现政治目的时,战争就成为政治外交的一个延伸。"

科贝特坚决主张:海战理论不能脱离战争理论而独立存在,这也是他作为经典海军战略学家,其著作无可匹敌的关键所在。他非常熟悉克劳塞维茨的著作,无论是英文还是德文。同时,他还广泛阅读了与其同时代的军事家们的著作。例如:若米尼、冯·德·戈尔茨、冯·克默雷尔和克拉夫特亲王。尽管科贝特有时并非完全赞同他们的观点,但这些理论大大启发和丰富了科贝特的思想。科贝特深厚的法律素养使他能够轻易发现其中存在的逻辑漏洞。

《绿色小册子》一开始就从逻辑上对作战所要达到的目的进行了分析，根据对大小两类战争目标的区分提出了“大战略”（类似于我们今天所说的“总体战略”）和“小战略”（现在时髦地称为“作战艺术”）的二元概念。大战略主要关注的是战争的政治目的；小战略则主要关注的是具体作战计划。小战略可以是海军战略或陆军战略，或是两者的综合。科贝特解释说：“通常所说的海军战略或舰队战略只是战略研究体系的一个分支。因此，战略研究不能仅仅从海军作战行动的角度出发。”战争目标的分类同样也是理解《绿色小册子》中进攻战略（积极目标）和防御战略（消极目标）定义的关键。

在对战略进攻和战略防御之间的关系进行一番严密而复杂的分析后，《绿色小册子》将主题转向论述有限战争（指我们仅需要从敌对势力那里占领某处地区或获取某些利益，比如美西战争……）和绝对战争的差异。在确定了战略目标之后，接下来就应明确作战目标，在战役目标和自己的基地之间分布着数条作战线和交通线。手册将交通线分为三种：补给路线、横向交通线、撤退路线。海上交通线同样分为三种：用于支援舰队作战的交通线、用于支援海外陆军作战的交通线、商业贸易航线。手册强调“海军战略的当务之急就是这些交通线问题；也就是说，海军战略问题都可以归结为‘交通线问题’，这也许是解决这些问题的最好办法”，这一思想贯穿于《海上战略的若干原则》全书，也是理解科贝特所有海上战略理论的关键。

在将“制海权”定义和解释为控制海上交通线后，《绿色小册子》进而开始论述夺取制海权的方法和途径。“寻歼敌方舰队”的格言十有八九是取得海上交通线控制权的最好方式，而消灭敌方舰队的最佳办法是“占据一个能够控制敌方战役计划中至关重要的海上交通线的位置。”原版的《绿色小册子》猛烈抨击了将简单的格言上升为永恒原则的做法，同时针对“寻找而后歼灭”的原则提出了两条警告：第一，即使你拥有优势兵力并在某处找到了敌方舰队，你会发现除非付出高昂代价，否则无法消灭他们；第二，由于防御是比进攻强度更大的战争方式，所以更为明智的战略是诱使敌人进攻，而不是去寻找敌人，并在敌方领地与他们决战。可能是受了斯雷德(Slade)继任者的影响，科贝特在手册1909年的版本中，表述这些警告时明显缓和了语气。

科贝特一面向他的读者解释这些颇为复杂的新颖思想，一面继续撰写和出版史学著作，尽管他个人对于总结战略经验更为关注一些。1907年，《七年战争中的英国：联合战略研究》终于问世。在介绍自己这部两卷本的重要著作时，科贝特对海军学院的学员和斯雷德(此时已经负责掌管海军情报部)表示了诚挚的谢意。科贝特将七年战争作为历史研究案例，主要是因为它与科贝特在海军学院所作的“联合作战”讲座有关，在他讲授的战略课程中还将其用作“有限目标战争”的例证。科贝特试图将详细的叙事与深刻的战略评论结合起来，使得这本书有些晦涩难懂，而其创作过程也实属不易。舒尔曼教授曾对此书作过一针见血的评价：“如果将其看作是将战略哲学与历史结合起来的一种尝试，这是一部失败的作品；但如果将其视为一项普通的法律论述，它无疑是一部成功的著作。”

同年，科贝特参加了由英国皇家国防委员会组织的针对德国入侵可能性的官方调查研究。针对入侵威胁，罗伯茨勋爵和其他热衷于陆战的军官们要求增加陆军经费预算，费舍尔则担心国防费支出会过分偏向陆军，于是他指示斯雷德和科贝特反驳那些观点。为此，科贝特公布了一份备忘录——从战略角度分析了1588年、1744年、1759年、1779年和1805年接连发生的针对英国的入侵中，海军无论是在配合陆军作战方面，还是在挫败敌人进攻企图方面都发挥了至关重要的作用。这一备忘录后来也出现在《海上战略的若干原则》的第四章。它最终成功说服了皇家国防委员会。

科贝特成为公认的研究风帆时代海军战术的专家，主要是由于他在1905年应海军档案协会要求编写完成的《作战指令1530—1816》，该著作包含了大量精彩的创造性的战术分析，而不是简单的文件资料汇编。1908年，该书在补充了新内容后再版发行，书名更改为《信号与指令》。此后，海军档案协会又请科贝特为那些只有插图的著作编写注释，其中包括一套描绘第二次英荷战争中两场主要战役的绘画。

科贝特参加了关于纳尔逊在特拉法尔加使用的精确战术的讨论，这启发了他在1909年完成了自己的第二部重要历史著作《特拉法尔加海战》，并于次年由朗曼出版社出版。尽管科贝特对特拉法尔加海战的研究已有一段时间，至少从1905年开始，他在海军学院的历史讲座就已包含了这场海战的内容。但是，他还是广泛搜集、综合引用了有关特拉法尔加海战的各方面资料，其中包括德布里埃上校新出版著作中的法国资料，对这场海战进行了全面分析。此外，科贝特早在《作战指令》一书中就已指出，纳尔逊按照其所谓的“对敌人手中每一张可以识别的牌都进行直接打击”的信条行事，存在“巨大”风险。诸如此类的“过激言语”立即引起轩然大波，并导致这本新书的出版不得不延期。记者詹姆斯·瑟斯菲尔德试图引起舆论关注科贝特一直以来对海军学院学员和整个皇家海军“不健康”的影响，而将这场争论进一步扩大。瑟斯菲尔德呼吁成立一个官方的调查委员会对特拉法尔加海战再次进行研究，但在这场海战过去将近107年后，重新对其有关细节进行调查，只能说明海军委员会的举动相当奇怪。最终,海军部图书馆员 W·G·佩林(W. G. Perrin)撰写了委员会报告,为科贝特进行了辩护。

针对特拉法尔加海战的争论,使我们在一定程度上了解了1911 年《海上战略的若干原则》出版的背景。它表明科贝特的观点还远未被大众接受和赞同。毫无疑问,海军学院的许多学员认为,科贝特的风格是"故弄玄虚并损害了学术上的朴素与光彩"。这一点可以从科贝特那些常常被认为新颖,甚至是骇人听闻的思想观点中得到证明。正如一位与科贝特同时代的学者所形容的那样:"当他以温和的语气重复道'先生们,关于这一问题,你们的观点与我相差甚远……'——这就是他要提出与公众普遍接受的观点截然相反的想法的前兆,此时他是最危险的。"

军官们对科贝特自以为是和对某些海战轻描淡写的态度尤其难以接受。有些人对他的"宁愿采取其他方式,也不通过直接进攻打败敌人的偏好中所展现的出色的法律素养和缜密思维"不以为然,这其中更多的是一些根深蒂固的门户之见和感情因素在作怪。面对一位能力出众,但却把军事当作业余爱好的学者的高谈阔论,经验丰富的海军军官们感到忿忿不平。事实上,正因为他们面前的授课者不是一位有明确军衔的海军人员,使得他的学说和观点就会因不是基于神秘的"海上经验"而让人难以接受。

科贝特对此反应敏锐,很快觉察到问题的严重性。1910—1911 年,在费舍尔的建议下,科贝特"小心翼翼"地将注意力转到公开出版他的战略学说上,并舍弃了原来表述过于直接和偏激的初稿。科贝特在格林尼治所写的初稿中有一个非常吸引人的地方,即第三部分第二章关于"决战"的内容。原稿切中要害,言语中肯,对"盲目投入兵力"进行"寻找而后歼灭"的观点进行了全面批判,这一观点在科贝特最初的授课中就遭到过批评,但在该书的最后版本中，科贝特采取了偏重使用史例来说明其观点的做法。

《海上战略的若干原则》最初被冠以更具雄心的书名——《海上战略的原则》，科贝特广泛地将其所有著作的精华囊括其中，包括出版的和未出版的。不幸的是，或许是为了平息争论，曾经在他的讲课笔记中显而易见的一些表述直白的论调，已经被颇为冗长的爱德华七世时代的文学语言风格所取代，不过贯穿其所有笔记、著述和备忘录中的主题思想在这部书中都得以充分展现。1911 年 8 月，在完成了该书的创作后，科贝特与朗曼出版社签订了出版合同。他本想先把书的清样寄给斯雷德（在公开顶撞费舍尔后于 1908 年被派往东印度海军基地任司令）审阅，但由于出版时间紧迫，此举并不可行，他只好作罢。1911 年 11 月，该书得以出版，售价 9 先令（约合现在的 45 便士——比照科贝特此前的历史著作售价来说是相当便宜的）。

在《海上战略的若干原则》一书序言中，科贝特首先论述了从理论上研究战争的功用和局限性，此前科贝特的讲座中也是以此作为开场白。随后，在汲取各种军事理论精华的基础上，他独创了一套全新的理论体系，而不是像在课堂上那样，引用克劳塞维茨的理论著作中具有说服力的论据来粉饰那些空洞苍白的观点。他在该书第一部分第一章使用了“海上”而不是“海军”来限定研究对象的范围，“毫无疑问，单凭海军的行动决定战争的胜负几乎是不可能的。”科贝特的重要贡献之一，就是强调了海军和陆军相互影响、相互依赖的关系。“由于人们生活在陆地而非海洋，因此国家间重大战争问题的解决（除了极少数情况下）通常由以下因素决定：一是你的陆军能否占领敌方领土并击溃敌方军队；二是敌人对于你的舰队帮助陆军实现这一目的感到恐惧的程度。”科贝特超越马汉之处在于：他从更广阔的视角来研究“海上战略”，使之看上去与 20 世纪麦金德的观点更为接近，而不是像马汉那样，明明是陆权将要主宰的新世界，却不切实际地证明“海权”的优势地位。

科贝特十分重视克劳塞维茨的理论，并悟出了克氏分析战争与政治关系问题的真正内涵，从这一意义上来说，他也是很赶“时髦”的。科贝特承认，有限目标导致了有限战争的产生，此观点与他的德国导师如出一辙。这一思想尤其值得关注，它可以看作在 19 世纪末 20 世纪初，对克劳塞维茨“全面战争不可避免”学说的修正。然而，科贝特的观点也受到了一些人的批评，认为他的思想显然是想倒退至有限战争前的时期，但是进入核时代，我们发现是这种批评议论，而不是科贝特，看起来更为肤浅。科贝特并不是在提出一种所谓的“海上有限战争是战略上的万能药”的学说。实际上，恰恰相反，他认为战略家应该首先“判断战争的类别，确定没有因为做出错误判断或背离战争固有条件而渐行渐远。”科贝特在该书第一部分第三章到第六章关于有限战争的讨论(实际上是他战略课第五讲的扩展)表明：二战以后，虽然很多海战手段和方式都被限用，但海上力量确实在有限战争中扮演了重要角色，科贝特对此早已有先见之明。不过，如果科贝特知道来自海上和陆上基地的空中核打击力量的毁灭性威胁，这肯定会深深触动他那爱德华七世般的敏感神经。科贝特用优美的语言对自己的理论进行了总结：“对于一个真正的有限目标，我们不仅要拥有孤立封锁它的能力，还要能够确保本国防御的坚不可摧，阻止其进行无限制反击。”

科贝特的理论中争议最大的是有限战争思想，在第五章中，他列举了“绝对战争中的有限干涉”的战例。科贝特清晰表达了他对“有限的战场空间不适宜投入兵力进行大规模陆上战争”的理解。不过，他还是认为有限的海上威胁仍可扮演重要角色，它会使敌人的大陆战略充满更大风险并且更加复杂。这类理论在当今美国的新海上战略中得到了体现，当然，有些观点依旧遭到质疑。科林·格雷(Colin Gray)在其强烈支持美国新战略的文章中指出，类似当年科贝特的思想今天有可能变为现实。格雷博士承认，“在一场短暂的战争中，想要在东西方冲突中控制欧洲，采取从侧翼分散敌军注意力的方式效果不够理想。那种认为在遥远的北欧取得海上胜利能够补偿在中欧的巨大损失的想法是愚蠢的，这种情况不可能发生。但是这种胜利对于苏联领导人之间进行的政治争论会起到积极作用，他们正在为尽早结束战争同时又能挽回面子而寻找理由。”格雷认为：在一场可能持久的战争中（相互之间核威慑导致核武器的无法使用），苏联认为有很多区域容易遭到西方海上力量的打击，“因为西方海上力量能够或者必定有助于给苏联对偏远地区的控制构成多重威胁”。就像科贝特评价德意志帝国一样，格雷承认苏联并不像18世纪的法国，“它没有像法国在西印度群岛的糖岛那样的地理优势。”然而，“一般来说，扩大地盘仍是现在一种常见的获利方式，对于具有高度机动性和灵活性的海上力量来说也是可行的，但这并不能快速有效地补偿中欧的巨大损失。”格雷的著作中充满了对科贝特思想的引用，科贝特如果在天有知，可能也会发自内心地赞成这种20世纪末期的理论对其基本观念的诠释和解读。

科贝特与其同时代的美国海军战略学家之间出现的分歧（或是在语言风格上，或是在史实论述上）在该书第一部分第二章有所体现。这其中涵盖了他在海军学院第三次和第四次讲课中的讲稿，主要是关于战争中进攻和防御的分类。科贝特尤为关心他的听众和读者能否把这个问题搞清楚。正如他在海军学院所说的，现代海军正变得越来越重要，不会再像以前一样在计划不周的进攻行动中被无故撇在一边。科贝特对于“迷信进攻，进而怀疑防御”的趋势很是焦虑，“这是一个危险的根源，没人总是能采取进攻行动，特别是在被认为应实施防御的关键时刻，同时这也是军官和他的部队不应对防御失去信心的时刻。”

科贝特深知他的海军军官听众们过于优秀，以至于不会承认从心理上厌恶“防御”。尽管他知道“单纯防御思想”的危险，但是他认为不应该对防御的固有优势视而不见，尤其是在战场环境需要这种战争方式的时候。有人认为，科贝特肯定无法容忍美国海军20世纪80年代关于“冒险”原则的阐述。事实上，他尤为厌恶同时代英国同行的一些思想，诸如：“敌人的海岸是我们真正的边境。”正如他向朴茨茅斯的听众所讲的那样：“但愿你能一边哼唱《统治吧！不列颠》，一边筹划一场海战。”

在《海上战略的若干原则》一书的第二部分和第三部分，科贝特把精力从《绿色小册子》中所谓的大战略转向了小战略，比如将“海战理论”本身作为研究对象。在这部分的开头，科贝特陈述了自己的基本原则：“海战目标必须直接或者间接指向制海权的获得或者阻止敌人获得制海权。”科贝特认为海洋不像陆地，“因为海洋不受归属权的影响，至少领海以外是这样……显然，从夺取制海权好比是征服领土这个假设得出推论是不科学的，而且这样一定会导致谬误。”(这里，读者可以看到科贝特在文章中表现出的对其同时代的一些陈词滥调的厌恶)在战争中，海洋作为一种交通媒介至关重要，“控制海洋……就意味着控制海上交通线，无论是出于商业目的还是军事目的。”关于最后一点“使用海洋作为施加军事压力的一种方式”，科贝特似乎在为今天超级大国的海军提出特别中肯的建议。然而，这些超级大国海军从本质上被看作大陆势力在海洋方向的延伸，而不是维护海上帝国经脉网络的铜墙铁壁。

科贝特和马汉一样重视主力舰队作战，但是在兵力集中与分散的问题上他与美国同行存在分歧。科贝特强烈反对马汉自作主张将兵力集中上升到一种原则的高度，但他并没有公开跟这位美国同行争论（他私下认为马汉的著作是“浅显和完全缺乏历史根据的”），而是创立了一个更为复杂的理论，通过分散舰队兵力来获得良好的机动性。他大胆宣称：“在英国海军历史上，错误分散兵力的战例还很难找到。”

夹在这两章中间的一个部分内容是有关舰队编成的。显然，科技的飞速发展并没有令这部分理论过时，该理论对当时正在不断发展的舰队编成方式进行了非常透彻的分析。科贝特认为，将20世纪初期“战列舰舰队、巡洋舰舰队和小舰队”的分类方式当作一种永恒不变的标准是“不科学和危险”的。他的思维模式（将海军兵力的作战功能与控制功能区分开来，以及将上述两种功能同海军兵力的沿海行动区分开来）对于我们深刻理解20世纪末各类海军兵力的地位、作用大有裨益。航空母舰、核潜艇和一定数量的陆基飞机就是今天的“战列舰舰队”；轻型反潜航母、海上巡逻飞机、驱逐舰和护卫舰是新的“巡洋舰舰队”；常规潜艇、快速攻击艇和各种各样的巡逻舰船是新的“小型舰队”。科贝特清楚地认识到，“巡洋舰舰队”主要用于行使由主力战列舰夺取的制海权，同时他还谈到了海军指挥官面对的是发挥“巡洋舰”在战列舰舰队中的支援作用还是将其直接用于保护海上交通线这一两难的问题，充分显示了科贝特的超前眼光。

科贝特恰当利用了纳尔逊的权威性来支持自己的观点——将“真正”发挥巡洋舰保护航运的作用置于最为优先的位置。科贝特称，纳尔逊为了这个目的“有时候甚至将其舰队中巡洋舰的数量减至最低。”然而不幸的是，这一原则随后就被遗忘。例如，1917年，英国海军将领在驱逐舰（在无限制潜艇战时期，驱逐舰是保护海上贸易航线最有效的“巡洋舰”)的分配使用上并没有听从这位伟大战略前辈的教导,而到了20世纪80年代初期,英国的海军决策者在对数量有限的巡洋舰(与航空母舰、驱逐舰和护卫舰相比所占比例差别很大)分配上似乎依然坚持战列舰舰队优先的使用原则。现在美国海军亦将战列舰舰队的行动置于最优先的位置。那么,科贝特可能会问,这些优先权是“海战理论中关于作战需求的正确表述吗?”他认为,“配属给战列舰舰队的每一艘巡洋舰都难以真正发挥作用。”在后文中,他又进一步阐述说“经验和理论都表明:巡洋舰主要用于攻占海上交通线应被视为一条基本原则,除此之外,因舰队的其他需要而抽调巡洋舰应尽可能减少。”

科贝特敏锐地发现科技的发展使得舰艇类型之间的区别更为模糊,从而令作战计划的制订者们很难确定这些舰艇的真正角色。在他那个时代,大型巡洋舰与战列舰逐渐融合形成一种专门的主力战舰,这一过程由于费舍尔的远见卓识得以加速推进。费舍尔认为英国需要一种既能与敌战列舰作战,又能保护海上贸易免受法、俄大型巡洋舰袭扰的通用型舰只。英国与德国在北海的频繁接触和对抗,使英国面临着新的压力,在这一点上科贝特认识深刻且不无担忧。考虑到即将到来的海上决战,他也趋向看重战列舰舰队中舰船的作用,包括主力战舰,也有执行掩护任务的轻型舰艇。科贝特指出,大型巡洋舰应作为战列舰舰队中的快速机动兵力,而不再充当海上贸易航线的保护神。事实上,新的战略形势使得新型巡洋舰已再不像费舍尔设想的那么重要。遗憾的是,科贝特没有预料到科技的发展使得潜艇作为一种海战武器在战争中有上佳表现,进而在与德国交战后,被迫再次重视对舰船的直接保护。因此,英国急需装备一些更加实用的、小吨位的新型“巡洋舰”。

《海上战略的若干原则》一书第三部分——“海战指导”或许是用英文著述的关于指导舰队海上作战最复杂、最完整的学说了。科贝特针对过分简单化的“寻找而后歼灭”学说提出了全面质疑，尽管此前提到过，但他还是小心翼翼地对此进行了阐述，以免过度刺激对立观点而产生不必要的麻烦。科贝特认真讨论了封锁的问题，他的思想在一定程度上影响了当时英国的封锁作战方针。与此同时，科贝特着手对“存在舰队”学说进行了阐释，在论述该学说的由来时，他津津乐道于 1690 年发生在托灵顿的争论。马汉显然难以接受这种保守思想，但这一思想却对律师出身的科贝特充满吸引力。随后，科贝特还探讨了“小规模反击”的问题，他断言：鱼雷的出现将使海战发生最为显著的变化。

科贝特深知以弱攻强的观点（例如：1905 年对旅顺港的袭击），可能会像早期纵火船的没落一样，从某种意义上说已经是一种过去式了。英国 1940 年对塔兰托的袭击，标志着飞机的出现将使战争形态发生重大变化。未来海战将以一种全新的形式出现，即对停泊于港口的敌舰队实施直接打击。1941 年 12 月，日本对珍珠港的偷袭将这一作战形式展现得淋漓尽致，此后该作战理论作为 20 世纪海上战略的核心思想一直延续到今天，但我们无法期望科贝特能够预见到飞机给战争形态带来的革命性改观。对于潜艇，科贝特也给予了特别关注，他写道：“潜艇‘未经验证的价值’会给未来海战笼罩上更深一层的迷雾。”他认为潜艇可能更适合防御，“作为海战中的一张新‘王牌’，潜艇与担任防御任务的舰队巧妙结合在一起，可能会使‘存在舰队’思想体现出新的重要价值。”

科贝特的想法是正确的，但实际情况的发展变化比他预想的更为深刻。正是德国采取了至关重要的“存在舰队”战略，指导和帮助德国潜艇一方面对英国军舰展开“小规模反击”，同时对英国的海上贸易实施了最有效的打击。不过，科贝特最后的结论显得软弱无力和缺乏远见。正如兰夫特教授所指出的："科贝特无视当时商业战争的威胁，从而助长了英国海军中已经出现的危险思潮，没有对此类问题给予应有的关注。他不像马汉那样强调护航体系的永久性战术优势，可以视为英国海军思想史上最大的失算。"或许，就是由于科贝特对马汉这一观点的反对，导致他在再次分析护航体系时持怀疑态度。

实事求是地说，科贝特在提出上述观点之时，潜艇和飞机还都没有成为重要的实战武器。不仅如此，兰夫特教授也指出，英国采取的海上贸易保护措施很容易应对1914年德国巡洋舰的威胁，从广义上讲这与科贝特的思想是一致的。然而，即使科贝特的部分想法是正确的，那也只能说这些想法反映了当时各种武器技术发展的一种短暂平衡。尽管科贝特具备将特殊总结为一般的能力，他对保护海上交通线的重视程度胜过海战本身，并深信海战场态势一般是由交战双方交替控制而不是由一方完全主宰，但不知何故，科贝特无法自圆其说。在这一点上，他出色的抽象思维能力或许已成为一种直接障碍。和其他许多人一样，科贝特倾向于将自己认为重要的海军交通线冠以抽象的名称"海上交通线"或"海上航线"，但这种称呼无疑贬低了科贝特的思想，让人感觉海上交通线无非是由几个截然不同的有限要素和无法进行自我保护的船只组成的。像科贝特这样深刻的思想家，对这个基本问题搁置不提，的确是个遗憾。潜艇在20世纪被看作比以前的私掠船更令人生畏的威胁，但科贝特和其他许多同时代的思想家往往低估了潜艇的作用。"巡洋舰"围绕护航有关的行动也因此与主力舰队同等重要。然而，面对潜艇的新型威胁，通过"巡洋舰舰队"（从广义上说）的"进攻性巡逻"来保护"海上交通线"的尝试从一开始就注定会失败。

论述海上贸易的攻击和防护这一章在当时得到了广泛赞誉。阿诺德·怀特在1912年2月13日的《每日记事》上发表了对《海上战略的若干原则》一书的评论，其中写道“科贝特先生准确论述了海上运输和护航的问题。我们或许已经看到了护航系统的雏形。阿瑟·威尔逊爵士（继费舍尔之后接任第一海务大臣）已经制订了卓有成效的保护己方商船的作战原则，即一旦发现敌人的舰队和巡洋舰就直接进攻直至歼灭他们。”倘若能够解释科贝特攻势行动存在危险的观点，那么阅读《海上战略的若干原则》一战后的修订版本就是一件十分快乐的事了。尽管科贝特无视随后一系列作战经验，而且对其总结出来的基本战略原则的分析也并不完美，但他还是对当时盲目追随流行偏见和科技发展的片面认识提出了严重警告。

关于防御入侵和联合作战问题，科贝特有着更为长远的考虑。他在担任帝国防御入侵小组委员期间的工作成果为精辟论述上述问题提供了背景资料。科贝特承认海岸防御能力已经明显提高，但他仍看好在适当情况下联合进攻行动的有效性。可能在他著书之时，低估了进攻技术和防御技术发展趋于平衡的问题。不管怎样，正是因为忽视了科贝特反复强调的陆海军密切协同配合的必要性，一战中最大规模的登陆行动——加里波第战役归于失败。而且，新型特种船只和飞机的加入使进攻性两栖作战如虎添翼。随后的1941—1945年间，日本和盟国的战绩先后充分证明了这一点。作为那场战争的遗产，处于优势地位的美国海军专注于向世界各大洋投射空中和两栖作战力量的做法，无疑继承了科贝特思想的精华。

《海上战略的若干原则》出版后得到了普遍好评，但其中也夹杂着一些批评。很多评论者的态度尤为积极，伦敦《时代》杂志评论说：“我们只能说无法再找到比科贝特论述得更加条理分明、通俗易懂、让人信服的海战原则了，包括贯彻落实这些原则的最佳方法……该书部分内容对于消除读者的模糊认识，确立正确观点，准确理解科贝特海战思想和海战战法大有裨益。”阿尔弗雷德·德瓦（Alfred Dewa）海军上尉在《帕玛街学报》上以有些夸张的口吻，撰写了题为《英国战略的新生》一文，称科贝特是“在海军战略研究中成功运用比较方法的第一人。他将战略和历史融为一体，通过追溯战略思想的起源和发展，将一个看上去零散而枯燥的课题变得连贯生动，实现了研究方式的进步。该书对海军防御问题更深层次的归纳概括，超过了此前的任何一部著作。正是因为这一优点，他受到了知识分子和海军军官的青睐。”德瓦认为，与其他海军历史学家的作品相比，科贝特著作的特点是“融历史与战略为一体，研究的范围更广、程度更深以及对战略思想的比较研究。”德瓦还特意拿马汉与科贝特作比较，批评了部分英国人的错误思想倾向——“企图跨越大西洋，到对岸去寻找我们的海军历史”。德瓦认为马汉在战略和历史的融会贯通方面还缺乏很深的造诣。

《军旗》杂志的评论更为深入。一位匿名评论者写道，科贝特“可谓是一位‘超级马汉’，他的著作‘使整个海军战略思想前进了一大步’……马汉将军的做法是以阐述‘海权’理论作为开始，而后寻找论据来充实他的论点。科贝特的著作正好相反，他的书中缺少教条，基本上是在对原有事实进行毫无任何暗示的平铺直叙后，再对不为人知、令人困惑难懂的问题进行探究。”这本持“不可知论”的著作的“可贵价值”在于——它是为了提出一种思想，而不是为了阐述讨人宠爱的教条，特别是在下一场战争类别“不确定”的情况下，这种价值就更为宝贵。

1912年，《海上战略的若干原则》出版后，甚至在大西洋彼岸也赢得了比马汉更高的声誉。《波士顿先驱报》称：“马汉将军不得不小心照看好他的荣誉了。"美国评论家尤为欣赏科贝特"沉稳、颇具学者气质的学术风格……他帮助读者理解了在我们看来有几分深度而普通读者感到十分深奥难懂的话题。"《纽约晚间邮报》认为:"与马汉相比,科贝特的思路更为清晰简洁,表达方式更为正规和符合逻辑。"

但在英国国内,反对科贝特的中坚分子却更加坚定地表达了他们的抵触情绪。尤其是保守党记者发动的言论攻势,我们可以看出其中的部分政治因素。《早间邮报》刊登了帝国主义分子斯彭切尔·威尔金森(Spencer Wilkinson)写的一篇批评文章。作为一名散布《海上战略的若干原则》是"错误的战略学说"的传播者,威尔金森此前在报纸上曾公开反对科贝特,而今他再次攻击科贝特。他断言,如果一些海军军官阅读了《海上战略的若干原则》,"将对海军产生灾难性影响,因为它将使得军官们对由当今四大国海军的战略学家们一致认可的海军战略的基本原则产生怀疑。"威尔金森引用的海军战略学家包括:美国的马汉,英国的卡斯坦斯(Custance)、布里奇(Bridge)和科洛姆(Colom),法国的达弗吕(Daveluy),德国的巴奇(Budge)、施腾策尔(Stenzel)和冯·马尔灿(Maltzan)。威尔金森继而坚持认为德国舰队是专为决战而建设的:"这意味着为了最高的赌注而冒最大的风险。"他还质疑科贝特所运用的其他战略学家从陆战中得出的一些结论:"海战……趋向于比陆战更具决定性,一旦海战演变为国家间的战争,它比其他任何战争形式都更接近于绝对战争。"

两个月后,公众的注意力转向马汉的著作《海军战略》——一本在美国海军海军学院的讲课稿文集,《早间邮报》重申了其关于海战是绝对战争的观点。该报坚信,"击败英国的唯一办法就是击败它的海军。马汉'绝妙的讲课稿'比科贝特'令人感觉思维混乱的论述'更值得推荐一读。"《早间邮报》得到了《目击者》的支持，两者政见相同，而且都没有认真思考过控制海上交通线的问题。所有的海军舰艇，包括巡洋舰、护卫舰和战列舰在内，有且只有一个作用——“消灭敌人的舰队或使其中立。在一种情况下其思想是防御性的，在其他情况下则是进攻性的。这两种观点的分歧实际非常大。”它认为马汉关于这一点的论述更加合理。然而，一直支持科贝特的《军旗》杂志提出了与它们不同的观点，它精辟地总结道：“作为一位深刻的思想家，马汉上校与朱利安·科贝特并不处在同一水平——马汉对某一问题的过度关注使得自己目光狭窄，他对一些特殊问题的叙述只能表明他是一名拥护者，而并不是评判者。”

或许对《海上战略的若干原则》最有趣、最迅速的反应要属由一位“皇家海军上校”写给海军军事档案委员会的匿名长信了。很显然，这位军官不喜欢盲目拜倒在他所认为的“业余爱好者”脚下。他认为，《海上战略的若干原则》是科贝特著作生涯的最大败笔……科贝特先生在英国皇家海军学院讲课的数年时间里，始终沉溺于向他的学员灌输自认为正确的观点或是讲述过时的海军战略。对于他离题万里的业余水平的授课，听众通常采取同情和容忍的态度。然而，他的想法已经让人感觉不快，尽管听众对科贝特的战略观点漠不关心，而科贝特却对观众礼貌性地暗示始终装聋作哑。听众们根本不关心他对战争理论的研究分析，因为作为一名普通公民，科贝特很明显不可能单纯从海军的立场和价值观考虑他自认为不费吹灰之力就能解决的问题。《海上战略的若干原则》称不上是一本“权威的、令人信服的海战理论书”。相反，“在现代条件下该书由于被视为科贝特的思想而广泛传播，容易误导其他学者。”这位海军上校最后总结说，科贝特只有在请教一位海军军官后，才能承担这种理论研究工作。

弗雷德·T·简(《简氏舰船》的创始人)和其他一些民间海军研究学者则鼎力支持科贝特。他在《夜色》上发表了一篇充满幽默意味的反驳“皇家海军上校”观点(受到海军军官的广泛支持)的文章,认为“海军战略思想不能像印度世袭僧侣阶级那样,作为只限少数人独享的特权。如果确立这么一种原则,即除非一个人是演员,否则他不能批评戏剧中的表演,那对于历史学家来说简直是一场噩梦……那么,最终的争论结果将是‘除非你是一只母鸡,否则你无法判断下的蛋是好是坏’。”

尽管获得了强有力支持,科贝特还是被充满敌意的批评深深刺痛了,他对此一直很在意。1912 年夏,科贝特致信朗曼出版社询问,能否将斯雷德海军上将的名字作为合著者印在再版的《海上战略的若干原则》封面上,以表明此书与斯雷德海军上将的公开关系。此举或许“有助于将反对该书的意见一扫而空”。1912 年,斯雷德已经结束了在东印度的“流放”生活回到英国,在海军部新成立的战争参谋部任职。他的职责包括与科贝特密切合作,完成一份秘密的日俄战争大事记。但朗曼出版社不肯再版《海上战略的若干原则》,因为该书第一版尚有 700 册积压在仓库中。

伴随着战争乌云密布,撰写日俄战争秘史的工作以斯雷德和科贝特两人的名义共同进行,而不是单独由科贝特执行。他们分别在 1913 年和 1914 年为海军档案协会整理完成了两卷本的第一海务大臣斯彭切尔伯爵于 1794—1801 年间的著作。科贝特在海军学院的讲课依旧进行着,但随着 1914 年 8 月英德开战,他开始担心自己将无事可做。然而,不久他就被召入海军部为撰写形势政策备忘录和“历史事件日志”做准备。与此同时,科贝特还担负着为写作官方的海上战争史收集素材的工作。

作为一位军方内部顾问,科贝特对英国海军政策有着深刻影响。他曾帮助英国大舰队司令杰利科(John Rushworth Jellicoe)海军上将起草过作战指导文书。杰利科谨慎保守的战略——只限于掌握北海以外的战略制海权而不去冒险与德国舰队决战,避免让德国得到能在“一个下午”赢得战争胜利的机会——是科贝特支持的观点之一。尽管科贝特热衷于联合作战,但他强烈反对丘吉尔试图重复1807年英国舰队孤军深入达达尼尔海峡的错误方针,而对于同盟国实施海上有限战争和两栖攻击的大部分作战方案,科贝特也持怀疑态度。

科贝特非常清楚这场新式战争绝不是“七年战争”的翻版,对其可能产生的巨大战略推动力也毫不怀疑。事实上,在开战的两年前,他就撰文反驳了对他的批评——《海上战略的若干原则》似乎在倡导对德的海上有限战争战略,他辩称“我从来未设想过将这种战略应用于对德战争。”早在1907年,当军方就部分秘密作战计划征求科贝特意见的时候,他就清楚表达了自己的观点:“夺取德国殖民地或许只能被视为次要目标,因为这不会对实现战争总体目标有多大帮助。”

科贝特招致战时对其的公开批评并非由于他的联合作战和有限战争理论,而是他个人对主力舰队政策的影响。1916年日德兰海战后,卡斯坦斯海军上将在《时代》杂志上指责科贝特的授课,同时西德纳姆爵士在议会上议院因日德兰海战没有取得决定性战果而批评科贝特。科贝特也毫不示弱,利用自己“内部顾问”的特殊身份回复西德纳姆,对他们将失败归咎于《绿色小册子》提出抗议。科贝特指责这些批评者“显然不能正确理解舰队的作用,也没有掌握运用舰队的方法。但是我知道你们和我一样明白,这些问题上存在困惑就不可能有清晰的战略思路。”西德纳姆曾担任过帝国防御委员会的秘书,十年前曾作为科贝特的合作者,特别是在发展联合作战思想方面(该思想曾在《七年战争中的英国》一书中进行过详细阐述)。科贝特显然被激怒了,对西德纳姆斥责道:“当初海军部不顾我的反对,将讲授战略课程的任务强加到我的头上时,我第一个征求了你的意见,但你却参与攻击我们历经十多年才辛辛苦苦建立起来的、你还曾自诩为绝佳的理论,对此,我真是追悔莫及。”西德纳姆因此向科贝特道歉,但又要求科贝特同意他“对大舰队的作战指导应该受到严厉谴责”的观点。科贝特拒绝了他的要求,并要西德纳姆当众收回他的批评意见,免得海军部听信他的一面之词。争吵依然不断,在科贝特去世后的很长一段时间,西德纳姆还在皇家海军内部的专业期刊上撰文指责科贝特的理论为“异端邪说”。

可悲的是,科贝特作为官方历史学家已经没有时间为再版的《海上战略的若干原则》做任何修订改动了,第二版的《海上战略的若干原则》带着原版中所有的印刷错误(甚至增加了几处新的印刷错误)由朗曼出版社于1919年2月公开出版。战后发生的一系列事件表明,对他作为海军内部顾问的限制以及海军部对他观点意见的极少采纳,使得科贝特心灰意冷。此外,还有人试图阻止他撰写的官方历史著作的出版,同时要求其中的第一卷必须在斯雷德海军上将的指导下进行修改。即便如此,海军部还是拒绝对科贝特的思想观点负责。描述日德兰海战的第三卷本的命运更加堪忧,随着贝蒂(Davd Betty)和杰利科的争吵日趋白热化,也给科贝特著作的出版平添了很多困难。因第一卷本出版的波折,科贝特的血压急剧升高,而第三卷本的难产几乎要了他的命。1922年9月,科贝特不幸去世,恰好在其提交著作手稿的两个星期后,这可能是他自认为最好的一稿了。海军部(贝蒂任第一海务大臣)态度坚决地发表了如下声明:“海军高级将领们发现该书鼓吹的一些思想原则,尤其是忽视决战重要性的倾向,以及将其作为一项结论的企图,都与他们的观点相矛盾。”可怜的科贝特如果泉下有知，一定会觉得自己白白耗费了20年光阴。

然而，科贝特的著作毕竟对英国海军的战略理论和作战思想有着直接、深刻和持久的影响。后人认为在经典海军战略理论家中，科贝特可以说是至今为止思想最深刻、思路最开阔的一位军事思想家，他通过总结风帆战舰时代的经验教训用以指导后来的机械化海战。在以更加理性和缜密的方式进行战略研究的核时代，科贝特对新一代战略学家的吸引力比马汉更大。

科贝特是一位对海上战争本质有着深入研究和理解的理论家。尽管有时候他也会利用事实来倾力捍卫自己的观点，但他从没试图充当一名单纯的宣传者。如同编辑在脚注中描述的那样，科贝特有时对其找到的素材漠不关心。虽然他没有完全避免他那个时代的世俗做法，但他从史实中抽象提炼出事件的复杂本质，并将其归纳整理成经验进而指导未来实践的能力是举世无双的。有些文化水平不高的人会觉得他的思想很难理解，而对他抱有成见，但无论如何，即使科贝特著作的直接影响没有他想象的那么大，《海上战略的若干原则》的问世还是引起了最为广泛的关注。在该学术领域，再也找不到能与之匹敌、堪称“经典”的著作了。

**埃里克·格罗夫**①

① 埃里克·格罗夫(Eric Grove)是英国海军历史学家和防务分析家，在英国大曼彻斯特的索尔福德大学任教。主要著作有：《三叉戟的先锋》、《1945年以来英国的海军政策》(1987年)、《海权之未来》(1990年)、《违抗命令的代价》(2000年)、《1815年以来的皇家海军》。1988年，他修订了朱利安·科贝特爵士的《海上战略的若干原则》。他还是英国广播公司2台“时代瞭望”系列节目的撰稿人和第四频道撰稿人，经常出席海军历史和海上安全事务国际会议，并到世界各地讲学。

# 引　言

## 战争理论研究——功用与局限

战争理论研究给我们的第一感觉是没有比这种工作更加不切实际和毫无意义的了。在寻求理论指导的思维习惯和成功指挥战争的方法之间，看起来确实有些东西从根本上是对立的。指挥战争不仅仅是一个涉及个性、常识以及在复杂多变、难以捉摸、充满众多不确定的物质和精神因素的环境下快速反应的问题，更是一个无法被简化成类似科学研究一样的问题。提及战争理论，我们很难解释某些热衷于“理论”的军官不能成功胜任指挥官的情况。然而，从另一个角度看，没有人反对众多伟大的理论家自19世纪以来一直尝试创建的一套完整的战争理论，使得战争的计划和指挥能够有一套全新的、准确的、能够很好理解掌握的方法套路，也很少有人否认让战争中最精明、最成功的指挥官们参与到经典战略学家工作中的价值。

事实上，对于战争理论的疑虑主要来自对其功用的误解。战争理论并不能给予我们战场上指挥作战的能力，它最多只能提高我们的指挥水平。其主要作用在于能使指挥官的视野更加开阔，以更加快速准确地应对一些紧急情况。伟大的理论家们深谙此道。一位著名的理论家针对战争理论研究谈道：“它应培养和训练指挥官们的思维，或是引导他们加强自身学习，而不是时刻萦绕在战场指挥官的头脑中[①]。”

战争理论的实际作用不是以某种方式限制指挥官的作为。在战场上，一位指挥官仅能正确发号施令是不够的，他的下级还要能够立刻理解其命令的全部含义，并通过准确的行动来实现它。为了达到这一目的，战场上的每个人都需要通过训练学会按照同一思路思考，每个人都必须清楚指挥官的命令指示。同时，指挥官的语言也要能准确表达其含义。如果1780年就有战术理论的话，倘若卡凯特[②]上校全面学习过这些理论，他就不可能误解罗德尼[③]的命令。罗德尼下达的命令含糊不清，无法让

---

① 卡尔·冯·克劳塞维茨（Karl von Clausewitz），《战争论》，卷二，第二章。初版于1832年在德国出版。这本关于战争理论的著作已经有好几个版本和译本。科贝特似乎是参考了一个德文版本，并自行翻译成了英文。目前最新的也是最好的一个英文译本由迈克尔·霍华德和皮特·帕雷特编译，普林斯顿大学出版社出版（普林斯顿，新泽西，1976年）。1984年再版，增加了一个实用的索引，后面的注释所标注的页码都以此版本为参照。在具体的用词上，科贝特和霍华德/帕雷特版本之间存在差异。比如后者对这句话的表述是：“这将对培养未来的指挥官有所助益，或者更准确地说，引导他们进行自学，而不是跟着他们上战场。”（141页）

② 罗伯特·卡凯特（Robert Carkett）上校，1780年4月作为英国皇家海军64门火炮战列舰“斯特林城堡”号的舰长参加了马提尼克海战。那次战斗最终失败。1758年，时任一等上尉的卡凯特所服役的英国皇家海军“蒙茅斯”号捕获了法国88门火炮战舰“福德罗阳”号，卡凯特因此获得了迅速升迁。N·A·M·罗杰在《木质世界》（伦敦/安纳波利斯，1986年，297页）中评论卡凯特是“一名英勇的军官和优秀的海员，但作为高级校官而言，并非最出色的。”

③ 乔治·布赖奇斯·罗德尼（George Brydges Rodney），一等男爵（1719—1792），富有争议的英国海军上将，在美国独立战争期间参加了与法国的两次较大的遭遇战，都取得了胜利，分别是1780年1月16日位于圣文森特角附近海域的“月光战役”和1782年4月12日的圣多米尼加战役。关于他的不同评价，可参看D·斯皮内的《罗德尼》（伦敦，1969年）和罗杰《木质世界》（323-327页）。

人理解其真正意图,而且他也没有向部属解释命令中的作战计划,这使得他们在国家最关键的时刻推动了一次胜利的机会①。由于没有通过事先的战争理论学习来弥补这样的缺失,最终导致所有人都不理解罗德尼的战略思维,除了他自己。

战争理论学习不可或缺,其目的不仅是使指挥官和其下属思想统一,更重要的是让战场上的指挥官和指挥部的将领们达到一种默契。军官们因为意志力和口头表达能力的欠缺而无法说服缺乏耐心的上级改正其作战计划中的错误,以至于默认上级错误命令的次数非常之多!政治家和军官们即使在最融洽的气氛中仍旧无法制定出一项条理清晰的战争计划,这种情况比比皆是,他们无法科学分析面临的形势,也不了解即将介入的军事斗争的基本特点。我们不可能期待同代人能和后人一样洞悉战争的真正本质。一些偶然因素在短期内可能会显得过于突出,从而掩盖了战争的本来面目。这类错误几乎永远都难以避免,但是通过战争理论研究,我们可以减少它的不利影响,或以其他方式来理清思路,后人因此也能发现我们的错误并引以为戒。从根本上说,理论是一个有关教育和需要深思熟虑的问题,而不是执行的问题。后者依赖于人的综合能力素质,也就是我们所说的执行能力。

这就是权威专家们在战争理论问题上的观点。一位知名学者经历了多年的参谋部工作后非常重视战争理论研究。他在最新的一部备忘录中写道,"在实际作战行动中,人们只是依据自

---

① 在马提尼克海战中,担任舰队旗舰舰长的卡凯特将罗德尼将军的指令"各舰转向下方,引敌至相反方向"错误地理解为攻击位于法国战列线首部的军舰,而实际上罗德尼的意图是攻击位于敌人后方,之前已要求向其集中的那艘敌舰。罗德尼的计划因此被打乱,并最终战败。见斯皮内(323 - 332 页)。

己的判断来行动。指挥官不同的个人天赋,对战场上的判断处置或多或少有一定影响。这就是所有伟大将领们的作战方式……因此,只有对战局的研判比较准确,作战行动才会颇有成效。但是当不让指挥官们亲自指挥作战,而是去说服参加作战会议的与会者时,那就要靠准确的概念及对相关因素的解释说明了。我们在这方面进步不大,以至于我们绝大部分的思考仅仅是缺乏坚实理论基础的口头表述内容,其最终结果要么是保留个人观点,要么是互相保存颜面而认同折中观点,根本没有任何实际价值[①]。”

笔者就参加了很多这类作战会议,对此感触颇深。笔者对战争问题的观点和相关因素可以给出清晰的定义,对他们之间的相互关系也能做出明确的分析解释,纠正那些不严谨和没有意义的论点,这些概念和分析就是我们所说的战争理论或者说是战争科学。这是一个通过综合理论观点、明确术语概念、掌握缓急要素,最终得出大家都认同的基本结论的过程。通过这种方式,我们就得到了一个研讨战争问题的实用工具,可以适当的方式将各种要素进行梳理,快速总结出准确实用的作战方针。如果没有这种工具,两个人都不能依照同一思路思考,更不用说指望其主动消除分歧、平息争论了。

在我们看来,战略理论有其特殊价值,已经远远超过了大陆

---

① 克劳塞维茨,《战争论》,这段引文出自格雷厄姆上校自第三个德文版本的翻译,然而这段话并不总是能准确地得到理解。(作者注。J·J·格雷厄姆上校的译本最初由伦敦的N·特拉博内出版社于1873年出版,后来又进行了再版,加入了F·N·莫德上校的介绍和注释。科贝特的引注来自原版。1908年版不断重印再版,直到1962年。很长一段时间里,这就是克劳塞维茨著作的标准英译本,尽管后来霍华德和帕雷特从中找出了大量不准确和不清楚的地方。在霍华德/帕雷特版本中科贝特的引文出现在第71页。莫德在脚注中说道:“此时克劳塞维茨显然想到了1813年莱比锡战役中波西米亚陆军司令部里无尽的询议过程。”)

战略学家们的预期。作为一个世界级的海上帝国，成功的战争指导通常不但会左右议会做出的决定，其影响还会波及世界各个角落，从分舰队指挥官到地方行政官，从民间到军队，甚至包括邻近国家的部队总司令。在战争或战争准备阶段，我们认为有关战争的计划安排必须首先对海军、陆军和政治因素的相互关系进行正确评估。尽管要接受来自国内的指示，但也要因地制宜，综合考虑各方因素，以提高决策的效率。召开联席会议是必不可少的，为了会议的成功，必须提供一个用来各抒己见、分析讨论各种观点的工具。而在战前这些必要的准备工作完全依赖于战争理论研究，对于那些渴望为帝国做出更多贡献的人们来说，它确实非常有用。

依照上述观点，抽象的战争理论研究的确非常有必要，但是我们不能因此对其评价过高。从我们开始讨论所谓的科学而不是所说的可能性到现在，经典战略学家们一直防止从中得出它无法给予的观点的危险。他们甚至拒绝用“科学”这个宽泛的名称，而更倾向于使用“艺术”这一更为古老的提法。他们不接受任何法则和规定。这种所谓的法则只能误导实际行动，因为单单受到来自不可预料的人为因素的影响，这些法则就无法奏效。律师中流传的一句谚语说道：没有什么东西比一条法律格言更加误导人。而在实际作战行动中，一条战略原则也无法让人深信不疑。

那么，我们能够从战争理论中得出什么确切结果呢？如果建立在这些理论基础上的所有东西都不确定，那么我们如何得出实际有用的结论？影响战争的众多因素是无限变化和真假难辨的，但是我们必须明白，那只是强调要得出一个尽可能严格、缜密的结论。我们遇到的问题越模糊不清，就越要坚决果断地找到这些问题的切入点，时刻关注那些困扰我们的偶然因素及其产生的影响，这就是战略理论研究的作用。战略理论至少可以决定一般的战争情况。通过对以往战例的细心对比分析，我们可以认识到各种作战方式在一般条件下所能达到的效果，针对每场战争的特点而采取某些固定的作战方式，所确定的这些作战方式总是与战争目的及交战方利益有关，适合一种类型战争的作战体系在另一类战争中也许并不适用。我们甚至可以得到更多启示。通过对比研究以往战例中的作战方式，我们发现人为因素在战争中的影响也并不是完全不能确定的。无论是针对我们自己还是敌人，根据对部队精神状态和士气的分析，我们可以得出一些明确的结论。

了解了战争中的一般情况，我们就会处于一种有利态势。任何关于作战行动的建议都可以与之进行对比，进而，还能够分析那些与一般情况不甚相同的各个因素的影响。对任何情况的判断都必须根据其各自的特点来进行，但是如果不了解一般情况，我们就无法做出真正的判断，而只能依靠猜测。每一个因素确实会或多或少地背离一般情况，而且我们可以肯定，战争史上最伟大的胜利也一定最大限度地背离了一般情况。优秀的指挥官们都能时刻注意发生的大部分意外情况，并且能够意识到引起这些意外情况的真正原因。

举一个类似的例子，战略理论的范畴立刻会变得清晰明了。航海技术需要分析一些现象，而这些现象就像战争一样时刻变化而且不可靠。他们合在一起就是一种艺术，依靠的是将领们对各个因素的分析判断。风暴和潮汐、风向和潮涌的规律，以及整个气象会受到很多不可预测的因素的影响，但是，现在有谁会否认通过气象理论的学习，航海家们在条理性和能力上有所提高呢？理论学习本身不能产生一位航海家，但是没有它，就没有航海家今天这个称号。风暴并不总是以同一种方式运动，潮汐也没有固定规律可循，难道大多数实践航海家就会因此认为学习一般条件下的气象理论对实际行动没有任何帮助吗?

如果我们以这种方式看待战略理论研究——不把它看作判断和经验的替代品,而看作为两者“施肥”的手段,则不无裨益。当大量实际因素变得错综复杂和扑朔迷离的时候,个人见解和常识仍有其重要性,仍可为我们指明方向。理论的作用就是当我们偏移正常思路的时候提醒我们,使我们能够正确判断这样做是否必要和合理。最重要的是当我们聚集于议会之时,它可以帮助我们对一些重要思路进行分析讨论,并保持其他次要因素该有的重要性。

超越所有这些思考,对于一个海上帝国来讲,战争理论还有一种特殊价值。也许是出于方便或者是缺少科学思考的习惯,我们总是将海军战略与陆军战略分开进行研究,尽管它们是两个明显不同的分支学科,而且并无多少共同之处,但是战争理论研究显示出两者之间的紧密联系。它表明存在一个同时包含两者的更大的战略,即把海军和陆军联合行动看作是一种手段,并指出必须认识到两者协同作战的威力。它指导我们在战争计划中给每个军种赋予恰当的职责,以便它们更加清楚自身的使命,明白应该在什么时候以及如何给另一支部队的更高一级或者更重要的任务让步。总之,战争理论表明海军战略并不是独立存在的,不能仅从海军自身的角度考虑问题,它只是军事战略的一部分——更深层次的学习经验告诉我们,一个军事大国要想赢得战争胜利并让别的国家感受到其强大的军力,就必须同时运用海军和陆军力量,将它们看作紧密协同的战争工具。

因此,只有将海军战略纳入战争理论之中,才能真正发挥其作用。没有战争理论指导,我们便不能真正理解海军战略的范畴和内涵,也就无法领会其精神实质——这对海军战略的结局影响最为深刻。

# 目　录

## 第一部分　战争理论



## 第二部分　海战理论



## 第三部分　海战指导

## “绿色小册子”

# 第一部分　战 争 理 论

# 第一章　战争理论概述

探险家抵达目的地后做的最后一件事，是将他所到之处绘制成地图，以方便后来者，这幅地图是他们增长见识的开始。战略研究与之类似。在开始研究问题之前也需要一张图，以使我们对研究对象的本质和特点一目了然。只有“战争理论”能够提供这样一张图。这也是我们在研究战争问题时必须以战争理论作为探究实用性结论的前提的原因。战争太过复杂，如果缺乏必要的理论指导，研究过程中很容易误入歧途，举步维艰。陆上战略的价值已经被充分证明，而海上战略由于环境条件更为复杂，其理论研究需求也更为强烈。

我们所说的海上战略是指支配海上战争的原则，其中“海上”是一个重要因素。海军战略作为其中的一个部分主要决定舰队的行动，而海上战略决定着舰队在与陆上力量相互配合，以及在陆海联合行动中扮演的角色。毋庸讳言，一场战争的胜负几乎不可能单独由海军的行动来决定。在没有其他军种协助的情况下，海军想要对敌施加压力，不得不疲于奔命。而且，这个过程是缓慢的，本国商业利益集团和中立国往往不堪其扰，最终总是倾向于接受远不能让人满意的和平条约。如果想要得到一个满意的结果，就需要一种更为迅速而猛烈的施加影响力的方式。由于人类生活在陆地而非海洋，所以除了极少数情况之外，交战双方关注的焦点往往集中在其陆军能否征服敌方领土和国民，或者其舰队能否协助陆军实现上述目的。

所以，海上战略的至上目标是确定战争计划中陆军和海军相互之间的关系。在这一点明确后，海军战略才能确定舰队的兵力运用方式，以便其最好地履行使命任务。

军种间如何协调配合的问题易受到各种因素的影响。当夺取制海权更加紧要时，陆军在侵入敌方领土和攻击敌陆军之前需要全力以赴协助舰队完成任务。而在另外一种情况下，舰队在全身心投入到歼灭敌方舰队的行动之前，则有可能首先必须实施近岸军事行动。当把海洋因素正式纳入战争考虑范围之后，那些论证单纯陆上作战中首要目标的至理名言就不再灵验了。这时，陆上和海上因素之间微妙的互联互动，使得陆军或海军的主要攻击目标就是敌方陆军或海军这样简单的说法显得不够准确。这种情况下，其初始作战模式都异常复杂，仅用简单的几条原理无法准确概括。只有合理运用那些流传最广、最为基本的战争原理，并在此基础上全面分析影响两者关系的因素，才能使战争理论发挥其最大效用。

目前战争理论的主流观点认为：从根本意义上说，战争是政治通过其他手段的继续①。大陆战略理论的形成包含了一些晦涩难懂的哲学推理。尽管那些理论家都是理论和实践经验非常丰富的行家，但按照我们的思维习惯去理解他们的推理并不容

① 克劳塞维茨的著名论断，在卷八第六章第二部分中有最准确的解释："……战争就是运用额外手段进行的延续的政治斗争。"（霍华德/帕雷特，605页。）

易。因此，以一种具体形式来描述他们的结论，使这些理论变得形象易懂，不失为上佳之举。举一个简单例子，如果要海军参谋部或总参谋部针对某个国家制定一项战争计划，并提出作战建议。不管是谁受领了这个任务，他必然会提出一个问题——这是一场关于什么的战争。如果这一问题没有明确的或可供选择的答案，参谋部所能做的顶多是在最短时间内倾举国之力集结起一支部队。在他们进一步采取措施之前必须了解掌握很多情况，他们必须知道要从敌人那里夺取什么，还是阻止敌人从我方或其他国家获取什么。如果想要阻止敌人从其他国家获取利益，所采取的措施则依赖于该国的地理条件和海陆军实力。即使目标已经明确，也需要了解敌人的想法。敌方会因此冒险进行生死之战吗？或是一旦遇到相对微弱的抵抗就放弃其初始目标吗？如果是前者，那么不使敌方彻底放弃抵抗就不能奢望最后的胜利。如果是后者，像往常一样，我们可以采用代价和风险相对较小的方式，最好完全在自己的掌控之内达成预期目的。这些问题的答案全在负责制定国家外交政策的政府官员脑中，参谋部在实施战争计划之前，政府官员必须回答这些问题。

简而言之，参谋部必须向他们询问外交政策追求的目标是什么，为什么你认为外交政策会失效以及它在哪里失效，从而迫使你使用武力？事实上，当预计外交政策无法达到目的之时，参谋部就不得不付诸战争，而他们的战争方式则取决于目标的类别。因此我们可以大体得出这样一个结论，即战争是政治的继续，是以交战取代外交辞令的一种政治交往方式①。

---

① 这句话也来源于克劳塞维茨，卷八，第六章，“总之在最高层面上，战争之艺术就是政策——只不过是由作战人员而非外交官来传达照会。”（霍华德/帕雷特，607 页。）

尽管这个结论看上去十分简单甚至毫无意义，但正是这个结论为制订现代战争计划和革新战略研究提供了方法手段。这一理论直到19世纪初才基本形成。几个世纪以来，出现了很多关于“战争艺术”的著述，但以理论实用性的标准来衡量，这些著述从总体上讲还缺乏科学性，其中绝大部分是对过时话题的讨论和矫揉造作的陈词滥调。尽管他们在细节问题上倾注了大量精力，而且做得也不错，但是缺乏宏观描述，让我们搞不清楚这些细节与战争问题中的基本要素之间有什么关系，也没有提出明确的观点能让我们从偶然现象中分离出这些基本要素。结果造成争论的焦点往往偏离最新的战例，整个学术界被一种错误思潮误导，大家都希望把最近取得某场战役胜利的战法放大为战略的全部，使我们无法确定这场胜利到底是因为其特定的环境条件，还是在于其遵循了战争的普遍原理。

正是法国大革命和拿破仑战争时期①的哲学思潮，揭示了此前所有战争理论肤浅和经验主义的本质。在拿破仑②的同代人看来，他使陆战发生了如此巨大的革命性变化，并呈现出一种崭新的形态，那些以前被认为正确的观点现在看来已经不足以作为当前研究的基础。陆战看上去已由常备陆军之间有组织、有计划的刀枪相见径直转变为一个武装起来的国家对另外一个国家的行动，他们彼此都要致对方于死地。人们从中感受到了人类巨大能量的迸发，至少在文明时代，还没有可以与之匹敌的力量。

然而，这种想法并非完全准确。尽管欧洲大陆此前从未采用过这种战争方式，但是英国对此类战争方式并不陌生，无论是

---

① 1792—1815年。

② 拿破仑·波拿巴(Napoléon Bonaparte，1769—1821)，1799—1804年为法国的军事独裁者，1804—1815年成为法国皇帝。

海战还是陆战。正如我们看到的，17 世纪的英国革命[①]中出现了很多值得一提的战争方式，这些方式与拿破仑从法国大革命领导人那里学来的一套颇为相近。从哲学角度讲，这一现象实际上并不奇怪，它是一种受激进政治理想鼓舞而产生的能量的自然流露。但是法国人的新式战争所导致的变革如此之大，使我们现在仍受其深刻影响，以至于英国曾经的战争理念都被遗忘了。我们仍然被一种思想误导：战争方式是从拿破仑时代才开始发生改变的。我们的老师倾向于认为现在只有一种战争方式，那就是拿破仑的方式。他们无视拿破仑最后失败的事实，把任何可能存在的其他战争法则的猜想都视为异端邪说。他们坚持认为拿破仑的战法体系适用于所有陆上战争，而且还执意忽略战争类别和战争目标上的巨大差异，在经过一番包装并加入一些新元素后，强行将海上战争纳入其统一的理论外衣之下。

要想知道拿破仑的思想如何束缚了我们的思考，我们需要先准确了解其思想特征，而这并不是一件容易的事。当我们以一种批评的心态去看待它时，它就变得模糊不清和很难描述了。以现在的观念来看，我们大致可以分辨出四种独特的思想。第一，交战主体不仅是一支职业化的常备陆军，也包括武装起来的整个国家——这实际上并非拿破仑首创，而是他从法国大革命中继承过来的，但他的确运用得更为老到。这无非是社会发展进程中野蛮时期普遍行为的一种复苏，却由于其对经济的不利影响以及公民身份的彻底分化，各种文明都先后放弃了这种做法。然而放弃的结果并不全是好的，由于对其决定条件缺乏完整的研究，所以无法得出更多的结论。第二，关于全力以赴和坚

① 1642—1660 年，英国议会反对皇权的叛乱，以及随之而来的内战和英联邦的成立。

持不懈的思想——不会停下来去巩固任何小的优势，不给敌人任何喘息的机会，直至其被完全击溃。克伦威尔[1]比拿破仑早一个半世纪就萌生了这种思想。最难分辨的是第三种思想——突出进攻，这实际上并不是什么新鲜事，它的好处很容易理解，腓德烈大帝[2]的勇敢较之拿破仑毫不逊色——而且可以说更敢于冒险，对拿破仑而言这算是他最值得肯定的思想了。最后，是关于将敌人的军队而不是任何敌方领土作为主要攻击目标的思想，这可能被视为拿破仑战争方式最显著的特点。不过，这里依然有一些重要战例令我们感到困惑——比如在奥斯特里茨战役中[3]，拿破仑将敌方首都作为攻击目标，似乎他认为将其占领才是摧毁敌人有生力量和抵抗意志最有效的途径。拿破仑确实没有将敌方陆军主力作为主要目标，因为对方的陆军主力不是莱贝里希[4]率领的军队，而是由卡尔大公[5]指挥的军队。

---

① 奥利弗·克伦威尔（Oliver Cromwell，1599—1658），英国资产阶级革命时期议会党人军队的指挥官，后成为军事独裁者，自封“护国主”。

② 腓德烈二世（Fredrick Ⅱ，1712—1786），1740 年开始担任普鲁士国王。

③ 1805 年 4 月，英国和俄国结成了第三次反法同盟，8 月，奥地利加入。此后拿破仑从英吉利海峡沿岸撤回军队，行军至多瑙河，于 10 月 20 日在乌尔姆俘虏了一支奥地利部队，随后又于 12 月 2 日在摩拉维亚的奥斯特里茨重创了俄奥联军，迫使奥地利投降，反法联盟解散。

④ 卡尔·马克·冯·莱贝里希男爵（Karl Freiher Mack von Leiberich，1752—1828），奥地利将军，其部队在乌尔姆投降。在法国革命战争时期的第一阶段，他曾是奥地利军队的参谋长。1797 年，他率兵为那不勒斯攻占了罗马，乌尔姆兵败后被判处死刑，后来被改判为有期徒刑，于 1819 年被赦免。

⑤ 卡尔·路德维希·约翰（Karl Ludwig John，1771—1847），奥地利公爵，1797 年和 1805 年，两次率领奥地利军队在意大利抗击法国。1805 年奉命回防维也纳时，由于没能及时赶到，他率领着 80 000 人被迫撤退到匈牙利。拿破仑没有与之交火，而是将部队集中用于对付库图佐夫率领的主要由俄国人组成的联军，并在奥斯特里茨获得胜利。

从总体上看，谈及拿破仑的思想体系，一般包括两大分支——一个分支是倾举国之力进行战争的思想；另一分支包括克伦威尔持久战的思想、腓德烈大帝偏好冒险进攻的思想，以及将敌军有生力量作为主要攻击目标的思想，该思想亦源自克伦威尔。

正是这些并非独创的思想的结合，给战争方式带来了如此巨大的变化，进而成为一个完全不同的战争理论。没有必要为此专门搜集论据来支持这个结论，因为这些论据从本质上是经不起推敲的。无论是战争还是其他任何事物都无法改变其本质。即使出现了类似情况，也只能是我们错误地将偶然现象当作本质，正是这个原因困扰了拿破仑时代最有才华的思想家们。

这些思想家确实一度感到困惑，然而一旦从争吵不休中冷静下来，他们发现所谓的新情况不过是偶然现象而已。他们觉察出拿破仑令世界震撼的战争方式仅在一些战争中取得了成功，但试图将这些方法应用于其他战争时却遭到了失败甚至灾难。这如何解释？比如，哪一种理论能够解释拿破仑在德国、意大利的胜利与其在西班牙、俄国的失败？如果整个战争概念发生了变化，如何解释没有改变战争方式的英国所取得的成功？对我们来说，这些问题的答案关系生死存亡，具有极其重要的意义。我们的立场仍然没有改变。固有的战争观念中还存在能够证明我们的看法是正确的证据吗？我们还能期望过去的胜利再次重现吗？

首次创立一种理论用于解释拿破仑时代的战争现象，并用先前的史实对其进行论证的人是卡尔·冯·克劳塞维茨将军①。

---

① 卡尔·冯·克劳塞维茨(Karl von Clausewitz，1780—1831)，作家，著述颇丰，以《战争论》闻名。这本书虽然并未完成，但已经成为相关领域内最为经典的著作，在他死后由其夫人出版。关于他本人的传记写得最好的是帕雷特的《克劳塞维茨和国家》(牛津，1976)。

他曾长期供职于参谋部，从事高级参谋顾问的工作，倡导将军事理论研究系统化。他不是单纯意义上的专家，更是战争这所最严格的学校教育出来的一名战士。1813 年，他作为沙恩霍斯特和格奈森瑙①的学生和朋友，在布吕歇尔②的参谋部任职，在勒韦尔埃尔贝对阵达武③的战役中担任了瓦尔莫登④的参谋长，在 1815 年的战役中担任普鲁士陆军第三军团的参谋长，其后十多年时间里他作为柏林军事学院的院长。1831 年，他在担任格奈森瑙元帅的参谋长时去世⑤。正如他生前预言的那样，在其逝后的 50 年里他的理论饱受各方攻击，但现在他的思想作为所有

---

① 格尔哈德·约翰·达维德·冯·沙恩霍斯特将军(Gerhard Johann David von Sharnhorst，1775—1813)和奥古斯塔·威廉·安东·格拉夫·聂哈特·冯·格奈森瑙陆军元帅(August William Anton Graf Neidhardt von Gneisenau，1760—1831)，他们是 1806 年战败后普鲁士陆军改革的主导者，致力于对抗拿破仑。沙恩霍斯特在吕岑战役中负伤致死后，格奈森瑙替代他接管了新成立的总参谋部。

② 格布哈特·勒布雷切特·冯·布吕歇尔陆军元帅(Gebhard Leberecht von Blücher，1742—1819)，法国大革命和拿破仑战争期间杰出的普鲁士指挥官。由于在 1813 年莱比锡战役中的功绩被提升为陆军元帅。1815 年，虽然在林尼被打败，但两天后为滑铁卢的胜利做出了重要贡献。他最终成了亲王。

③ 路易尼古拉斯·达武(Davonst，1770—1823)，拿破仑最为倚重的元帅之一，23 岁时就被提拔为将军，后来指挥第三军，并在奥斯特里茨、奥尔斯塔德和艾劳立下战功。1809 年取得艾克布欣战役的胜利后被封为艾克布欣亲王，但是在 1812 年的对俄战争中声名受损。

④ 路德维希·格奥尔格·斯代尔·瓦尔莫登-金本(Wallmoden，1769—1850)，奥地利将军，参加了瓦格拉姆的战斗并于 1812 年前往俄国指挥德国军团。1813 年被任命为盟国监察军的指挥员，部署在德国北部和丹麦一带，被授予了英国陆军中将军衔。后来还指挥过奥地利在意大利的部队，并成为米兰省省长。

⑤ 那年波兰起义反抗俄国，因此有一支普鲁士军队部署在了东部边界防止波兰人越界，由格奈森瑙指挥。后来这支部队因为霍乱爆发严重受损，部队指挥官和总参谋长本人都因此殒命。

战略思想必需的理论基础，地位更加牢固，尤其是在德国的"铁血"学派中间。

克劳塞维茨著名的理论可见诸其经典遗作《战争论》及其附本《注释》。根据克劳塞维茨时代流行的哲学推理方式，他尝试以对战争概念的抽象定义作为著作的开头。他起初对战争的定义是"战争是迫使对手屈服于我方意志的暴力行为"[①]，但这种暴力行为不仅仅是"陆军的战斗"，如同一个半世纪前蒙泰库科利[②]对其的定义。按照战争概念的逻辑推论，这种暴力行为必须是我们能够使用的全部手段和意志的最充分的表达，进而我们可以得出这样的概念：两个武装国家致力于相互间的争斗，他们倾其最大实力和精力进行持续斗争，直至其中一方不再抵抗。这就是克劳塞维茨所谓的"绝对战争"。但克劳塞维茨的实际经验和对历史的充分研究使他感到"真实的战争[③]"根本不是这样。正如他所说，拿破仑的战争方式确实接近于绝对战争，并在其自己的战争观中汲取了部分绝对战争的观念。"难道我们仅仅满足于用这种思想来评判战争而无视实际战例与之的巨大差距——我们能从这个定义出发得出战争理论的必要条件吗?"他追问道，"我们必须明确一点，在我们认定战争是否只能是绝对战争或是别的什么类型之前，我们无法对一项战争计划评头论足。"[④]他发现这种由抽象或者说绝对思想构成的战争理论并不

---

① 《战争论》，卷一，第一章，75页。

② 雷蒙多·蒙泰库科利伯爵(Montecuccoli，1609—1680)，神圣罗马帝国陆军元帅，出生于意大利，在三十年战争及后续战争中功勋卓著，致力于军事改革和军事理论写作。他的《集中战斗》近期由T·M·巴克翻译出版，取名为《战斗中的军事智慧》(阿尔贝格，纽约，1975)。

③ 《战争论》，卷八，第二章，章节标题为"绝对战争和真实战争"(霍华德/帕里特，579页)。

④ 《战争论》，580页。

足以涵盖所有的战争，因此也就不能给予各类战争实用的指导。从亚历山大时代到拿破仑时代所有的战争几乎都被排除在外。有谁能保证下一场战争一定是拿破仑式的战争并使之符合这种抽象理论呢？克劳塞维茨说道："这一理论仍无法抗衡机遇的力量。[①]"而事实证明，19 世纪中期的战争实际上又回归到了拿破仑时代以前的战争类型。

简而言之，克劳塞维茨很难把这种抽象理论当作一种实用性规则，他坚持从实践出发的思维告诉他，战争并不是从大革命时期才开始的，也不可能就此结束。如果时代改变了战争的实施，那么前提一定是假定战争也会随着时代条件的变化而变化。如果一种战争理论不能解释这一点或是无法涵盖之前发生的所有战争，这个理论就毫无用处。一种真正具有实用价值的战争理论，不仅要涵盖并解释他自己所经历过的那些极端的战争行为，也要涵盖并解释之前已经发生的以及未来可能再次发生的任何战争。

在迫切探究为什么敌对关系中所蕴藏的能量和激烈碰撞会导致社会剧烈震荡的同时，克劳塞维茨找到了解决问题的办法。在参谋部的工作经验和对战争根源的研究告诉他：事实上任何一种军事行动的价值都不能简单地仅从军事角度来衡量。战争所产生的影响将用政治上的考量和国家利益在战争目标中的体现来评价。他发现战争其实是一种国际关系的表现形式，只不过是实现政策目标的手段不同罢了。由此他提出了其著名的论断——"战争仅仅是政治通过其他手段的继续。[②]"

乍一看，这个理论并没有多少说服力，似乎不值一提，然而

---

① 《战争论》。这是格雷厄姆的翻译（卷三，82 页）。霍华德和帕里特（580 页）的翻译是："这一理论……无法付诸现实。"

② 《战争论》，69 页注释。

就是这种简单甚至是浅显易懂的表述，让我们可以放心地以此为基础，建立起各种战争理论体系。只有将这一理论的内涵不断扩展，我们才会发现它所包含的指导原则是多么重要而实用。

既然我们所说的战争是政治关系的继续，那就说明政治范畴以外的包括陆战、海战等都是为实现政治目的而服务的。因而，一项战争计划首先要考虑的是采用什么样的战争手段使其最贴合战争爆发的政治环境。当然，实际上人类所有关系中，手段与结果之间、政治和军事之间都需要相互妥协，但克劳塞维茨主张政治考量必须占据主导。军官们对此提出异议：战争必然要求政治倾向和主张要与其军事实现手段相匹配。但是，不论战争进程对政治产生了多么巨大的影响，军事行动都只能作为政治的延续。战争永远不能超越政治。政治就是目标，战争只是达成目标的手段，而手段的施展必需始终瞄准目标。

这一概念的重大现实意义现在已经清楚了。它让我们在讨论战争的具体形式时有了逻辑和理论上的起点。当要求一位参谋长制订一项战争计划时，他一定不会说我们要像这样或者那样进行战争，这是拿破仑和毛奇①的方式。他会问这场战争的政治目的是什么，政治条件是什么，争夺焦点对于敌我双方分别意味着什么。正是这些考虑决定了战争的类别。解决了这一根本问题之后，他就需要判断眼前的这场战争是什么类别，是拿破仑和毛奇获胜时的那一类还是他们失败时的那一类。随后他才会制订并提交一项战争计划，这份计划不一定就能掌控战争全局，但起码它经过事实的检验，证明其适用于眼前的战争。有人

---

① 赫尔穆特·卡尔·伯恩哈德·格拉夫·冯·毛奇伯爵（1800—1891），普鲁士及后来的德国总参谋长，是1866年对奥战争和1870—1871年对法战争胜利的缔造者。

被抽象的理论迷惑，以为找到了一种适用于所有战争的方式，就像拿破仑学派最狭隘的信徒们一样，他们认为自己是战争的先知，可他们永远无法准确预言现实。

因此，克劳塞维茨认为，政治家和将军们首要的也是最关键的抉择是判断战争的类别，确保不会搞错，或做出任何违背战争内在条件的判断。他宣称："这是所有战略问题中首要的也是最有意义的。①"

克劳塞维茨战争理论的第一个指导意义，是它给出了一条清晰的基准线，可以让我们判定战争类别，确保我们不会因为某种战法在一类战争中奏效就将其套用到其他战争中去。他始终认为，只有抛开孤立的视角，用联系的观点把战争看作是一种政治工具，才能汲取历史教训，才能真正理解那条实用准则，即战争必然会因为动机和环境的差异而有所区别。他表示，这一概念将成为引导我们走向真正的战争理论的第一缕光芒，帮助我们对不同类型的战争进行区分。

与克劳塞维茨同属一个时代，同时也是他的竞争对手的若米尼②通过同样简明但逻辑性稍逊的推理，得出了与克劳塞维茨完全一致的结论。若米尼是一位瑞士雇佣兵，他与克劳塞维茨有着相似的经历，曾在内伊③元帅司令部和俄国总参谋部服

---

① 《战争论》，卷一，第一章，88－89页。

② 安托万·亨利·若米尼将军(Jomini，1779—1869)，男爵，在他的时代，其声望远超克劳塞维茨。

③ 米歇尔·内伊(Michael Ney，1769—1815)，拿破仑手下最机变敢为的元帅。出身骑兵，1804年晋升为元帅，次年由于率军在艾尔钦根克敌制胜，为在乌尔姆俘虏奥军做出了直接贡献，他受封为艾尔钦根公爵。但是他的大胆也容易造成鲁莽，最突出的一次就是在滑铁卢战役中，他强令自己的法国骑兵攻击呈方形阵的英国步兵。由于在1814—1815年短暂的王室复辟中扮演过重要角色，在1815年波旁王朝复辟后他被冠以叛徒罪名而处决。

役。在他的著作《战争艺术概论》中虽然没有明确总结出系统的战争理论,但其基本结论与克劳塞维茨相同。全书的第一章写的就是“战争中的政治”。书中根据政治目的不同将战争分为九类,其基本观点是“战斗的性质、投入的必要力量以及我方介入战争的程度,或多或少地会因为战争类型不同而有所区别。”他补充道:“根据我方承担风险的大小,作战会有巨大差异。”

因此,尽管克劳塞维茨和若米尼①在研究方法的细节上常常意见相左,但他们都同意战争的基本概念是政治化。他们都相信,即使对任何一个战区的单独一支部队而言,战争的基本概念仍是如此。如果只针对那些部队,那么战争就是一个交战双方用尽各种手段全力击败对方的过程。但即便如此,交战双方还是会发现,因为政治因素的限制,某些战争手段是禁用的,而且任何时候都可能因为其所处的战争局势或政治环境的变迁,又让他们重新回到战争政治化的理论上来。

现在已经没有必要在这一点上继续重复解释了。就目前而言,这一理论的价值在于,它告诉我们战争就是为了确保实现预期的政治目的而诉诸暴力。从这个宽泛而简单的结论看,我们可以立刻推断出战争将会因为政治目的以及我们期望的迫切程度而有所不同。现在我们暂时把这个问题放一放,来集中精力研究得出上述结论需要考虑的其他因素。

---

①　若米尼由于升迁希望受挫,在1813年包岑战役后转投俄国,在俄陆军中得到一个将官职位。

# 第二章　战争的类型

## ——进攻型战争与防御型战争

既然已经明确战争必然会随着目标的性质和重要性的不同而变化,我们就面临这样一个难题:这种变化的可能性太多了,简直无法计数。乍一看,根本不可能以此为基础进行深入研究。然而经过进一步研究发现,只要运用常规分析手段,整个问题就可以大大简化。简单来说,就是运用分类方法,看看有没有可能把各种变化按照一定标准分成几大类。由于战争问题的复杂性和不确定性,这种分类必然在一定程度上带有主观臆断,划分各种类型的界限也不会很清晰,但是,既然可以在充满无数细小差别的动物学和植物学研究中运用分类方法,那么这一方法应该同样适用于战争问题研究。

战争政治化的理论给我们提供了两种宽泛而易于分辨的战争分类方法。第一种方法既简单又广为人知,取决于战争的政治目标是积极的还是消极的。如果目标是积极的——即以从敌人那里夺取什么为目标——那么这场战争将以进攻行动为主线。另一方面,如果目标是消极的——即只想阻止敌人从我们的损失中获益,那么这场战争的导向将是防御性的。

只有从宽泛的意义上讲，这种分类方法才是有价值的。虽然它与各场战役的总体走向是一致的，但这种分类本身并不会对具体战役产生实质影响，至少对于一个海上强国来说是如此。因为任何情况下，海上强国不可能只专注于防御或者发动进攻，而放弃对敌舰队的攻击性行动来确保制海权。而且，我们常常发现，无论我们的防御部署多么完善，确保安全的最有效手段仍是出海反击，包括直接支援盟军或是将敌军驱逐出其占领区域。即使某场战争理论上被视为防御型战争，也并不代表它不能包括攻击性战役行动和挫败敌人的战争意图，只要有助于达成最终目标就是可行的。在防御型战争中，我们的目标仍然可以是敌方武装力量，尤其是海上力量。真正的区别在于，如果战争目标是积极的，总体作战计划将是攻击性的，最起码应该以一场攻击性军事行动开始战争；如果战争目标是消极的，总体作战计划则会是防御性的，应该等待有利时机实施反击。从这个意义上说，我们的作战行动通常是攻击性的。因为反击才是防御的灵魂。防御不代表消极态度，只是战争层面的消极。对于防御的正确理解，应该将其视为一种预备出击的紧张姿态。我们等待敌人暴露，并予以反击，通过反击削弱敌军实力，来增强我军实力，这样我们的作战行动就可以转为进攻型的。

从这些考虑出发，我们不难发现，这种分类方法虽然真实存在且富有逻辑，但是“进攻型和防御型”的定义却不甚准确。字面上的区别并没有真正体现两类战争的根本差异。仅仅依据目标不同而将战争区分为两类，而作战手段的差异却没有那么明显，这表明我们常常被一种观念误导，觉得积极的战争就意味着进攻，消极的战争就意味着只需要防御。

以上这点已足以使人产生误解，此外，这个定义在理解上还有其他更为严重的偏差和谬误。“进攻型和防御型”看起来好像是相互对立的两个概念，然而，战争的基本规律则是两者的相辅相成。所有战争或冲突形式必然同时包含进攻性行动和防御性行动。不论我们的目标多么明确或者进攻的士气多么高涨，我们都不可能制定出完全进攻性的战略而忽略防御。战术层面也是如此，进攻时最可靠的武器除了来福枪还有铁锹。即使是在人和物的层面，我们也要承认，没有一定的维护保养，军舰、枪支以及人都难以发挥出最大的攻击威力。事实上，是攻击还是防御从来都没有一个固定不变的选择。在攻击行动中，我们面临的问题常常是在能力和资源允许的范围内，如何运用防御手段配合进攻，才能给予敌军最沉重的打击。防御行动也是如此。在最传统的防御概念中，同样也包含了进攻。躲在城堡高墙后的人们知道，如果不趁机对敌人的工事和交通线实施反击，那么防守迟早会被击溃。

因此，用“积极”和“消极”代替“进攻型”和“防御型”来表述两类战争更为恰当。而这样又会遇到新问题，有很多战争运用了大量积极的战法却是为了达成一个消极目的，将其归为哪一类都不合适。比如，西班牙王位继承战争中，我们的目标是防止地中海完全沦为法国和西班牙联盟的内湖，但是我们达成目标的手段却是占领海军要地直布罗陀海峡和梅诺卡，实际上运用的是积极战法。还有，最近的日俄战争①中，日本的目标是防止朝鲜被俄国吞并，这个目标是防御性和消极的，但是要实现这一目标，唯一的最佳途径是占领朝鲜，所以对日本来讲，战争是积极的。

另一方面，我们也不能忽视这样的事实：在很多积极目标的战争中，并没有完全采用积极的作战手段。所以，这种分类看起

① 1904—1905 年。像当时大多数英国人那样，科贝特将日本的作战动机看成正义的。

来缺乏实用性,我们必须搞清楚是什么原因造成了这一现象,从而也就知道了什么样的分类才是符合实际的。这要求我们必须分析进攻和防御的相对优势。正确选择进攻和防御是战略研究的基础。

现在,进攻的优势已经得到了广泛认可。只有进攻才能产生积极效果,强大的实力和能量可以天然地刺激人进攻的欲望,它们也是交战双方最为现实的考虑因素。任何一个意志坚强的人都会倾向于采用进攻手段来达成目标,不管这个目标是积极的还是消极的。但是有些例子表明,某些最有斗志的战争大师却运用防御手段取得了成功。选择防御是因为他们认识到自己与敌人实力上的差距,而且他们认为仅有进攻精神不足以弥补这一差距。

显然,尽管防御处于劣势,但作为一种激烈的战争形式,它必然具备进攻所缺少的优点。在战争中,我们需要根据自身力量选择作战方式。如果我们采用了不被看好的防御手段,不是因为我们没有足够力量发动进攻,就是因为防御可以为我们达成最终目标提供特殊的力量支持。

那么,防御究竟蕴藏着哪些力量要素呢?这是我们必须清楚的问题。这样,我们会发现,尽管被迫实施防御,但不会大势已去,而且可以判断出需要投入多少进攻力量用于抵御敌军,保持己方的防御优势。

我们都知道,占有权是法律规定的九项基本权利之一。把钱放在自己口袋里总比从别人口袋里拿要容易。如果要抢劫,那么抢劫者一定要比被抢者更强壮或是装备更好的武器,不然他就得去骗或者干脆去偷,这也是攻击者在战争中经常使用的手段。一般来说,占据主动的一方往往拥有更好的机会使用这些手段,因此这是进攻者的优势。但情况并不总是如此。如果我们能在海上或陆上占据一处绝佳的防御要地，除非敌人大获全胜，否则想要拿下这个地方几乎是不可能的。这种情况下，灵活运用各种手段的主动权就转到了防御一方。我们可以选择决战地点，潜伏在熟悉的地域，而敌人则暴露在陌生环境中。我们可以布下陷阱，在敌方处于最不利的态势之时，出其不意进行反击。因此，当防御经过精心准备之后，往往可以给攻击者意想不到的打击。

现在我们发现，不管防御中蕴藏着什么样的力量，这种力量的发挥都是以积极进取的心态为前提的。这种心态的核心是防守反击——等待时机主动出击——而不是无所作为地退缩。防御是有限作为，但不等于不作为。其真正的弱点在于，过长时间的防御容易削弱反击意愿。这一点至关重要，很多权威理论为了强调这一点而采用了一种夸大的说法——"进攻是最好的防御。"因此，也导致很多人得出一个片面的结论，认为防御是愚昧和怯懦的表现，只能招致失败，所谓"军事精神"就是一味进攻。没有什么比那些战争大师的教诲和实践可以更好地证明这个真理了。就像威灵顿(Wellington)公爵在托里什韦德拉什战役中所做的那样，他们一直进行防御，让敌方承受了巨大的进攻损耗，直到双方的力量对比优势倒向自己一方，才转而采取消耗更大的进攻。所以战争中孰强孰弱，并不是看谁投入了更多兵力去进攻。

对防御的误解有几个显而易见的原因。首先，防御中的反击往往被视为进攻手段，比如腓德烈二世最著名的几场战役，特格特霍夫(Tegetthoff)将军在利萨漂亮的反击，还有我们与西班牙无敌舰队的海战等。第二，防御常常与迟疑不决混为一谈，会被看作实力较强的一方缺乏进攻欲望和毅力的表现。面对这样的对手，弱势一方可以通过坚决、快速的突击来扭转劣势，而这需要能够弥补力量不足的精神和物质上的双重能量。防御的失败有时还会因为选择了错误的防御地点，让敌人可以轻易攻破或干脆绕道而行。单纯的防御毫无用处，除非这个防御点是敌人达成最终目标之前必须强行攻克的。防御失败还有一个常见的原因：当决定实施防御时，人们总是想找到一个能够阻挡敌人去路、抵御来自敌人各方袭击的地点，结果却是在吸引敌人火力的同时，进一步暴露了自身力量上的弱点。

这些原则在陆战中已经体现得淋漓尽致，也多次被证明是正确的，然而在海战中，这些原则却不一定同样管用。很多人认为，海战没有防御。在战术层面一般是这样的，然而也有例外。在海上，防御性的战术位置理论上也是存在的，比如实施严密防御的锚地，现在这种理论已经变成了现实，水雷的出现更增加了这种可能性。在最近的战例中，我们看到日本在长山列岛①构筑起了真正的海上防线，以掩护其陆军第二军在中国辽东半岛的登陆行动②。在战略层面，海战没有防御的说法就更错了。可以说，海军战略中，防御的运用频率与陆战几乎相当，我们最大的问题是，当敌人采取防御战略时如何去打破这种态势。通常情况下，敌军总是位于其自身控制的水域中，不会离基地很远，我们几乎不可能对其进行有效打击，而敌人却保留着在我们精疲力竭之时实施反击的能力，就像荷兰在索莱湾海战和梅德韦海战中所表现的那样。我们很早就意识到与采取守势的国家进行决战的难度之大，而且一直把能与敌方在开阔水域交战，或至少在敌军与基地之间的某一点交战作为首要目标。

在适当条件下实施战略防御的优势，在最近的日俄战争中

---

① 辽东半岛南部的一群岛屿，位于旅顺港东北方向。

② 1904年5月初，在盐大澳附近。

体现得尤为明显。在最后一次决定性的海战中，日本舰队利用在熟悉的海域构筑防线的优势，击败了必须依靠进攻才能达到目的的俄国波罗的海舰队，战果卓著。

利用有利的防御位置，通过积极灵活的行动，能给进攻方造成很大麻烦。这样的例子在英国海战史上多有记载，特别是在领海海域，鉴于当时还无法歼灭入侵者，我们只能试图阻止敌方舰队实施其作战计划。我们在锡利群岛附近找到了一个防御点。一次又一次的事实证明，即使一支比我方更强大的舰队，也休想在英吉利海峡制造任何实质性的威胁，除非与锡利群岛附近的我方舰队进行一场决战。然而，这一战法的本质是以最大胆的形式保持富有进攻性的战斗精神，而取得成功的关键是要有抓住每次机会进行勇敢反击的意愿，就像德雷克和他的同伴攻击西班牙无敌舰队那样。

海上封锁是另外一种防御形式，它可以吸引比己方强大的敌舰队的注意力，但也会造成损害。它在短时间内可以使在别处进行的攻击行动受益，使用其他方法则难以奏效。然而，如果长时间使用这种方法，迟早会消磨战斗精神和士气，让人觉得你的部队根本形不成任何真正的威胁。

综上所述，尽管从制定和评估战争计划来看，将战争划分为进攻型和防御型意义不大，但是对攻击和防御内在的优势有一个全面了解是很有必要的。我们必须认识到，在特定情况下，只有始终保持进攻精神，防御才能使得实力较弱的一方达成战争目标，而盲目进攻反而会招致失败。但是，防御完全依赖于趁敌不备快速反击的坚定意愿和准确判断。一旦认为防御不再是积蓄自身力量和消耗敌方力量的手段，那它就失去了威力，它甚至都不算反击的准备行动，因为任何完全消极的行动都不能算是战争。

关于进攻和防御相对优势的阐述暂告结束。当然，我们可以对这两种战争方式的优缺点进行分类总结，但这些苍白、缺乏实例佐证的描述很可能自相矛盾，容易引起误解。所以最好先记住这些论述，等讲到战略性作战时我们就会发现它们对现实战争及其多种表现形式产生了怎样的影响。现在，我们先抛开第一种分类方法，来看看第二种，也是独具实用价值的一种。

# 第三章　战争的类型
## ——有限战争和绝对战争

由战争政治化理论引出的第二种战争分类是克劳塞维茨的首创,也是他认为最重要的一种。因此很有必要详细研究这个问题——但不是细到关注陆战场上的每一名士兵,而是从一个海上强国的角度去分析。因为通过对这一问题的深入研究,可以认清德国(或是说大陆战略学派)与英国(或是海上战略学派)的本质差异。后者是英国的传统学派,然而英国国内外的很多学者却漠视其存在。对于这一错误倾向无需多说,本章以及后面几章将会说明为什么最伟大的大陆战略理论家依然无法充分理解英国的传统战争观念。

克劳塞维茨根据战争目的将战争分为“有限战争”和“绝对战争”。这种分类颇具克氏风格,因为它不仅考虑了战争的物质因素,也包括了精神因素。克劳塞维茨是真正认识到战争中精神因素力量的第一人。若米尼以及其他学者试图根据战争的特定目的将其分为几类,而克劳塞维茨经过长期研究发现,这种分类是不符合逻辑的,不能将其作为真正的战争理论。将战争分为积极的和消极的是有意义的,但是像若米尼那样把战争分为

“捍卫权利”“支援盟友”“获取土地”等等是没有意义的。

不论战争的目的是什么，最关键的问题是一个国家到底投入了多大精力去达成这个目的。在制定战争计划时，关键是看战争对于交战双方分别意味着什么，他们打算为此付出多大的牺牲和冒多大的风险。克劳塞维茨就是这样开始思考的。“我们迫使敌方让步的意图越小，敌方的抵抗兵力也就越少，我方投入的兵力也因此越少。同理，我方的政治目的越不重要，我们投入的兵力就越少，也就更容易中途放弃。”也就是说，战争的政治目的不仅决定了交战双方使用暴力的目的，也决定了使用暴力的强度。他因此总结到，依据战争目的重要性的不同可以有无数种划分，上至歼灭战，下至部队侦察。在海战中，可以是为了争夺制海权而进行的决战，也可能仅仅是海上封锁。

这种战争观已经与克劳塞维茨一开始研究的“绝对战争”理念相去甚远。根据“绝对战争”理论，任何战争都必须不达目的不罢休，任何放弃的行为都是缺乏战斗精神的表现。然而，克劳塞维茨在实践中发现精神因素往往比纯军事因素更加重要，他意识到自己的视野太狭窄了——全是忽略精神因素的纸上谈兵。克劳塞维茨开始觉察到，将所有战争纳入到一元化的战略理论体系中，在逻辑上是不完整的。最终，他在充分理解人的因素在战争中的作用后，将战争分为差异明显的两类，这两类战争方式完全不同，而不是非要符合“绝对战争”的标准。

克劳塞维茨发现有一类战争在政治上对于交战双方都是生死攸关的，双方都会全力以赴去争取胜利。而另一类战争，其政治目的不那么重要，交战双方并不会为此无休止地付出鲜血和财力。这就是之前克劳塞维茨提到的两类战争——“绝对战争”和“有限战争”。绝对和有限并不是说不动用全部力量，而是说在力量使用上存在一个“限度”。在筋疲力尽甚至充分动员之前，放弃也许比投入更多力量更加明智。

准确理解这种分类非常重要，因为它容易与克劳塞维茨之前论述的另一种分类相混淆——即所谓的现代战争与拿破仑时代之前的战争的区别。克劳塞维茨认为现代战争是全民战争，即调动国家的全部力量投入战场，而17、18世纪的战争是常备军之间的战争，不是将整个国家武装起来。这种区分相当正确而且意义深远，但是它与有限战争和绝对战争并没有关系。在拿破仑的战法体系中，“有限”和“绝对”的战争目标都存在。

最近的一个例子可以帮助我们认清两者的区别。日俄战争的目标是有限的——为了争夺一块不属于任何一方领土的土地。敌对行动在两个武装起来的国家之间的各条战线上展开，而不仅局限于常备军。这场战争对于其中任何一方的重要性都十分有限，所以最后双方在耗尽力量之前早早选择了放弃。这场战争所消耗的人力和财力其实已经超过了其本身的价值。

克劳塞维茨认为，有限战争和绝对战争的分类要比之前提到的积极战争和消极战争的分类更有意义。他得出这一结论颇费周折。为了与拿破仑的绝对战争理念相吻合，克劳塞维茨在其传世著作《战争论》中几乎花了所有篇幅来论述进攻型战争与防御型战争的概念。只是在全书结尾，在他长时间的研究趋于成熟，同时努力将自己的战略思考用于应对可能与法国决裂的威胁之时，他才得出了这一结论。在该书的最后一部分《战争计划》中，克劳塞维茨对这一思想进行了论述。也是在这个时候，他看到了自己理论的第一个实用价值，他发现有限战争和绝对战争在战争方式上存在着巨大差异。绝对战争中，敌人会倾其所有力量，在战争能量完全耗尽之前，休想看到战争结果。除非你有望取胜，否则最好不要诉诸武力。而在有限战争中，不需要置敌人于死地，完全可以在达成目的后停止使用武力。可以运用防御的内在力量，构建一种态势，令敌人如想得到一份好处，就必须付出双倍代价。

因此在制定战争计划时也会有很大区别。绝对战争中，主要战略进攻目标应该是敌方武装力量，而在有限战争中，即使战争目标是积极的，也不一定非要歼灭敌军。如果条件合适，战争目标本身就可以作为战略进攻的对象。显然，克劳塞维茨得出了改变其整个战争观念的论断。战争不再只有一种形态——绝对战争，战争目标也不再仅仅只是敌方武装力量。作为一个完备的理论，它的实践指导意义也立即显现，之后战争计划的制订必然以此为基础。

上述观点的准确性有一个出乎意料的例证，那就是若米尼用一种完全不同的方法得出了同样的结论。他的方法更为具体，是以对各种实例的观察比较为基础的。虽然方法不同，但是若米尼依然坚信自己的理论。“战争的目标可以分为两个不同种类，”他说，“一种可以称之为领土性的或地域性的……另一种则不考虑自身土地的得失，仅仅是歼灭敌方武装力量”。在若米尼对战争的第一种分类中，他称之为“以维护权利为目的的进攻型战争”，其实就是克劳塞维茨所说的有限战争。若米尼引用了腓德烈大帝攻占西里西亚战役①的例子，认为“在这场战争中……进攻型战役应该只是战争的一部分。首先是对宣称主权的土地的占领（而不是对敌军主力挥舞拳头）”。“然后，再根据情况和自身力量实施攻击，给据守本国的敌人形成持续威胁。”这里，我们看到了克劳塞维茨有限战争的影子。首先，第一阶段（领地争夺阶段）以占领某个地区为目标，然后，第二阶段（强迫施压阶段）使用

① 1740年12月，腓德烈从西里西亚进攻奥地利，开始了奥地利皇位继承战争。

武力给敌人以威胁和压力，迫使其接受对我有利的态势。

显而易见，这种战争方式与拿破仑惯用的战法有着本质区别，而总结出这种战争方式的两个人——克劳塞维茨和若米尼，却是拿破仑战法的坚定拥护者。原因在于，他们对拿破仑战法有着深入的研究，因而清楚拿破仑的战争方式只有在力量和精神都占绝对优势的情况下才能发挥出强大威力。在这种敌弱我强的形势下，他们深信拿破仑的极端战法是有效的。但并不是说有限战争就一定比拿破仑的极端战法更好，这主要跟两人长期担任参谋军官而非仅是理论家的经历有关。克劳塞维茨和若米尼非常清楚，即使好战分子使用极端战法有时候也会感到力不从心，而且会超越国民精神士气的承受极限。两人根据自身实践自发地对有限战争进行了深入研究，发现在某些情况下有限战争的潜在威力无比巨大。若米尼认为有限战争更加适合1812年拿破仑对俄战争。他认为，如果拿破仑以低强度战争的方式去争取一个有限的领土目标，战争结果会好得多。然而，拿破仑却将失败归罪于对德战争中取胜的战法，而事实上，战败的原因在于这种战法并不适合当时的战场态势。

若米尼作为研究拿破仑战争思想的理论大师如此受人重视，而他关于两类战争的观点却被人忽视，不禁让人觉得奇怪，然而更令人想不通的是克劳塞维茨关于此类问题观点的也被忽视了。克劳塞维茨认为，这一分类是研究战争问题的关键。或许是因为他在《战争论》的前七篇中都没有提及这个问题，只是到了著作的结尾才出现相关内容的论述。他自己也是在撰写第八篇《战争计划》时，才意识到这一分类的重要性，而在此之前一直没有关注，可惜这一篇却有始无终。好在他的手稿中留下了一部《注释》，告诉读者前几篇并不能完全表达他后期发展的思想。在这部手稿中，克劳塞维茨再次强调这一分类才是战争理论中最重要的，可以用来解决前几篇中的难题，而出现这些难题正是由于对拿破仑战争方式研究的局限。“我认为前六篇只是大量事实的堆砌，缺乏条理性，只是简单的重复。现在回过头去看，这两类战争的区别已经清楚显现。这样，所有观点都可以从中提炼，对战争的指导也将更加准确。”他在 1827 年如是说。事实上，克劳塞维茨已经对研究的出发点——“绝对战争”理论不甚满意了。他的新发现已经证实，绝对战争理论并不适用于所有类型的战争。他在其著作最后一篇中写道：“难道我们只满足于用这一种方法去解释所有战争吗？无视战争的形式是如此千变万化？”他给出了否定的回答。“你不能用拿破仑时代的战争理论指导所有战争。把那套绝对战争的理论先放到一边吧，问问自己什么时候可以用或者必须用，同时，我们还需要对等思考两种主要类别的战争。”

当克劳塞维茨刚发现这两类战争的区别时，他是这样界定的：“第一种，是以击溃敌人为目的，不论我们是想在政治上毁灭对手，还是仅仅消灭其武装力量，迫使其按照我们的意愿签署和平协议；第二种，仅仅是以扩张领土为目的，不论是要永久占领，还是将其作为签署和平协议的筹码。”克劳塞维茨在《战争论》第八篇中表达了要完整阐述他新思想的愿望，他说“该篇的首要目的是要把上述两个观点说清楚，这样所有理论都可以得到简化而变得生动。我希望在这一篇中，能把战略家和政治家脑中的褶皱熨平，至少要明确军事行动的目的和战争中真正需要考虑的因素。”

可惜克劳塞维茨未能如愿，或许这也是为什么他一针见血的论断常被人遗忘的原因。我们只能看到第八篇的一小部分。1830 年春，普鲁士企图倾其全力与法国大干一场，形势十分紧张——他随即被派去执行任务。用克劳塞维茨自己的话说，他留下的那一篇《战争计划》实际上“仅是粗略勾画了一条路径，沿着这条路径穿越堆砌的大量事实和战例，才能直达问题的本质。”克劳塞维茨说道，“他一直想把这些想法充实到前六篇中去。”通过详细阐述和强调他的两个伟大论断，即战争是政治的另一种形式以及有限战争与绝对战争的分类，来为自己的著作画龙点睛。

克劳塞维茨在自己的理论中究竟注入了多少这种新思想不得而知，但是这些不容置疑的真理却始终存在。那年冬天，克劳塞维茨针对法国对比利时极具威胁的攻势制订了一项作战计划，该计划并不像拿破仑那样以敌方军队作为攻击目标，而是选择夺取领土这样的有限目标，同时迫使法国在不利情况下进行反击。席卷欧洲的革命运动已经使神圣同盟支离破碎。普鲁士不仅面临着独自对抗法国的危险，其自身也深受革命运动的困扰。对普鲁士而言，进行绝对战争和将敌方军队作为进攻目标已经是无力为之。但普鲁士依然可以选择有限战争，通过占领比利时，使法国陷入困境，这是可以做到的。这就是我们当初发起七年战争的原因，也是日俄战争中日本获胜的原因。更出乎人意料的是，1859 年毛奇正是在与之类似的情况下，按照这一思路制定了对法国作战的最初计划。彼时，他的想法其实与若米尼所说的 1812 年拿破仑在俄国应采取的战略是一致的。他并没有将攻击目标直指巴黎和法国军队，而是攻占了阿尔萨斯-洛林(Alsace - Lorraine)地区，直到形势发生变化，他占有了必要的优势后，才转向全面战争，或是达成一项有利于普鲁士的和平协议。

综上所述，我们必须关注拿破仑战争时期形成的成熟的理论成果——不是单一的绝对战争思想，而是有限战争与绝对战争的二元层次战争理论。如同克劳塞维茨和若米尼反复强调的，这一理论的实用价值之高怎么评价都不为过。然而，尽管可以引用两位战争理论大师的论述为证，但不得不承认这一理论在陆上战争中的重要性并非如此巨大，其原因显而易见。需要牢记的是陆上战争并不是决定重大国际问题的唯一方式。站在克劳塞维茨和若米尼止步的地方，我们发现目前仅仅触及了这一问题的皮毛。接着，我们将以此为起点，去探究在世界进入帝国主义时代，海洋成为一个直接而重要的因素后，他们的理论所具有的指导意义。

# 第四章　有限战争与海上帝国

前文提到的德国战争计划的基础,一是对比利时和阿尔萨斯-洛林地区的占领,二是若米尼对拿破仑在俄国遭受失败的评论。这充分说明,大陆战略学家们已经在克劳塞维茨指明的道路上又向前迈出了一步。当我们将这一理论应用于当今帝国时代条件下,即海洋成为一个重要影响因素时,便会发现这一看似突破不大的理论将对一个孤立的海洋国家产生多么深远的影响。

克劳塞维茨肯定没有意识到其所创立的理论的杰出贡献。他的视野仍然局限于陆地,其实他的理论不只对陆上战争有指导意义。如果他还健在,肯定会继续完善自己的理论,并最终得出一个完整的结论。可惜他的英年早逝使其有限战争理论始终停留在初级阶段。

不得不承认,克劳塞维茨在完成其著作之时,所思考的总是发生于接壤或邻近国家之间的战争,这也是很自然的事情。稍一细想就会发现,在这类战争中,有限目标似乎很难找到其合理性。克劳塞维茨非常清楚这一点,他认为,在"歼灭敌人"(即绝对战争)的战争方式超越自身能力时,并非一定要采取守势,而仍然可以采用积极进攻的手段,只不过战争目标仅能定在"占领敌方某一块领土”。他知道这种占领就足以削弱敌人或者巩固自身安全,继续保持于己有利的态势。历史上有很多这样的例子。然而他也不无担心地指出,这种战争方式将会招致最严厉的批评。一旦占领了目标区域,那么你的进攻也必然受到更多限制。防卫固守的思想将占据主动,如前文所说,这对战局和士气相当不利。不仅如此,你还会发现,为了攻占更多的领土,不得不派遣用于防御的兵力继续出击,与敌军在任何可能的地方交战,如果敌军孤注一掷全力攻击你的核心防区,就会对你造成严重威胁。奥斯特利茨战役就是一个典型的例子,奥地利的目标是从拿破仑手中夺取北意大利北部,卡尔大公率领主力部队占领了这一地区,而拿破仑则立即攻向维也纳,歼灭了守备部队,在卡尔大公回援之前占领了奥地利首都。

所有进攻战略都会造成己方某些地区防守的空虚。因此,当进攻目标是有限的敌方领土时,我们的防守肯定要比以敌方军队为目标要求更高。在绝对战争中,我们的进攻相当于对所有地区的防守,因为敌人不得不集中兵力应付我们的进攻。正如克劳塞维茨所指出的,是否采取有限战争方式,主要看进攻目标的地理位置。

迄今为止,英国的战争经验都符合克劳塞维茨的理论,但他又进一步指出,有限战争的目标离本国越近,那么爆发战争的风险就越小,因为我方的攻击行动可以兼顾本国的防御。克劳塞维茨试图用腓德烈大帝占领萨克森巩固了普鲁士的防御,进而揭开七年战争序幕作为论据证明这一点。而对于英国在加拿大的军事行动,他却只字未提。克劳塞维茨的视野始终局限于陆地,根本没有想到用英国在远离本土的加拿大取得的巨大胜利来验证他的理论。如果克劳塞维茨真这么做了,他肯定会发现,加拿大的战例远比普鲁士夺取萨克森的战例更能说明有限战争的真正威力。同时，尽管他坚信自己理论的正确性和可行性，并试图给予证明，但是他所选择的战例却并不能充分证明这一点。

用克劳塞维茨自己的话说，当他构思这一理论时，脑子里唯一的有限战争目标，只有“在边境线上对敌方国土的征服”，就像腓德烈大帝征服的西里西亚和萨克森，他自己战争计划中的比利时以及毛奇的阿尔萨斯-洛林地区。现在，事实清楚地表明，这些目标并不是真正的有限目标。原因有二，一是这类地区通常是敌对国家的交通枢纽或是具有同等重要性的地区，敌人通常会不惜一切代价与你争夺。二是在敌人倾全力与你作战时，并不会遇到什么战略阻碍。有限战争的目标要满足两个必要条件。第一，并不单是地域上的有限，在政治重要性上也必须有限；第二，这个地区必须在战略上相对独立，通过战略手段可以使其处于孤立状态。除非满足这些条件，不然如同克劳塞维茨自己所见，交战双方谁都可以把它演变为一场绝对战争，不顾被攻占的土地，直捣对方心脏，迫使对方退缩。

如果我们把战争局限于接壤或邻近的陆上国家之间，战争目标无非是双方在边境线上占领对方领土，那我们就很难分辨出有限战争和绝对战争。两类战争之间的界限将变得模糊和不确定，无法给出一种完整的分类，而且这种区分更趋向于程度上而非类型上的。但如果我们换个角度，将视野拓展到世界范围内各帝国之间的战争，这种区别就立刻变得清晰可辨了。海外领地以及广袤未开化的偏远地区与克劳塞维茨所说的有限战争目标中的那些地区有着本质区别。历史证明，这些地区的重要性从来都不能与欧洲体系中的任何地域相提并论，而且这些地区很容易被海上军事行动孤立，从而形成真正的有限战争环境。

若米尼提到了这一点，但是没有详细阐述。在他所著的《大入侵及远征》一章中，他指出接壤的国家之间爆发战争的危险性，并提到了在被陆地或海洋隔绝的两个相距遥远的国家之间发生战争的情况。他对海洋因素只是一笔带过，虽然感觉到了这一因素所带来的巨大差异，却没有深入分析到底有什么区别。在他的概念中，舰队和陆军兵力的相互配合顶多是在远方战场上的联合行动。他记得英国舰队对伊比利亚半岛上威灵顿的支援，还有拿破仑将征服亚洲的梦想寄托于一支能够不断为前行的陆军开辟新的补给基地的强大舰队，而对于海军舰队最重要的作用——孤立和海上防御却没有提及。

若米尼在书中用一定篇幅论述了海外远征，但依然没有涉及这一问题的关键。他用了超过 30 页的篇幅把海外远征的原则一一罗列，然而他的欧洲大陆战略思维使得这些原则都偏离了问题的本质。他和克劳塞维茨一样，没有提到英国征服加拿大，而这场战争却是军事实力较弱的一方采用有限战争形式迫使较强一方做出让步的典型战例，其成功的原因正是强大的海军对英国本土的防御以及对加拿大的孤立。

因此，我们所说的真正的有限战争目标，必须摆脱大陆战场，转向联合作战或海上战争中。我们应该看一看七年战争中的加拿大和哈瓦那以及美西战争中的古巴，海军行动使得这些目标完全被孤立。再看看克里米亚和朝鲜，由于陆上交通线很长、很困难以及战略位置的劣势，使得海军孤立目标的行动取得了良好效果。

这些例子很好地证明了实施有限战争的第二个条件。正如前文提到的，对于一个真正的有限战争目标，我们不仅要有使其陷入战略孤立的能力，同时也要具备应对敌人全面反击的防御能力。以上这些战例都符合这个标准，交战双方都没有接壤边境，这一点至关重要。显而易见，如果两国接壤，对于强势一方而言，不管有限战争目标多么遥远，或者孤立其是多么容易，它都倾向于采取越过边境实施全面打击的战争方式。就算两国之间隔着一个中立国,这种可能性也依然存在。如果目标确实很重要,那么弱小的中立国也将被卷入,如果中立国实力较强难以被击败,它也会确保己方联盟安全无虞。

于是,我们最终得出结论——有限战争只有在强大的岛国或是被海洋隔开的国家之间才有可能发生,而且试图发动有限战争的国家必须拥有足够强的海上实力,不仅能孤立目标,还要能保护本土免受敌方侵扰。

这就是制海权的真正含义及其最大的军事价值所在,英国之所以能成功抵御军事实力远超过自己的对手的秘密也显露无余。这个秘密由一个英国人率先发现应该说合情合理。但也要看到,没有克劳塞维茨的理论,培根那句名言的意义就无法充分体现。这位伊丽莎白时代的伟大思想家针对第一次帝国战争总结道:"我们知道,谁控制了海洋,谁就可以根据意愿,自由控制介入战争的程度,陆上称霸的国家面对英吉利海峡依然无计可施。"克劳塞维茨理论的重要影响在此无需多言,其基本原理显而易见——有限战争并不取决于交战国总的军事实力,而是取决于他们在关键点能够或者说愿意投入的力量。

克劳塞维茨没能从培根的视角看待战争问题进而使自己的理论更加完备,不能不说是一个遗憾。他曾立志要创建一整套可以解释所有战争的理论,他也相信自己确实做到了,但却并不知道自己是否真正取得了成功,也不清楚自己的理论到底能应用于多大的领域。直到最后,他依然没有察觉他的理论解释了历史上一直以来的一个疑惑——英国通过成功的战争所进行的扩张。很难想象,作为一个拥有弱小陆军的小国,英国却获取了地球上最让人垂涎的土地,而且是从实力最强大的军事大国手中夺取的,尽管这些大国对此并不甘心。这一现象总是被看作偶然——没有任何战争要素支撑的意外。虽然克劳塞维茨自己不知道，但确实是直到他的理论出现，才揭开了谜底，正是他告诉了我们有限战争的内在力量以及适用于有限战争的手段和条件。

如果从比克劳塞维茨更宽广的视角去考察，同时将其最新的思想应用于当今帝国时代条件下，我们会发现他的观点得到了充实，也获得了更坚实的基础。如果将其观点进一步应用于海上战争，那么有限战争和绝对战争的区别就不仅仅停留在道义和精神层面了。一场战争之所以称之为有限战争，不仅在于目标重要程度的有限性，使得无需举全国之力进行战争，还在于海洋作为一个天然屏障制约了整个国家力量的发挥。也就是说，如果目标在战略上被孤立或是从道义上讲相对微不足道，那么它就可能是一场有限战争。

# 第五章 干涉战争

## ——绝对战争中的有限干涉

在结束有限战争的探讨之前，我们还要研究另外一种之前从未提及的有限战争形式，克劳塞维茨称之为“有限力量战争”，然而在他的理论体系中却难觅其踪迹。他认为，这类战争与有限政治目标的战争或是若米尼有限领土目标的战争有着本质区别。然而，单凭这类战争在欧洲历史上扮演的重要角色，就必须对其进行深入研究。

对我们而言，对这类战争进行最认真仔细的研究，不仅是因为这类战争曾经迫使克劳塞维茨这位最伟大的德国军事理论家重新审视自己的理论，而且因为这种在优势舰队配合下运用一小支陆军展开的军事行动，也是大不列颠直接干预欧洲大陆最为有效的方式。

这种联合军事行动是英国以有限战争为基础的常用的战争手段，可以分为两类。一类是纯粹为了征服攻击对象，通常是殖民地和海外领地；另一类一般发生在欧洲大陆海岸，目的不是永久占领，而是扰乱敌人的计划，巩固盟国及自身的有利地位。这类战争通过占领某处海岸来分散敌方注意力，而这对敌人的影响可大可小，就像威灵顿在伊比利亚半岛所采取的行动那样，我们只要占领某个足以引起敌人关注的地方，其效果就与一般条件下的陆上战争相差无几了。

因此，这类战争的有限性与其说体现在战争目标上，还不如说体现在实际投入的军事力量上。我们不会投入全部力量，通常只是一部分，被称作"远征军"。所以，这类战争属于一个新的类型，就是克劳塞维茨所说的"有限力量战争"。

在欧洲大陆，这类战争有另外一种更令人熟知的表现形式。在18世纪有很多仅投入有限力量的战争，这些战争并不涉及有关国家的核心利益，所以他们仅派出一定规模的辅助兵力来支援主要的交战国。

克劳塞维茨在其著作最后一篇的第六章才谈及这类不同寻常的战争。然而，他的早逝使得我们只能通过其著作看到他研究这一问题的只言片语。他曾说这类战争确实"让自己的理论处境尴尬"。克劳塞维茨还提到，如果这支辅助兵力是由交战国任意指挥支配的，那问题就简单了，它只是作为参与绝对战争的支援兵力而已。但在他看来，情况往往并非如此，这支辅助兵力的行动总是或多或少受到派遣国政府政治意图的影响。因而，他得出结论：这是之前未曾研究过的一类战争，它在本质上不同于以战争目标为判定标准的有限战争，也就是说，我们面对的是两类有限战争。

如果遵循克劳塞维茨的方法，从历史中寻找答案，研究这类战争成败的例子，我们就会发现，仅就结局而言，两类有限战争没有本质区别。也就是说，只要有限战争的运用条件得到满足，不论是哪类有限战争，都会取得成功，反之则失败。于是我们得出这样的结论："有限力量"这个区分标准并不是战争固有的，它已经脱离了我们目前的理论——事实上，它不是战争的方式，而是战争的方法，既可以用于有限战争，也可以用于绝对战争。换句话说，如果其被看作一种公认的战争方式，那它必须直接呈现为有限战争或是绝对战争。这支有限兵力要么作为一个有机整体毫无保留地参与到绝对战争中，要么作为一个独立作战单元，针对某个明确的领土目标，单独发挥有限的作用。

从我们的经验看，有限力量战争或者叫“远征军”战争如果采用最接近真正的有限战争的方式，取得巨大的成功——就像在伊比利亚半岛和克里米亚，我们的目标就是从敌人那里夺取一处领土或保卫已经夺取的领土，这主要取决于能否通过海军的作战行动使其孤立。这支兵力的作战能力跟与海军配合的密切程度直接相关，通过陆海军实施的联合行动，远征军可以获得超过其原有的承载力和机动力。

要想诠释有限力量战争，有必要将这类战争的两种形式——欧洲大陆形式和英国形式分别进行研究。就像我们看到的，欧洲大陆形式的有限力量战争在概念上与绝对战争差别很小。派出的这支有限兵力起码表面上要听从交战国的号令，协助其打击共同的敌人，并将敌方有生力量和首都作为攻击目标。或者它可能被用作侦察兵力，防止敌人的反击，策应交战国的进攻行动。以上两种情况，不论这支兵力的实际贡献多么微不足道，我们都采用了绝对战争的方式，朝着绝对战争目标而去，而不仅仅是攻占敌方某处领土。

现在，我们来看看英国的经验，尽管其也经常采用欧洲大陆形式的有限力量战争，然而，我们发现几乎每次进行这类战争都会招致普遍反对，好像这与我们内心的某种天性相抵触。最明显的例子就是，在七年战争中我们出兵支援腓德烈大帝。战争一开始，反对声如此强烈，使得我们根本无法出兵，直到腓德烈对天主教势力的顽强抵抗为他披上了新教英雄的光辉外衣，当时的英国首相皮特（William Pitt）才能将自己的想法付诸行动。

古老的宗教之火被点燃。所有民族本性中最有能量的部分激发出的狂热，使人们战胜了心中固有的对介入欧洲大陆战争的厌恶，才得以派出一支强大的兵力支援腓德烈。最终，支援行动完全达到了目的，但是必须注意的是，即便如此，这次行动无论是在派出兵力的规模上还是在战争目标上都是有限的。腓德烈发动的的确是一场绝对战争，它关系到普鲁士的存亡，而英国军队是他战争计划中的重要一环。然而，英国援军置于布伦瑞克·费迪南(Ferdinand)的指挥之下，其任务明确而有限，就是防止法国占领汉诺威[①]，扫清普鲁士的侧翼。最后我们还要注意，英国军队之所以能够完成任务，是因为其所在的战场始终与海洋保持着紧密联系，敌人无法切断其补给线和退路。

上述这些特征值得我们关注，它们与以往欧洲大陆的战争方式实施的有限力量战争有所不同。正如马尔伯勒[②]指挥的那些典型战役，它们是一种特殊的战争方式，在当时政治形势危急的情况下，马尔伯勒采取了这种方式，这也成为自皮特时期之前就已存在的英国干涉欧洲战争的特有方式。由我们最伟大的战争首相发明的这种战争方式不仅限制了出征力量，而且规定了其仅能发挥有限而独立的作用，同时必须保持与海洋的紧密联系。最后这点至关重要，因为这类战争的威力正是以此为基础的。

拿破仑战争初期[③]，我们在西北欧也采用了同样的战争方式。我们的目标非常有限，就是保卫荷兰，同时也保持着与海洋

---

① 汉诺威于1714—1837年期间一直属于英国领地。

② 约翰·丘吉尔(John Churchill，1650—1722)，马尔伯勒公爵，英国最伟大的军人，在西班牙王位继承战争中，战胜了法国。

③ 在1914年第一次世界大战之前，通常指1792—1815年的法国大革命和拿破仑战争时期。

的紧密联系，但战场不是独立的，需要与其他兵力紧密配合，结果行动几乎无一例外以失败告终。之后在西西里岛，战场是完全孤立的，运用这种战法能很容易持续保持优势，只不过这种优势是纯防御性的。直到伊比利亚半岛战争，我们才找到具备打一场有限力量战争并获得胜利的理想战争环境。即便如此，如果我们的陆军始终被看作西班牙陆军的附庸，失败依然在所难免。只有在保卫葡萄牙的战争中，我们才真正具备有限目标、濒海战场、独立行动等条件，战争从一开始就赢得了主动。凭借这种战法的巨大威力和对敌军力量的有效牵制，实力对比发生逆转，我们才得以实施有力的进攻。

威灵顿成功的秘诀——除了他的天赋之外——就是在理想条件下运用有限战争形式进行绝对战争。我们的目标就是彻底击败拿破仑。虽然我们在海战中完胜，但并没有达到目的，而胜利却给予了我们运用有限战争形式的力量，这是我们所有战法中最具决定意义的进攻方式。运用这种战法对实现最终目标所起的巨大作用有目共睹。

综上所述，大陆形式的有限力量战争与绝对战争几乎没有任何区别，因为进行有限战争的条件基本不存在。然而，我们所说的英国形式抑或是海上形式的有限力量战争实际上就是以有限战争方式进行的绝对战争，可用作对我方盟友大规模作战行动的支援。这种作战方式经常为英国所用，因为控制了海洋使得英国能够选择适合进行有限战争的战场。

但是如果我们想要干涉这样一场战争，却没有真正适合的战场怎么办？办法有两个，一是派遣一支增援兵力完全交予盟国指挥，二是实施海岸袭扰，就像七年战争初期我们应腓德烈大帝要求所做的那样。交战双方对这种袭扰行动都不会感到满意。微不足道的战果只会使这种干涉方式背上污名，不值得一流强国采用。然而，所有陆上霸权国家实际上很担心并且很重视英国的这种干涉，即使在对英国最不利的情况下也是如此。因为他们对这种干涉的潜在威胁十分关注，无论其采用什么方式。英国根本不期望能取得任何积极战果，因为他们清楚只要这种干涉采取两栖作战的方式，其对欧洲形势的影响总是超乎意料的。除非这种干涉遭到强有力的阻击，否则其战果一定非常有效。简而言之，这种干涉是消极的，其价值在于牵制比自己更强大的兵力。它不是最激烈的干涉战法，但对于一个无法进行更大规模战争的强国来说，这确实是一种最激烈的作战方式。腓德烈大帝最先认识到这一点，而拿破仑是最后一个。多年来，拿破仑对这种战法一直视而不见，百般嘲笑，蔑视至极。1805年，他把克雷格的远征军称作“小矮人特遣队”①然而，另外一支执行其他任务的混合兵力②所实施的战备行动使拿破仑前所未有地警觉起来，尽管他派出舰队迎战，结果损兵折将、无力应对③。

直到4年后，拿破仑才不得不公开承认这种战争方式。令人好奇的是，随后的瓦尔赫伦岛远征行动使他对这种战争方式确信无疑，而在我们看来，那是在所有的干涉欧洲大陆的两栖作战中最糟糕的一次。瓦尔赫伦岛远征通常被认为是愚蠢的战争决策的典型，历史学家对其的评价也坏到了极致。然而他们却

---

①　在詹姆斯·克雷格(James Craig)将军率领下的300名骑兵和8个步兵营的远征军1805年被派往马耳他参战，他们最重要的任务是防止西西里落入法国人手中。这支部队与另一支庞大的俄国远征军在11月登陆那不勒斯，但是拿破仑在北方战场的胜利使得远征军在1806年初撤退——见科贝特著作《特拉法尔加海战》。

②　大卫·贝尔德(David Baird)将军成功率领远征军占领好望角。

③　1805年9月14日，拿破仑命令位于加的斯的法西舰队前往那不勒斯，结果舰队在特拉法尔加(Trafalgar)被打败。

忽略了这样一个事实，它是我们后特拉法尔加时期海上作战方针中最后也是最困难的一步——运用陆军配合海军巩固制海权，攻击实施顽固防守的敌方舰队。这一作战方针始于 1807 年的哥本哈根战役，在达达尼尔海峡战役中由于舰队和陆军被分隔并相互脱离而导致失败，仅在里斯本和加的斯取得了胜利。筹划之中的瓦尔赫伦岛远征一再被推迟，直到最后我方实力最强大、时机最合适的一刻才实施。早在远征瓦尔赫伦岛的设想首次被法国获知后，拿破仑就一直寻机采取行动，但随着时间的推移和战局的缓和，他逐渐放松了警惕。直到最后，当拿破仑深陷奥地利战场，被迫调动所有兵力对付卡尔大公时，远征的时机才真正到来。尽管面临的风险依然很大，但机会千载难逢，英国政府打算放手一搏。英国决心尽其所能增加伊比利亚半岛的兵力，但是只要在北海维持一支强大舰队的需求有增无减，这一想法就很难落实。当时，英国政府对胜利的渴望已经远远超过了对失败的担忧。因此，英国政府出其不意、果断行动，拿破仑的疏忽被逮个正着。当时安特卫普的防御十分松懈，根本没有军队前来迎战，除了一群操着各种语言的乌合之众，见不到任何军官的踪影。至少在接下来的一周，胜利掌握在英国手中，拿破仑的舰队仅仅躲过了 24 小时，最后遭到了毁灭性的打击。尽管拿破仑的这次失败有很大的偶然性，他差一点就获得最后的胜利，但还是拿破仑着实吃了一惊，连忙寻找应急之策。这次死里逃生的经历迫使拿破仑重新审视和规划自身的防御体系。他认为不仅要花费巨资加强安特卫普和土伦的防御工事，还命令他的兵员部长制定出从国民卫队抽调至少 30 万常备军用于守卫法国海岸的计划方案。“英国只要使用 3 万人在唐斯一带进行袭扰，就可以牵制住我们 30 万兵力，这足以削弱我国，使我们沦为一个二流国家。”拿破仑对此不无忧虑。然而，当时英国在伊比利亚半岛的兵力集中使得拿破仑的这种部署显得没有必要——因为英国的战线已经明确，法国面临的海岸袭扰的威胁已不存在。尽管如此，拿破仑对此类战争方式仍极为重视——只不过没有体现在他别有用心的演讲中，而是见诸他对高级幕僚军官的训令中。

目前来看，军事组织和机动能力的发展使陆上强国可以忽略这类威胁。过去拿破仑无视这类威胁，而事实证明对战争中任何一个潜在威胁的疏忽都可能为对手创造战机。这种战机迟早会被对手抓住。利戈尼尔(Ligonier)勋爵和伍尔夫在这类战争中的所作所为表明，突袭的时机并不一定一开始就会出现。我们通常要自己去创造或者耐心等待战机——因为战机出现之时，我们常常不是准备不足就是缺乏信心。

这类干涉战争在两种情况下能够取得最佳效果。一是敌方作战计划中没有预料我们会发动这类干涉战，而且战争爆发后无法改变其既定计划。二是从敌人手中夺取胜利果实。这类干涉战的有效性基于一条原则——绝对战争的成败与歼灭敌军的多少不一定一致。对于一支激战后筋疲力尽的陆军而言，征服当地民众面临着重重困难。这种情况下一小股来自海上的新鲜力量的注入，足以颠覆整个战局，比如伊比利亚半岛战役的成功。一些军队高层认为，1871年普法战争中英国本来可以运用这种战争方式取胜的。

这种战法看上去与反对保留战略预备队的原则相抵触。我们都知道，在战争的关键时刻应该投入全部有生力量，现在没有人对此提出异议。当两支齐装满员的部队爆发冲突时，这一点毋庸置疑，但在经过激烈厮杀，部队精疲力竭、士气低落之时，我们不得不怀疑反对保留战略预备队的做法是否依然正确。

# 第六章　发挥有限战争威力的条件

有限战争的基本原理与防御极为相似。这也就是说，如同正确使用防御手段有时能够以弱胜强一样，合理运用有限战争方式同样可以使弱小国家战胜军事强国，这样的例子比比皆是，以至于我们无法将其视为偶然。

其中有一条原理广为人知，就是地利优势能使我们运用海军限制敌方与我陆军交战的兵力数量，即通过调动舰队来弥补陆军兵力数量上的劣势。除此之外，还有另外一个非常现实的原因，它源自战略的首要原则。

这就是有限战争可以使用防御手段，并能在很大程度上克服防御在绝对战争中无法回避的固有缺陷。这些缺陷主要是将战争主动权拱手相让，使我们丧失进攻的激情和欲望。但在有限战争中，我们发现这些缺陷通常不存在，只要没有这些不利因素的影响，我们就能在防御中保持优势。

这一结论是毋庸置疑的。就算我们不完全信服克劳塞维茨关于防御威力的理论，至少我们可以接受毛奇对其的修正。他认为，最高强度的战争，也就是使一支部队有效发挥最大战斗力的形式，是战略进攻配合战术防御。如能正确选择战场和战术，这一原则同样适用于有限战争。但必须记住，运用这种战争形式，其前提是在战备状态或是机动能力上占有优势，要么占据有利的地理位置，可以在敌人集中力量阻击我们之前，占领目标领土。只要满足这些条件，我们就能掌握战争主动权。假如敌人无法攻击我方本土，那他们就只能按照我们的方式进行交战。我们可以选择合适的战场，以逸待劳，迎击远道而来的敌人，耗尽其进攻能量。如果我们要攻占的目标被海洋环绕，而敌人又不掌握制海权，这样的时机经常出现在我们面前，即便我们不利用这些机会，也会给敌人的主要进攻行动造成很大麻烦，就如俄国进攻辽东半岛时由于担心来自渤海湾的反击而非常紧张焦虑①。

运用这种战法所呈现的实际态势表明我们在“大战略”(major strategy)上是进攻的——我们的主要行动是积极的，目标是占领敌方领土，而在“小战略”(minor strategy)上总体以防御为主，从敌人实施攻击开始，我们就要集中力量，等待时机，给予敌人致命一击。

如果我们一致认为，现代陆战条件下很难在战术和“小战略”之间划出一条清晰界限，实际上就是表明我们认同毛奇关于最高强度战争本质的说法。也就是说，我们在“大战略”上是进攻的，而在“小战略”上是防御的。

如果有限战争能够发挥出比绝对战争更大的威力——当我们的实力不足以进行消耗战，而且战争目标又是有限的时，采用

---

① 1904年6月，俄国指挥满洲军队的司令库罗帕特金将军负责指挥进攻辽东半岛，救助旅顺港，而这一行动违背了他自己的作战计划与意愿。所以，库罗帕特金只派出了极少的兵力前往铁苏，途中遭遇了日本第二步兵团而被迫撤退。科贝特在这里夸大了日本海军的作用。俄国军队更为关注的是库罗帕特金想要保存实力以与日本决战满洲，而并非其他因素。

有限战争形式无疑是正确的，这就跟我们无力发动进攻并且战争目标是消极的时，实施防御的道理是一样的。这一结论至关重要，因为它相当于直接否定了时下盛行的说法，即战争目标只有一个，就是摧毁敌人的一切反抗手段，其中最主要的目标通常是敌方武装力量。因此，我们不得不对直接追求战争隐性目标的合理性乃至正确性提出质疑。

尽管克劳塞维茨和若米尼在这个问题上煞费口舌，但答案只有一个。比如冯・德・戈尔茨①就强调必须始终将歼灭敌人作为现代战争的目标。他在书中写道："现代战争的首要原则，也是我们必须全力以赴达成的直接目标，就是歼灭敌陆军主力。"类似地，克拉夫特亲王②有句名言，"击败敌陆军应该是首要目标，包括占领敌国领土在内的其他所有目标，只能算次要目标。"

我们发现，克拉夫特亲王承认占领敌国领土和歼灭敌军有生力量是完全不同的两个过程。冯・德・戈尔茨的想法更进了一步，他驳斥了一个常见的错误观点，即把歼灭敌陆军主力等同于完全达成战争目标。他谨慎地宣称，这种说法只有在"交战双方同是强国或同是弱国"的情况下才是正确的。如果必须把占领敌国领土与歼灭敌军有生力量的行动区分开来，而且是在无需首先击溃敌军就能占领敌方领土的情况下，我们仍然一味坚持先击溃敌军而后占领敌方领土，那我们就太墨守成规了。假如战争目标是占领敌方全部或大部分领土，那么德国军队的原则就非常适用，但并不是所有战争都属于那一类型。

---

① 科尔马・冯・德・戈尔茨男爵(Von der Goltz)，普鲁士中将，19世纪末奥斯曼帝国军队著名指挥官和军事家。

② 克拉夫特亲王(Kraft，1827—1892)，在1866年和1870年的战争中指挥乡土军，战后担任了几个高级指挥军官的职位。他以"信件"和"谈话记录"的形式编写了关于各兵种征兵以及战略方面的著作。

当时"歼灭敌军"甚至更夸张的原则具有一定价值，它可以防止旧有的、不讲信誉的战法重现。但也要看到，不顾这一原则的适用条件而盲目遵循，只会将战争艺术变成街头棍棒互殴的闹剧。

正如冯·克默雷尔(Ernst von Caemmerer)将军所指出的，克劳塞维茨毕竟是一名实践经验非常丰富的"战士"，他不会接受这个抽象而简略的原则。如果这条原则成立，那弱国就永远不可能战胜强国。然而，历史经验表明这个结论完全站不住脚。像进攻一样的高级战争形式，在适宜的条件下确实更容易达到目的。但我们必须记住，克劳塞维茨明确指出，这个适宜条件是以力量和精神上的双重优势，或者说是更强的进取心——一种固有的极端冒险倾向为前提的。若米尼没有分析得这么深刻。他只是总结出这种"固有的极端冒险倾向"是导致拿破仑滥用高级战争形式的原因。因此无论从历史还是从理论来看，都不支持战争目标只存在唯一答案的说法，即使是在德国，克劳塞维茨的理论也开始受到重视。冯·克默雷尔对之进行了详细阐述，"我们这个时代大多数杰出的军事理论家都把倾其全力进行战争奉为基本原则，认为采用低强度的战争手段是背叛，至少是懦弱的表现，所以我必须说是克劳塞维茨宽广的视野启发了我，我对他表示崇高的敬意。"

克劳塞维茨认为，当条件不适合发动高强度战争时，占领敌方一小块领土可以看作歼灭敌军的一种替代手段。但他只是把这种战争形式作为一种权宜之计。单纯的大陆战争观束缚了他，他没有认识到当战争目标十分有限时，低强度战争会更加经济和有效。正如我们所见，陆上战争中这种情况很难发生，但把海洋因素或多或少地引入战争后，这一结论就很有说服力了。

与欧洲大陆倾向于进行高强度战争的趋势相反，英国更喜欢采用低强度战争和有限战争方式。很多人认为这是英国缺乏尚武精神的表现，然而，这种说法却无法解释为何英国能取得如此巨大的战果。实际上，这无非是一种敏锐的、最符合我们生存条件的战争本能。这种本能如此强烈，以至于不仅在战争目标为明确的有限领土目标时采用低强度战争方式，即便其正确性不能判定的情况下我们仍倾向使用这种方式。就像上一章分析的那样，当我们与欧洲大陆盟国为了一个绝对战争目标并肩作战——这个目标就是消灭我们共同的敌人，运用这种战争方式取得了成功。

究竟选择两种战争形式中的哪一种要看每场战争的具体情况。首先，我们要考虑战争的政治目标是否有限；第二，如果是抽象的绝对战争目标，我们要看能否把它转变为具体的有限战争目标；最后，要看是否具备成功运用有限战争方式的战略条件。

我们现在要做的是确定运用有限战争方式的那些条件。最好的方法是选择典型事例进行分析。

毫无疑问，最近的日俄战争淋漓尽致地展现了所需的这些条件。这个典型战例是一个弱国在没有“完全打败”强国的情况下——没有彻底粉碎敌军抵抗——而使其屈服。事实上这完全超出了日本的能力极限。然而日俄战争的例子表明，如果歼灭战被认为是针对欧洲大陆的唯一合理的战争方式，那么，日本对俄国的敌对行动简直是疯狂之举。只有在英国，由于其岛国传统和战争本能，通过低强度战争才有可能以弱胜强，这也正是日本取胜的原因。

这个战例很有说服力。就其战争目标而言，大家都认为这场战争实际上是抽象的绝对战争，因为它决定着俄国和日本谁将成为远东霸主。就像 1870 年的德法战争，德国人称之为“一次实力的检验”。这样一场战争在一方彻底击败另一方之前不会有任何结果，而且没有盟国的参与，同时也不指望盟国支援，“英日同盟”使这场战争与外界隔离。如果说确实存在与交战双方作战力量相关因素的话，那就是这个条约了。战后我们倾向于将日本的胜利归结为高涨的士气、良好的训练和充分的战争准备。这些因素确实起到了不可忽视的作用，但是谁敢保证，如果日本以拿破仑的方式与俄国交战，它还能取得这样的战果吗？日本根本不具备克劳塞维茨所说的“歼灭敌军”——进行绝对战争的优势和条件。

幸运的是，日本面临的情况使其不需要采用这种极端的战争方式。当时的政治和地理环境使它能够把争夺霸主地位这个无形目标转换为一个具体的领土目标。俄国入侵满洲后，有可能进一步将朝鲜并入其版图，而这直接威胁到了日本的生存和发展。始终保持对朝鲜半岛的控制，是日本作为一个亚太强国的显著标志。它与俄国抽象的争端可以转变为一个具体目标，这就像 1854 年西方强国与俄国的争端最终转变为对塞瓦斯托波尔的争夺上一样。

在日本的这个战例中，直接实现政治目标尤其适宜运用有限战争方式。朝鲜的地理位置和未开发的广袤土地将其与俄国中心区域分隔开来，可以通过海军的行动将其孤立。不仅如此，它还满足克劳塞维茨认为最重要的一个条件——即对特定领土目标的夺占完全不会影响对日本本土的防御，并在很大程度上相当于增强了这一地区的实力。虽然在作战意图和效果上充满了攻击性，但就像腓德烈占领萨克森一样，这仍然是一场典型的防御战。日本非但没有暴露自己的核心区，反而使其防守变得更加固若金汤。理由很简单，那是因为俄国的两个基地——旅顺港和符拉迪沃斯托克之间相隔甚远，而连接两地的交通要道又被日本占领，俄国海军的处境十分尴尬。对于俄国而言，改变这一局面的唯一办法是在朝鲜海峡中找到一个安全的基地，为此俄国已经通过外交手段在汉城做了很多努力。在战略上，确保朝鲜半岛的完整统一对于日本的作用如同确保低地国家的完整统一对于英国一样重要，然而低地国家无法被海军完全孤立，我们的直接干涉行动效果往往相对有限。只有在葡萄牙，由于拥有里斯本这个战略位置极其重要的港口，与我们之前进行的大洋战争情况十分类似，因此可以运用海军将强大的对手孤立和隔离，才取得了胜利。总之，在我们漫长的战争史上，尽管曾以有限战争为基础取得过一些胜利，但其中缺乏日本在这次战争中拥有的有利条件。我们的主要攻击行动没有一次能像日本那样完全覆盖本土防御。加拿大与英国本土防御毫不相干，而在克里米亚，我们的进攻行动使英国本土完全暴露，为实现有限战争目标我们不得不采取补救措施，将战列舰舰队主力部署于波罗的海出口，防御敌人的全面反击①。

日本究竟是否从一开始就按照这一原则制定战争计划已经不重要了。重要的是，具备了像朝鲜这样一个条件有利的领土目标，有限战争就可能发挥出最大威力，而战争的确按照有限战争方式进行并取得了彻底胜利。日本在未取得制海权的情况下就迫不及待地奇袭汉城，拉开了战争的序幕，随后在其舰队一系

① 波罗的海舰队的战略目标是防止敌军反击——它在战争计划中的主要作用是消极的。其积极作用只是次要的、牵制性的。它还有一个政治目标，即通过我们努力，形成一个波罗的海联盟共同抗击俄国，然而，我们完全没有达到这样的目的。公共舆论歪曲了整个战局情况，他们希望通过舰队行动得到直接并积极的战果，甚至占领圣彼得堡。这样的行动将把这场有限战争转变为绝对战争。而这也意味着“完全击溃敌军”。在没有波罗的海其他国家的支持下，这个目标超出了我们的能力范围，而即使得到了他们的支援也不一定能改变这场战争的性质，除非瑞典和俄国都准备好打一场绝对战争，并且没有什么其他因素阻止这个战争计划。

列小规模战斗的掩护下，彻底占领了朝鲜半岛。现在日本处于战争的第二阶段，即如何保卫胜利果实，这时它占领下的朝鲜半岛具有的地利优势进一步显现。从理论上讲，有限战争在这一阶段的缺陷就是束缚你的进攻行动。但是在这场战争中，这种束缚既无必要也无可能，主要是因为，要想保存战果，除了巩固朝鲜陆上边境的防御外，还要通过海洋永久孤立朝鲜半岛。而这就包括消灭俄国舰队，同时也意味着下一步要用军事手段削弱旅顺港的防御。此时，日本发现自己陷入了两线作战的不利局面，面对的是两个截然不同的目标——旅顺港和正在满洲缓慢集结的俄国陆军，形势十分严峻。幸运的是，战场地理条件的优势使得日本只要快速出击并大胆利用尚未完全控制的海洋，就可以扭转不利态势。日本不断派遣其在朝鲜的陆军向满洲推进，同时派出另一支兵力在朝鲜和旅顺港之间的一处地点登陆，这样日本就将分散在各条战线上单打独斗的兵力集中起来，并且可以在俄军完成集结，准备进攻之前形成围攻辽阳之势。辽阳不仅是俄国陆军的集结地，也是防御朝鲜、攻克旅顺港的战略要地。一旦占领辽阳，日本人就完全掌握了防御的主动权，迫使俄军因实施力不从心的进攻行动而筋疲力尽。这个优势并不仅仅是因为战场在陆上，其有利之处在旅顺港陷落后进一步体现。它不仅使日本在海上相对占优，而且能够实施海上防御，并在时间、地点和实力有利于己的情况下迫使俄军进行海上决战。

对马海战之后，朝鲜半岛通过海洋被完全孤立，并就此奠定了日本在朝鲜半岛不可撼动的地位，这与威灵顿当年在托里什韦德拉什的情况十分相似。接下来战争进入第三阶段，对俄国来说，接受现实要比改变现状更为划算。在完成向奉天的最后推进后，日本终于在远未打垮敌人的情况下实现了自己的战争目标。而事实上，俄国的进攻能力此时空前强大，而日本这时已经是强弩之末。

通过以上分析，可以看出发生在远东的这场争斗与我们过去所有大规模的海上战争发展轨迹是一致的，只不过大陆战略学家们对此一直视而不见，固执地将其排除在研究范围之外。这类战争通常分为三个阶段——首先是为夺占领土目标而发起的初始进攻行动；第二阶段，削弱敌军的进攻；最后是对敌施压阶段，即对敌军的进攻实施反击，正像若米尼指出的那样，"为获得割让的领土，根据情况条件和自身实力进行反击。"

但并不是说这类战争中的三个阶段总是那么泾渭分明。战略分析从来无法给出准确的结论。它只能对战争进行概略的分类，然而，这种通过分类提供的战争指导常常与其战略判断大相径庭。即使日俄战争中这三个阶段异乎寻常地清晰可辨，但仍存在相互重叠的现象。这种现象不可避免，因为在战争中，一次作战行动的效果和影响往往会超出其直接目的或主要目的的限制。日本对朝鲜半岛的占领就起到了加强本土防御的额外作用，而为了掩护日军对朝鲜的主攻行动，东乡平八郎发起了对旅顺港的初始攻击，其对俄国舰队的打击也为战争第二阶段孤立朝鲜起到了重要作用。在战争后期，第二阶段——主要是完成和巩固对朝鲜的孤立，与第三阶段——主要是对敌反击施压之间的界限就更为模糊了。

然而，日本在这一阶段的战略运用却遭到了最严厉的批评，他们看起来并没有像老皮特理解的那样真正掌握了有限战争的真谛。日本企盼发起对敌陆军主力的突然袭击，但却没有投入足够的兵力削弱旅顺港的防御，而这是战争第二阶段需要完成的重要一步。不管那样做会不可避免地导致兵力分散，还是其对困难估计不足，总之，日本为此付出了惨痛的代价。它不仅造成旅顺港之战中损耗了大量的时间和兵力，而且俄国舰队在6

月份[1]的突围使日本不得不延迟对辽阳的进攻，从而丧失了给予这个陆上的敌军集结地致命一击的机会。

这个失误让日本付出了巨大代价，究其原因，至少部分是由于其陆军受到大陆战略思想影响，并一直按照这种理论进行训练。我们起码可以在德国军事史上找到这种绝对战争观的源头。就日本的作战计划而言，占领朝鲜和孤立旅顺港应该是其集中兵力进军辽阳的前提条件，"辽阳始终是陆上战争的首要目标。"但是日本所有的战争理论中，其陆上的首要目标无一例外地指向汉城，他们认为会在那里与来自鸭绿江的俄军进行第一场重要战役，而第二个目标是旅顺港，在日本舰队和基地的支援下，他们认为遭遇的抵抗不会比十年前甲午战争中的更强烈。这基本上就是当时战争的实际演变过程，对于这样一次极端重要的大规模作战行动，有人却将其视为一次偶发的战略展开行动，主要是受到拿破仑战争思想的深刻影响，而完全没有运用克劳塞维茨的战争理论进行分析。这就像让一个没有经历过耶拿之战或是色当之战的人冥思苦想一项战争计划，自然存在很多困难。即便得出结论也是幼稚的，对解决现实战争问题毫无益处，也无法解释最后获胜的原因。事实上，只要日本人遵循有限战争原则，就像克劳塞维茨和若米尼所指出的以及依据我们自身丰富的经验所得出的结论那样，他们就能取得超乎想象的胜利，而只要他们违反这些规律，被大陆战争理论左右，就会遭遇意想不到的失败。

"有限战争"这个表述并不是那么好听，但我们找不到一个

---

①　6月23日，俄国舰队的突然行动使得日本惊慌失措，但是俄国指挥官维特格夫特在舰船数量占优的情况下（作战舰艇比日本舰队少），没有采取果断行动，错过了撤退时机，从而导致最终失败。

更合适的词来形容这种战争目标和涉及利益都有限的战争。只要将其作为一个典型战例铭记于脑中,有限战争的概念就不会混淆。这里还需要强调一点,有限战争理论与时下流行的战争观点——我们的主要目标必须是敌方武装力量是相抵触的,这容易造成一个错觉,好像这就相当于否定了战争是对战役的运用这个推论。其实并非如此。不管什么形式的战争,我们都不可能再回到以前试图通过运用计谋就能取胜的老路上。任何形式的战争都需要实施战役行动。尽管我们关于战争理论的基本观点是"战争是政治交往的继续,战斗可以取代外交辞令。"但不论政治目标的控制作用有多大,都必须清楚地认识到,只有通过武力才能达到最终目的。

这里有必要强调一下,占领敌方一处领土的战争目标很容易跟旧有的战争方式方法相混淆,过去陆军只限于机动到战略位置,如果意外引发一场战役则被视为指挥失误。这种类似阅兵式的有限战争毫无用处。我们所说的有限战争与绝对战争的区别仅在于:我们不是要歼灭敌人所有的抵抗力量,而是只需要消灭那些能够和打算阻碍我们占领敌方领土的有生力量。

在这类战争中,首先要考虑的是确定需要投入多少兵力,而这首先取决于敌人对这个有限目标的重视程度,以及同时对其他目标的关切程度。其次,则要看敌人交通线的状况,以及通过我方先期作战行动造成敌方补给困难的程度。因此,理想情况下(这也是有限战争形式最大价值所在),我们可以控制交战敌人的数量。最理想的情况,也是英国唯一可以从中获得优势的情况,是通过海军将目标或多或少地孤立起来,而这种孤立在我们完全歼灭敌方海军之前是不可能实现的。

这里,我们进入了海军战略领域。为了得出最终的结论,我们暂时将战争基本理论放在一边,集中精力研究海上战争理论。

# 第二部分　海战理论

# 第一章 目标理论

## ——制海权

海战的目标总是直接或间接指向夺取制海权，或阻止敌人取得制海权。

为了避免被习惯思维误导，我们应特别注意这一论断的后半部分，有人据此得出推论，认为交战双方只要一方失去制海权，另一方就会立即获得制海权，这种观点可以说是海战理论中最为常见的错误思想根源之一，对海军历史稍加研究就会发现，这是不正确的。事实上，海战中最常见的情况是交战双方谁也不拥有制海权，海洋通常处于未被控制的状态。据此可以得出的唯一推论是，制海权总是处于争夺之中。海军战略关注的最主要的问题也正是争夺制海权，一旦制海权完全丧失或者被一方掌控，那么纯粹的海军战略也就没有用武之地了。

这个道理显而易见，因此人们时常挂在嘴边的“英国若失去制海权就会完蛋”的说法实际上根本不值一提。这种思想的荒谬之处在于，它忽略了战略防御的巨大作用。按照它的逻辑，如果我们面对庞大的敌对联盟或者在几经浩劫之后已经没有足够的实力去控制海洋，我们也就无法阻止敌人取得制海权——这完全是对整个战争理论的否定。至少目前掌握的论据还不足以得出这样的结论。

这种观点除了在理论上说不通外，与我们以往的实战经验和战略家的论断都是相违背的。在威廉三世（William Ⅲ，1650—1702）统治时期和美国独立战争期间，英国海军都曾通过防御取得过胜利。在漫长的英法战争中，法国总是习惯于实施海上防御战略，而其中的数年时间里，虽然其实力对比上我们占有巨大优势，却始终没能取得制海权，即便我们未受到法国舰队的严重干扰，依然无法顺利实施战争计划。

防御是一切战争内在的固有形态，在海上它同样不容忽视，绝不能像很多人那样，将其视为异端邪说。我们知道，陆上战略和海上战略归根结底都要解决是攻是防的问题，而攻防各自占多少比例都要在战争计划中体现出来。海战与陆战一样，即使最强大、最具侵略性的一方，在进攻受阻时也不得不向防御阶段转换，所以防御是必须考虑的问题，但在此之前，我们应首先明晰“制海权”的概念，弄清楚战争中它对于我们究竟意味着什么。

首先，从战略地位上讲，“制海权”与夺占陆上领土有所不同，两者不能相互套用。“征服海洋领土”“将敌方海岸线变成我们的边境”等说法，在提出之时有其特定用途和含义，但这些只是说辞而已，我们的战争理论不能以这些错误的类比作为依据。

不能类比的原因有二，都是海上战争的固有特点使然。第一，海洋是不可征服的，也不存在归属问题，至少领海以外是如此。就像律师常说的，不能“收归私有”，你无法将所有中立国家排除在外，而占领敌方陆上领土则可以这么做。第二，海洋无法供养部署其中的部队，而占领敌方陆上领土就不存在这个问题了。显然，将制海权与占领陆上领土进行类比并从中得出推论是不科学的，这必然导致错误的结论。

唯一可靠的方法是要弄清楚通过制海权我们能够得到什么和阻止敌人干什么。排除不相干的捕鱼权问题，我们或者敌人在海上拥有的唯一权利就是航行权。换句话说，公海对于国计民生的唯一积极价值在于提供交通便利。具体对于一个国家来说，这种交通便利可能很有价值，也可能毫无价值，但是对濒海国家来说，它肯定是有价值的。通过阻绝海上通航，我们也就控制了敌人海上的国计民生。从这一点来说，这与占领敌陆上领土进而控制敌陆上交通线有相似之处，但仅此而已。

除了积极的一面以外，海洋对国计民生还有消极的一面，这是它与陆上交通线的不同之处——它还是一种障碍。掌握了制海权就相当于排除了己方航线上的障碍，从而能够通过海洋对敌方陆上的国计民生直接施加军事压力，同时阻止敌方对我们直接施加军事压力。

所以说，制海权就意味着控制海上交通线，不论用于商业目的还是军事目的。海战的目标就是要控制交通线，不像陆上战争那样是为了夺占领土，两者之间有着本质区别。说陆上战略主要也是关于交通线的问题，这是对的，但它指的是另一种意义上的交通线，仅指陆军自己的交通线，而不是指作为国计民生一部分的更为广义的交通线。

陆上也有一种国计民生必不可缺的交通线——连接各物流中心的内部交通线。这里又要谈到陆上战争和海上战争的相似之处。现代派观点认为，陆上战争不能仅仅通过军事胜利达成目的，歼灭敌军兵力不一定能征服敌人，除非你拥有足够的兵力，将敌国内部交通线以及各物流中心都占为己有，扼住敌人整个国计民生的命脉，这样才算真正取得胜利。只有做到这点，才能使一个穷兵黩武的国家臣服于你，实现和平。制海权正是以同样的方式迫使敌人屈服，虽然它对大陆国家的压力要小得多，但只要海上交通直接关系敌方陆上的国计民生，通过占领敌方海上交通线，封闭其物流中心，我们就可以让敌人感受到强大的生存压力。由此可见，只要我们保持切断海上交通线的力量和权利，掌握制海权与征服领土在破坏敌方国计民生方面的作用是很相似的。这种相似性至关重要，因为海上战争中争议最大的问题就在于此。在这里我们将对这个问题进行深入探讨。

很明显，如果海战的目标和结果是对交通线的控制，那么它必然赋予我们禁止通行的权利，不论是针对公共财产还是私有财产。加强商业航线控制的唯一有效方法就是捕获或摧毁海运财产，同时这也是我们对敌人企图利用未控制的交通线的惩罚。用法学术语来说，这是我们对敌人实施禁航制裁的最高表现形式。现在流行的"商业摧毁"一词并不能准确表达这一战略思想，应该换成"商业阻绝"。

"商业阻绝"与旧时的抢劫报复行为没有什么关系，这就好比陆上征用战争物资与劫掠民众完全不同。实在没有像海上捕获财产这样对人们的损害和影响如此之小的战争形式了。它更类似于政府执法，如收缴租金、执行判决或扣押船只等。然而过去却不是这样，在私掠船猖獗的时代，特别是在地中海和西印度群岛，无法无天、不讲人道的行径比比皆是，这才是"巴黎宣言"①产生的真正原因，从那之后劫掠行为才被禁止。

但这并不是劫掠行为逐渐消失的唯一原因。海上劫掠是一种原始的、不科学的战争概念的残余，它仍然被对敌造成尽可能多的损失和打击报复敌人的思想所主导。它与陆上掠夺破坏行为源出一辙，而这些行为的废止并不是出于人道主义考虑，在世界开始谈论人道主义之前，它们就已销声匿迹，其主要原因还是

① 签署于1856年克里米亚战争末。

由于战争变得更科学了。掠夺破坏并没有被禁止，但是人们发现掠夺会涣散士气，于作战不利。对敌人进行破坏，还不如向被占领国定时征收军饷以供养自己的部队，进而扩大己方的进攻范围，这样对敌人造成的压力更大。简言之，采用这种战法的初衷是控制敌方资源为自己所用，而不是随意损耗这些资源。

同样，海上劫掠也会削弱己方的正规兵力，增加海军指挥控制的难度。私掠行为偶尔取得的丰厚回报也会涣散巡洋舰舰长们的斗志。它使中世纪的海盗精神死灰复燃，使寻求与敌人武装力量直接交战的现代尚武精神逐渐泯灭。随着新思想的兴起，我们应该确信，对商船发动零星袭扰肯定不如有组织的整体作战对夺取海上交通线的战略控制权更有效。这就产生了一种较为成熟和有效的“战术商业封锁”思想，即封锁港口，还可以辅之对主要贸易航线进行战略封锁。从道义上讲，战术封锁港口与战略封锁航线没有多大区别。承认战术封锁或者近距离封锁的原则，就像交战双方谁都不能谴责战略封锁或者远距离封锁的原则一样。只要不影响中立国的利益，这两种封锁在法律上并无差别。

为什么这种人道而强力的战争手段被允许在陆上使用，而在海上却被禁止呢？在陆上，占领了城镇、港口和内陆交通线就意味着彻底征服了敌人，如果在这种情况下征用物资是被允许的，为什么我们要拒绝在海上采取类似做法呢？何况在海上这样做人员伤亡要小得多。如果在海上，控制交通线之后应有的权利不被承认，那么陆上相应的权利也不应该被承认。如果承认陆上有强制征收的权利，那就应该承认海上有捕获权。否则就是只允许陆上霸权拥有战胜权，而否认海权大国的一切权利，这是毫无道理的。

只要废止捕获权是出于人道主义或强化海上贸易大国地位

的角度考虑，这些观点就应该得到尊重。但这些观点本身也是有问题的，它主要包含两个错误，第一是认为放弃进攻而专注于防御，就可以免受攻击。第二是认为战争就是陆军之间或是舰队之间的战役。这种说法忽略了一个基本事实——战役只是结束战争的手段——还要对民众生活施加压力。冯·德·戈尔茨曾说过："摧毁敌人陆军主力之后，实现和平将是一项单独的，甚至更艰巨的任务……要使敌国感到战争的重负不堪忍受，普遍要求实现和平。这一点正是拿破仑的失误之处……可能有必要夺取港口、商业中心、重要交通线、要塞和军火库。换言之，夺取维持军民生存的一切重要财产。"

如果剥夺了在海上使用同样手段的权利，我们为之战斗的目标几乎不复存在。我们也许能击败敌方舰队，但对敌人来说也没什么太大损失。也许我们为攻入敌国开辟了道路，但是海军单枪匹马地进攻只会招致陆上大国的嘲笑。如果我们不能阻绝敌国的海上活动，收获胜利果实，就相当于我们放弃了可以对敌施压的唯一手段。如果我方舰队必须发动第二波作战行动来实现和平，那就只能去野蛮地轰击海港城市、对敌方海岸发动破坏性袭击。

如果禁止在战斗胜利后对敌陆上和海上施加压力，那也许世界就真的变了，战争将永远退出文明国家的舞台。因为战争不能带来任何好处，没人会想着参与其中。战争将成为正规军和舰队的事，与老百姓无关。国际争端将采用中世纪解决私人矛盾的方式来一场决斗，谁赢谁说了算。这种荒谬的方式很快就会演变为诉诸法律裁决。如果国际争端真能这样解决，人类文明也就向前迈出了一大步。可惜世界还没有发展到这一步。禁止在海上干涉私有财产流动而不相应地禁止陆上干涉权，只会亵渎人道主义。这么做反而会丧失遏制战争最强大的威慑力。现在,商业与金融对各国外交政策的牵引和导向作用比以往任何时候都要强,如果商业和金融因为战争而受损,这将对促成停战产生巨大影响力。只要允许海上劫掠捕获权存在,那么不论胜负如何,战争都不可避免会对商业和金融造成损失。禁止劫掠权,不仅使这种遏制战争的力量不复存在,商业与金融甚至能因此受益,因为政府为维持战争会突然增加花费,而部队的需求会扩大海上贸易。如果干涉财产的活动仅限于陆上进行,那么现有条件下海战造成商业和金融的损失就会遥遥无期。只有看到了被彻底击败的可能,敌人才会重视海战。然而开战之时又有谁会认为自己将彻底战败呢?正是因为觉得可以取胜而且有利可图人们才会发动战争。所以,除非出现即刻和必然的损失,才可能让人对开战心存忌惮。那些迫切想要实现和平理想的人道主义者很快就会发现,因为丢弃了降服它的最佳武器,他们始终无法消灭战争恶魔。

所以归根结底,海上劫掠捕获权仍将继续存在,失去这个权利,海战几乎无法想象,因为没有其他方法比之更有利于缩短战争时间。

利用我们在海上取得的胜利和优势,给敌国民众施加压力,从而达成停战的主要方法就是捕获或摧毁敌人的资产,包括公共资产与私有资产,但是这跟占领陆上领土后征用物资相比有一个明显区别。两者都是向敌人施加经济压力的过程,在陆上,这一过程一般发生在取胜之后,而在海上,这一过程随着开战便立即开始。事实上,海战中的首次敌对行动往往就是捕获敌人的私有资产。从某种意义上说,陆上行动也是如此。入侵者跨过边界的第一步常常是或多或少地控制敌人私有资产为己所用,但陆军这类行动属于军事行动,并不属于第二阶段施加经济压力的行动,而在海上它却是施加经济压力的行动。这是由海战与陆战的根本区别决定的，这种区别隐含在海战的交通线理论中。

为了进一步阐述这一点，我们必须再次强调，作为制海权思想的基础，海上交通线与通常意义上的军事交通线是不同的。军事交通线仅指陆军的物资补给路线和撤退路线。海上交通线的含义则更宽泛，它虽然也包括舰队补给线，但是其战略价值不仅局限于作为军事供应线，还作为通过海上交通来确保陆上国计民生的内部交通线。所以，海上交通线与陆上交通线的性质完全不同。在海上，绝大部分交通线由交战双方共用，而在陆上，各方交通线都在己方领土内。这种区分在战略上非常重要，因为它意味着在海上战略进攻与战略防御易于以之前一种未知的方式融为一体。由于海上交通线共享，我们在进攻敌人交通线的同时也就没有必要保护自己的交通线，而在陆上正好相反，因为通常来说，进攻敌方交通线时很容易将己方交通线暴露给敌人。

可以举例说明共同交通线理论。与法国交战①期间，我们到地中海、印度和美洲的交通线都要从英吉利海峡出发，航经芬尼斯特雷(Finisterre)和圣文森特，对于法国来说，至少其从大西洋港口出发的航线与我们是完全一致的。在英荷战争②中，情况更加类似。甚至在美西战争中，西班牙的贸易航线也大多与我们相同。所以我们占领这些航线，既保护了自身的海上贸易，也给了我们袭击敌方海上贸易的便利。在我们筹划部署防备入侵英国本土或殖民地时，我方舰队的阵位也总是位于贸易

① 1689—1815年间，英国与法国连续进行了七次较大的战争，这些统称为“第二次百年战争”。

② 1652—1674年间，英国与荷兰爆发了三次英荷战争。

航线终点和交通要冲附近。不论我们的直接目的是迫使敌方主力舰队进行决战，还是给敌方施加经济压力，舰船部署的位置都大同小异。如果敌人同样急于决战，那么他们肯定会与我们在航线终点或交通要冲遭遇。如果敌人不想进行决战，那么迫其参战的最佳方法仍是占领其贸易航线上的这些重要位置。

至少从现代战争的观点来看，在陆上施加经济压力只能是在取得决定性胜利之后，不像在海上从战争一爆发就自动开始。事实上，这种施压可能是迫使敌人与我们决战的唯一方法。这一点在接下来分析陆上战争与海上战争的另一个本质区别时，会体现得更加明显。

与此同时，还有两点理由可以说明在海上从一开始就要施加经济压力。第一，正如我们所看到的，这是一种经济、高效的战法，可以利用防御位置实施进攻，只要我方巡洋舰舰队保持一定克制，进攻行动就不会影响这些防御位置的安全。第二，干扰敌方贸易航线包含两个方面，它既是间接施加经济压力的一种手段，也是削弱敌人抵抗能力的一种主要方式。战争并不是仅由军事实力和海军力量决定的。财力的重要性绝不亚于它们。在其他条件等同的情况下，谁口袋里的钱多谁就能获胜。雄厚的财力甚至多次扭转了武装力量对比上的态势，使军事实力较弱的一方取得了胜利。因此，旨在破坏敌方经济和财政来源的任何方法都属于打击敌人的直接手段，对于一个海洋国家来说，最有效的打击手段就是断绝其海上贸易。

由此可见，海战中不论我们多么集中精力想通过歼灭敌方武装力量来直接打垮敌人，也不能忘记只要一有机会我们就要削弱其财力，否则就是傻瓜，因为敌方武装力量的持续生命力很大程度上依赖于其财力。因此，占据敌方海上交通线和捕获没收敌方财产的行动,从某种意义上说是一种主要作战样式,而不像在陆战中那样属于次要作战样式。

以上就是通过分析制海权思想得出的抽象结论,准确地说,制海权就是控制共同交通线。后面谈到海上战争的几种不同样式时,这些结论的实际价值将会体现出来,这些作战样式包括:“寻歼敌方舰队”、封锁、贸易攻防以及保护联合远征等。现在,我们先来讨论由交通线思想衍生出来的不同类型的制海权。

如果制海权的目标是控制交通线,那么显然存在着各种不同程度的控制。倘若战争初期就占有巨大优势或是取得了决战胜利,我们就能控制整个共同交通线。假如没有足够的实力做到这一点,我们仍可控制部分交通线,也就是说我们的控制可能是全面的,也可能是局部的。这里需要强调的是,现在流行一句格言:“海洋只有一个”,很多其他类似的格言在传播真理的同时,也容易产生误导。这条格言蕴含的道理很简单,意指我们对海洋的局部控制只是暂时的,只要敌方拥有一支兵力充足的舰队,理论上敌人就具备了打破我们对任何一个特定海域控制的能力。

实际上,这无非是想强调舰队比陆军拥有更高的机动性,而且不存在物理障碍限制这种机动性。将海上战争的这一重要特征尊奉为一条格言本无可厚非,但一旦歪曲其本意并将其作为一条作战原则就大错特错了。比如,有人就认为除非彻底歼灭敌方舰队,否则就别想从海上输送部队。这就相当于否定了战争中的一切冒险行为。

美西战争中,美国畏首畏尾、缺乏自信的战略似乎受到了这种被曲解了的格言的毒害。他们当时拥有充足的兵力,能在一定时间内掌握墨西哥湾的局部制海权,这一点可以通过他们按计划将用于支援当地反叛力量的全部兵力送到了古巴得以证明。他们也拥有足够的实力能确保交通线和远征军不会长期受到袭扰。只是因为西班牙拥有一支从未战败过的舰队在海上游弋，他们便犹豫不决，以至于最后几乎战败。日本人没有这么糊涂，尽管他们在海上没有取得过任何实质性战果，战场内又有敌方舰队存在，日本人依然无所顾忌，展开其海上军事行动，他们认为即使无法控制海上交通线，也会占据有利位置，阻止敌方的有效控制。英国历史上这类战例非常之多，当很多海外军事行动胜利在即，我们就会在尚未取得永久制海权的情况下冒险行动，就像日本那样，我们知道如何正确利用地理位置优势，并采取一定的保护措施将风险降到最低。

为此，我们在制定战争计划和战役计划时，必须考虑制海权可能的不同状态和程度以及其存在条件和局限性。制海权可能是全面或局部的，也可能是永久或暂时的。全面制海权也可以分为永久或暂时的，局部制海权一般都是暂时的，除了地理环境特别有利以外。只要敌人拥有海上有生力量，局部制海权就很容易受到其他海战场的干扰。

最后，需要注意的是，在实践中永久制海权和全面制海权从来都不是绝对的。不管海上优势有多大，也不能确保自己的交通线免受零星袭扰，这种袭扰通常由分散的巡洋舰发起，有时候甚至是一整支攻击编队，冒着被彻底歼灭的风险而勇敢地孤注一掷。在霍克①取得了基伯龙(Quiberon)②大胜之后，已经彻

---

①　霍克(Baron Hawke，1705—1781)，爱德华时期的海军将领，一等男爵，七年战争中英国最重要、最成功的舰队指挥官。

②　1759 年 11 月 20 日，英国在位于布雷斯特东南 100 英里处的基伯龙湾取得了一场胜利。在恶劣的天气条件下，霍克指挥舰队将法国舰队追至一片危险水域，6 艘法国战舰沉没，剩下的 25 艘也失去了反抗能力。

底消灭了敌方海上力量，但还是有一艘在科克（Cork）和朴茨茅斯（Portsmouth）之间航行的英国运输船和在利泽德（Lizard）附近航行的大商船被俘获，从而引发了众所周知的威灵顿关于我方运输线不安全性的抱怨言论。我们对海洋全面而永久地控制，并不意味着敌人将无所作为，而是他们无法对我方的海上贸易与海外作战进行实质性干扰，进而影响到战争进程。敌人除非冒着被消灭的危险，否则无法利用海洋进行海上贸易和发起作战行动。换句话说，这意味着敌人再也不能有效攻击我方的海上交通线，也不能使用和保护他们自己的海上交通线了。

评估作战态势必须记住，当制海权的归属未有定论时，敌我力量对比可能处于稳定状态，也可能随时变化。双方可能势均力敌，也可能一方占有优势。当然，占据优势并不完全取决于实力、装备和士气的对比，也会受到海军位置及其对于实现战争、战役目标便利程度的影响。我们这里所说的海军位置首先是指海军基地，也包括主要交通线和贸易航线的终点站与航路要冲，它们多聚合于一点，比如芬尼斯特雷角、直布罗陀、苏伊士运河、好望角、新加坡等地。

这种制海权的优势程度与海军位置的分布，决定着我们的作战计划以防为主还是以攻为主。一般来说，优势一方会寻求尽快决战，而劣势一方则要避免决战或者推迟决战，力求通过小战小胜、寻找机会、扩充兵力来逐渐改变力量对比，进而夺取优势。这就是法国与英国交战时常用的方式。法国人有时执行得合情合理，有时候因为用得过头反而会严重挫伤舰队士气。人们据此得出结论，海上防御即使对劣势一方来说也是地地道道的灾难。这个结论与战争的基本原则无关。不能因为防御本身不能带来最终胜利，以及过度防御会造成士气低落和丧失进攻欲望，就完全否定防御。这种错误观念似乎是因为军事理论家为建议本国政府平时建设强大海军，以便战时进攻，进而把防御贬得一无是处造成的。

确定了制海权思想的基本原则后，就可以考虑舰队的组成方式了。

# 第二章　工具理论

## ——舰队组成

在海战史上，军舰通常根据其设计之初的主要功能被划分为不同类别。这些分类就是所说的舰队组成。传统的“三分法”将军舰划分为战列舰、巡洋舰和小舰艇支队(flotilla)。这种分类方法长期以来在海军居于主导地位，我们一直将其视为基本的乃至主要的舰队组成方式。但这种分类方法并非一成不变，其他关于舰队组成的思想不仅存在，而且经过长期的战争检验，如果我们想得出一个正确合理的结论，就不能忽视这些思想，否则就是不科学甚至是危险的。

事实上，舰队组成中舰船的分类应被视为各个时期流行的战略、战术思想在物质上的反映。因此，战略、战术思想及其流行趋势的不同，会导致舰队组成的差异。由于海军思想总是或多或少地受到战争理论的影响，所以，从广义上说舰队组成会因战争理论的不同而各异。尽管并不是每一时期都存在成形的战争理论，有时甚至很难感觉到其影响力，但无论怎样，这种理论是始终存在的，即使是最含糊不清、没有成形的战争理论，也会对舰队组成产生一定的影响。

回首16世纪初，桨帆并用船海战(galley warfare)达到了顶峰，那时舰队中的舰船分为三类，同我们现在常见的分类相似。划桨炮舰(galeasses)和重型桨帆战舰(heavy galleys)对应现在的战列舰，轻型桨帆战舰(light galleys)对应现在的巡洋舰，现在的小舰艇支队则代表当时的小型"巡洋舰(frigates)"、"双桅帆船(brigantines)"和一些类似的小型舰船，这些小型舰船不使用奴隶划桨推进，而由战斗舰员操纵。这些武装帆船此后作为辅助舰船逐渐被归为单独的一类，类似于帆船时代的纵火船(fireships)和臼炮舰(bomb-vessel)，以及现在的布雷舰。然而，这种相似性是有限的。两种单层甲板大帆船之间的功能差异并不像单层甲板大帆船与轻型小艇之间的功能差异那么明显。也就是说，那时战列舰和巡洋舰之间的科学区分还不像后来那么显而易见，而小型单层甲板大帆船一直以来都在战列线上占有一席之地。

随着将帆船作为战斗舰船成为主流趋势，全新的舰队组成方式开始出现。主要采用两分法。舰船根据其以帆作为辅助动力还是完全依靠桨作为动力分为两类。亨利八世(Henry Ⅷ)作为当时欧洲屈指可数的战争专家，正是根据这种分类方法首次组建了真正的皇家海军。此时战列舰与巡洋舰之间的差异甚至还不如单层甲板大帆船时代那样明显。亨利的舰队最初组建时，几乎所有的战舰都是帆船，尽管法国人从地中海调来单层甲板大帆船后，他给几艘最灵活的帆船都安装了桨。实际上，这时的舰队组成中只有战列舰和小舰艇支队，没有现代意义上的巡洋舰。侦察任务由"划桨驳船(Row-barges)"和新出现的"舰载艇(Pinnaces)"完成，至于商业航运的保护，只能依靠商船自身。一般较大的船只都会备有武器，用于船队自身防御。

尽管两分法的产生条件已经不复存在，但这种舰队组成方式的影响依然持续了很长时间。实际上这种史上最为粗略的分类方法至少持续了200年。17世纪的英荷战争最终奠定了帆船战舰的统治地位，这场战争中的帆船可以称得上是真正意义的帆船——不用桨作为辅助动力。那个时期，所有的帆船在战列线上都有各自的位置。那时的"巡航舰"只是在设计上不同于"大型舰"，而在功能上并无多大区别。然而，到了18世纪初，传统三分法的舰队组成方式又开始重新出现，并逐渐替代旧有的组成方式，这一替代过程直到18世纪中期才基本结束。

到了奥地利皇位继承人战争末期——通常被认为是海战艺术光辉最为黯淡的时期——我们对大型帆船的分类方法纯属主观臆造。"舰级"(英荷战争时期产生的概念)的含义与一支担负多种任务的舰队所体现的哲学概念毫无关联。第一级别是装备100门火炮的军舰，第二级别是装备90门火炮的军舰，以上这两级全是三层甲板帆船。这个分类体系看起来还算合理。但我们发现，到了第三个级别，其中一小部分是装备80门火炮的三层甲板帆船，剩下的大部分都是装备70门火炮的两层甲板帆船。第四个级别也是由两层甲板帆船组成的，只是装备了50～60门火炮的战列舰，火力相对较弱。以上这四个级别都是桅帆战列舰。在它们之下是第五级别，尽管被当作巡洋舰使用，却没有单独的名称。这类舰与桅帆战列舰并无本质上的差异，全部是难于辨认的装备44至40门火炮的双层甲板帆船，就其体现的战术思想而言，它们应被视为随后出现的以装备50门火炮的双层甲板帆船为代表的"中级"舰的前身，发展到现在则对应的是装甲巡洋舰。唯一真正意义上的巡洋舰出现在第六级，包括既小又弱的装备20门火炮的帆船，介于它们和装备40门火炮的帆船之间再无其他级别了。在它们之下，只有没有明确分级的单桅帆船代表现在的小型舰艇。

这种分类系统中，大型战列舰与小型战列舰之间、战列舰与巡洋舰之间、巡洋舰与小型舰艇之间不存在任何逻辑上的区别。这种渐进式的降序排列中，只有装备40门火炮的双层甲板帆船和装备20门火炮的巡洋舰之间出现了明显的突变。鉴于这种巡洋舰以及单桅帆船(sloop)都使用桨作为辅助动力，我们不得不得出这样的结论：亨利八世的分类法是这种分类方法的唯一基础，尽管亨利八世的方法在他那个时代是合理的，但它早已脱离了海战的现状。

直到安森(George Anson)当政的那段令人怀念的时期，科学的舰船分级体系才重新建立，舰队组成方式趋于合理，并一直延续至今。第一级别的两类军舰作为舰队旗舰出现，分别是装备100门火炮和90门火炮的三层甲板帆船。其余更小的三层甲板帆船都消失了。其后两个级别的舰船是战列线上的大众阶层，由吨位较大的双层甲板帆船组成，具体来说，第三级装备74门火炮，第四级装备64门火炮。然而，这种分类体系也有美中不足，第四级舰中还包括装备50门火炮的双层甲板帆船。七年战争进行过程中，这类帆船不再被视为桅帆战列舰。这些舰船经历了战争考验后，小型战列舰逐渐消失，而随之产生一种介于战列舰和巡洋舰之间的一类中型舰，其独特的功能是我们无法忽视的。后来的情况是这一类中型舰很快自成一级，与此同时，60门火炮级的战列舰在半个世纪后彻底退出了历史舞台。

然而，安森所有改革中意义最大的一项是首次引入了真正意义上的巡洋舰，而不再是小型战列舰，这是一类具备专门功用的舰船，在其最初设计时就与各级战列舰和小型舰完全区别开来。装备40门和20门火炮的帆船都被淘汰了，取代它们的是两个级别的巡洋舰，其中第五级由装备32门火炮的巡洋舰组成，第六级由装备28门火炮的巡洋舰组成，这两个级别的舰船已经完全从战列舰中脱离出来。最后，就是与之存在明显差异的那些没有分级的单桅帆船和小型舰艇了，两者组成了担负近岸海上勤务的小舰艇支队。

这位伟大的海军大臣的改革，实际上促成了一种易于区分的三分法的舰队组成方式形成，各类舰船根据自身功能被划分为不同的种类。你会发现，专业化是这一发展进程中的显著标志。我们不能再让战舰利用自身弱项去执行任务，它们本来可以用于战列线作战，但好多被派去护送商船，结果两样任务都没完成好。相反，我们发现必须明确这样一个原则，即战列舰的火力应该越强越好，为了满足这一要求，应该专门设计一类舰船代替战列舰执行巡航任务。我们面临的问题是，目前正在进行的这种专业化分工趋势究竟是不是未来的发展方向？这真的是海战理论向我们昭示的一种科学的发展需要吗？

我们反复强调海战理论，目的就是阐明那些海上战争中隐含着的基本规律。如果我们能正确归纳和运用这些基本原则，不仅有助于形成海战的战略、战术，而且能够指导海战实践，不管任何时候使用何种海战方式和方法。反之，如果我们发现在不同情况和条件上，战略、战术和军队组织结构反复呈现同一种发展趋势，那我们就应该能够说明这种趋势与海战理论所阐述的原则之间存在的稳定和明确的关系。

在安森三分法的舰队组成结构中，各类别之间的关系不难理清，但是因两句格言让这种关系变得模糊不清。其中一句是，“制海权依赖于战列舰”，另外一句是，“巡洋舰是舰队的‘耳目’。”格言的一大坏处就是容易超越其本意被错误套用。这两句格言都阐述了某一个事实，但遗憾的是它们所阐述的并不是事实的全部。没有任何海战理论能够证明仅靠战列舰就可以夺取制海权，也没有哪个交通线理论告诉我们，巡洋舰的主要作用就是为战列舰编队搜集情报。的确，如果敌人派出一支战列舰组成的舰队与我们争夺制海权，通常情况下我们还是要靠战列舰夺取制海权。同样，为了协助战列舰巩固制海权，用巡洋舰来为其充当耳目也是必要的，但并不是说巡洋舰的主要功能就在于此。事实上，是因为战列舰本身无法执行此类任务，我们才抽调巡洋舰来帮忙。

尽管“舰队耳目”的格言看上去很有道理，但似乎很少有最高决策者将侦察视为巡洋舰的首要职能。至少从纳尔逊(Horatio Nelson)的做法看，巡洋舰的首要作用是行使由战列舰舰队夺取的制海权。大家都知道，纳尔逊是海军历史上呼吁为地中海配备更多的巡洋舰最卖力的人，但是我们往往忽略了这种呼吁的重要意义。其实对比战列舰，他拥有的巡洋舰数量不可谓不多——通常接近两倍——但是由于纳尔逊对巡洋舰的真正职能深信不疑，他将其大量用于行使制海权，所以舰队中的巡洋舰数量就显得捉襟见肘了。敌方舰队那次著名的逃脱①就是巡洋舰数量不足导致的，而其后的影响也同样重要，当敌舰队逃过阻截后，他依然没有放弃掌控制海权。纳尔逊的判断可能出现过错误，但是在他指挥地中海舰队的整个时期，他所统辖的兵力所体现的战略价值有目共睹。从纳尔逊的做法看，没有人比他更清楚海战的目标就是控制海上交通线。他知道如果没有足够数量的巡洋舰用于行使制海权和为战列舰充当耳目，那么最后遭受损失的还是战列舰。这一观点十分合理。但如果法国

---

①　这里指的是1805年4月初，维尔纳夫将军率领的法国舰队从土伦出发，前往西印度群岛。纳尔逊为维尔纳夫设下了埋伏。然而，4月1日早晨，维尔纳夫从一艘拉古萨商船的船长那里了解到了纳尔逊的行踪。于是法国舰队立刻改变了航向，选择了一条穿越巴里阿利群岛的航道。纳尔逊并没有在这条航道上部署兵力，“也许是因为巡洋舰数量不足。”——科贝特《特拉法尔加海战》。

人准备冒险通过舰队决战来解决制海权归属的问题，那情况就不同了。这种情况下，纳尔逊会暂停行使制海权，确保当决战发生和结束时形势对己有利。但他知道法国人不会去冒这个险，同时他也不会对敌人采取单纯防守态势，进而受到制海权特殊功用的误导。

如果海战的目标是控制海上交通线，那么相应地必须有实施控制的方法和手段。因此，从逻辑上讲，如果敌人无意进行决战，那么我们的战列舰舰队也应该退至二线，因为巡洋舰才是实施控制的手段，战列舰舰队的作用仅仅是防止巡洋舰的行动受到敌方干扰。让我们用实践来证明。我们不可能单独用战列舰控制海上交通线，战列舰的特点使其不适合担负这项任务，而且其昂贵的造价决定了其数量不可能很充足。所以，就算敌方没有战列舰舰队，我们想要单独用战列舰对海洋实施有效控制也很困难。我们还是需要巡洋舰扮演一些专业角色，并以足够数量覆盖必要的作战海域。但反过来讲，情况并非如此。只要没有敌方战列舰干扰我方巡洋舰行动，我们就可以放心地单独使用巡洋舰控制海上交通线。

这就需要一个能够概括我们的理论所得出的实际结论的表述。表述如下：行使制海权依赖于巡洋舰，确保制海权依赖于战列舰。这是我们思想观点的逻辑表达形式，它向我们表明当前这句格言实际上是符合逻辑的结论，只是之前的推导过程一定不能忽略。只要把所有的前提要素加上，制海权依赖于战列舰这句格言就被认为是完美无缺的了。战列舰的真正作用是保护巡洋舰和小型舰艇支队，使其专注于执行自身特殊的使命任务。当然，最好的办法是彻底消灭敌方的袭扰力量。于是，将歼灭敌方武装力量作为战争首要目标的观点在这里找到了依据，而且论据如此充分，以至于最后的结论简化成了制海权依赖于战列舰。

也许有人会问，这些琐碎的推理有什么实际作用吗？为什么我们不能直接将歼灭敌方舰队作为头等大事？这样我们就可以集中精力朝这个目标努力了。这个问题的答案直指纳尔逊遭遇的两难境地。在海上战争的黄金时代，这是每位海军将领必须解决的难题，也是每次海战计划中最难定夺的地方。如果我们为了确保战列舰舰队遂行作战任务，而将足够数量的巡洋舰编入其中，我们对海上交通线持续而有效的控制就会被大大削弱。如果我们将大量的巡洋舰用于控制海上交通线，那么战列舰舰队与敌遭遇和重创对手的机会就会大大减少，而战列舰是确保制海权的唯一手段。

两者之间如何权衡，要视每个战例的具体情况而定——主要取决于敌方舰队的实力和机动能力，还有敌人可能的意图。但是无论我们把需要考虑的相关因素罗列得多么全面，如果不找出其中的关键因素，如果没有对每个因素孰轻孰重的判断，我们就无法得出合理的结论。只有找出关键因素并作出判断，我们才能解决编入战列舰舰队的巡洋舰到底占多大比例的问题。

如果我们关于巡洋舰与制海权之间关系的论断是正确的，那么在战列舰舰队中每编入一艘巡洋舰，都是以牺牲巡洋舰的应有功用为代价。这种牺牲是不可避免的，因为一支战列舰舰队如果没有巡洋舰的辅助，其组织结构就不健全，也无法顺利完成任务，而战列舰的主要任务就是确保巡洋舰行动自由，因此部分巡洋舰必须为此做出牺牲。那么巡洋舰的编入数量应占多大比例呢？如果我们拘泥于制海权依赖于战列舰的观点，那么我们就应该为其配备足够数量的巡洋舰，构筑起一道无缝可钻的屏障，确保舰队指挥官能够及时发现敌人并与之决战。如果我们知道敌人跟我们一样积极寻求决战，那么按照这个比例配备是合理的。但通常的情况是，寻求决战说明我们有较大的获胜把握，所以敌人一般会选择避免决战。实践中，这就意味着当我们作了周密部署确保可以歼敌制胜时，敌人就会躲起来等待更好的机会出现。这样会造成什么结果呢？敌人会坚决采取守势，而这样的僵持对敌有利。敌方舰队不出港就能得到其想要的结果。它越是被严密包围，就越会吸引更多的巡洋舰，从而为己方海上贸易赢得更多的空间，我们的商业航运也将更多地暴露在敌方巡洋舰威胁之下。

战争理论和实战经验都告诉我们，巡洋舰应该主要用于积极占据海上交通线，编入舰队的巡洋舰数量应该减少到规避风险的最低限度。这个限度要视每次战争的具体情况而定，各位指挥官不同的性格也是影响因素之一。纳尔逊的舰队也许是巡洋舰比例最低的。在之前提到过的那场战役中，他只保留了少量的巡洋舰，在他认为时机成熟准备决战时，由于运气不佳——被敌方捕获的一艘中立国船只暴露了他的埋伏地点，才让敌人侥幸逃脱。

至此，我们得出总的结论——海战的目标就是控制海上交通线。为了更有效地行使这种控制权，我们必须有一大批专门用来捕获敌人商船的船只。这些船只行使控制权的能力与我们对制海权的掌控程度成正比，换句话说，也就是与我们阻止敌人干扰我方行使控制权的能力成正比。这些船只本身的抵抗力又与它们行使控制权的能力成反比，也就是说，它们数量越多，越适合捕获商船和运输船，其单舰战斗力也就越弱。我们无法使一艘船既具备强大的自身防御能力，同时又不降低其行使控制权的能力。在安森学派观点盛行的时期，解决这一问题的可行方法是专门建造一种战斗舰艇作为战列舰舰队的掩护兵力。然而，这又随之带来一个难题。当我们增强了战列舰舰队的战斗力，却削弱了其侦察能力，而侦察能力对于实施有效的作战行动至关重要，战列舰舰队必须有"耳目"。现在，用于控制海上交通线的船只也可以很好地充当"耳目"。于是，现实的做法是，抽调足够数量的用于控制海上交通线的船只，将其编入战列舰舰队，使战列舰舰队能够有效掩护前者剩余的部分船只实施控制海上交通线的行动。

以上就是我们解决那个无法回避的两难问题时的主要原则，也是安森关于舰队组成的理论基础。它是海上战争交通线理论的自然产物，这一理论在当时的海军思想中占据了主导地位，这一点可以从"航道和交通线"这类用语成为专门术语看得出来。我们经常能在伟大的战略家安森（Anson）和巴勒姆[①]制定的作战计划中找到这一理论的缩影，同时我们也发现，每当海军部对这一理论执行得不那么彻底时，我们的思路就会出现混乱，进而非常不应该地导致了我们在美国独立战争中的失败。那场战争中，我们所犯的最主要错误就是纵容敌方战列舰舰队的壮大，虽然我们占领了关键的"航行和交通"路线，却没有首先使用它们，犯下这个错误的部分原因，还在于当时软弱的政府没有进行战前准备，以及没有在正确位置部署足够数量的巡洋舰确保与敌接战。

至此，英国赖以取得海上优势的基本原则已经明确了。安森体系的正确性已经在我们对敌作战的实践中被证实了。西班牙和法国都对制海权理论深信不疑，所以他们都仅仅满足于持续扰乱我们对海洋的控制，而并不想真正夺取制海权。安森的

① 查尔斯·米德尔顿·巴勒姆（Charles Middleton Barham，1726—1813），海军将领，但他更被人们所熟知的是一名海军行政官员，他曾在海军委员会担任审计员，之后成为海军部长会议成员，1795 年担任海军部首席军事官员。

舰队组成方式以及衍生出来的作战理论，对付敌人的这种策略十分适用而且易于操作，但并不是说他的理论就是最终结论。即使在他那个时代，很多复杂情况已经开始出现，使安森体系的准确性变得越来越模糊。在特拉法尔加海战最为激烈的那一年，他的理论已显现出过时的迹象，而当1812年美国人开始使用一些新方法和新技术时，这个理论的漏洞就更大了。新的干扰因素仍在不断发展，它们究竟如何使舰队组成问题变得更加混乱，需要我们研究和思考。

首先，对我们来说一个显而易见的共识是：确保制海权最有力、最经济、最有效的方法就是摧毁敌人的干扰手段。在我们的海军中，“彻底摧毁”的思想倾向十分强烈，以至于有时候手段的重要性超越了目的。也就是说，在某些情况下，我们可能在一定时期内以牺牲行使制海权为代价，求得集中力量速战速决，永远消除敌人的所有干扰。当敌人冒险进行决战的可能性较大时，应该优先考虑这种“彻底摧毁”思想，而如果面临纳尔逊在地中海碰到的那种情况，决战希望渺茫，还是要把行使制海权放在第一位。

第二，问题的复杂性在于，无论我方战列舰实施多么有力的掩护，也无法确保巡洋舰行使制海权时不受到零星袭扰。单独行动的重型战舰可以利用海况的便利，逃脱最严密的封锁，如果这样一艘军舰能够成功到达一条海上交通线附近，就可以制服好几艘战斗力弱于它的舰船。这些舰船要么逃离要么聚集起来抵抗，但无论怎么做，这一海域的控制权都会被破坏。如果敌方重型战舰前来袭扰，我们就会派出一支担任掩护任务的战列舰舰队前去迎战。但是，显而易见，如果每次出现干扰巡洋舰行使海域控制权的轻度威胁时，我们都随之被迫应战将十分不便，也与舰队组成的整个思想不符，而且会削弱主力舰队的凝聚力。

因此，增强巡洋舰自身防御能力是十分必要的，而一旦认可这一需求，提高巡洋舰战斗力的过程似乎就没有终点，除非有什么限制方法，否则巡洋舰和战列舰之间的差别迟早会消失。这一方法就是所谓“中型舰”的出现。巡洋舰在后帆船时代一直在增加吨位和火力，但是其自身防御能力的增强并不全靠这种方式。支援舰的出现遏制了这种有害趋势的发展，它是一种介于巡洋舰和桅帆战列舰之间的一类舰船，有时也会作为一艘战列舰部署于战列线上，其主体是一类装备 50 门火炮的军舰，通常被编为巡洋舰加强分舰队。它们一般担任巡洋舰舰队司令官的旗舰，或部署于航线终点水域以及交通要冲附近，这些地方最容易遭到零星袭扰，而且此类袭击往往是最具破坏力的。在巡洋舰的巡逻航线上部署这样一类舰船的作用在于，使整条航线都可以或多或少地得到“中型舰”的保护，一旦有敌方巡洋舰袭扰，就有碰上支援舰的可能，而一艘巡洋舰加一艘装备 50 门火炮的军舰，其战斗力甚至相当于一艘小型的桅帆战列舰。

当然，由于帆船时代海上舰船之间远距离通信能力较弱，无法突破视距的限制，支援舰发挥的作用还比较小。但是随着无线电技术的发展，我们有理由相信支援舰或中型舰的战略价值将比在帆船时代更大，巡洋舰航线上抵御零星袭扰的能力将越来越取决于其中战斗力最强的那艘军舰的自身防御能力。

对于战列舰舰队而言，提高巡洋舰自身防御能力的意义同样重大。虽然巡洋舰在战列舰舰队中的角色是侦察敌情的“耳目”，但它们也可以用来蒙骗敌人。它们的任务不仅包括发现敌人的行踪，还包括充当掩蔽我方行踪的屏障。在对敌封锁时，这种作用尤为明显，装备 50 门火炮的旧式帆船常常与近海巡洋舰分舰队一同行动，阻止敌方巡洋舰探查我军动向。如果说以前在充当掩蔽我方行踪的屏障时提高自身防御能力非常重要的话，那么现在比以前重要十倍，但随之而来的问题是，保持巡洋舰和战列舰之间的区别比以前更加困难了。这个原因在下面要讲的第三个方面也是最复杂的问题时进行阐述。

第三个方面就是小舰艇支队作战能力的增强。这是现代海上战争的新特点。鱼雷技术取得长足发展之前，小型舰艇的实战价值还不为人知。当初纵火船刚出现之时与小型舰艇所处的地位有些类似。英荷战争期间——纵火船的鼎盛时期——某些战例确实让人们认识到了这种船的威力，例如：索莱湾海战中火烧桑威奇领主的旗舰，以及迪凯纳在巴勒莫对西班牙—荷兰联合舰队的破袭。但随着航海技术和造船技术的成熟，大型舰船的机动性越来越强，使得纵火船不再被看作是一种有效的作战武器。当一支舰队停泊于锚地时，其自身携带的哨艇就足以应付纵火船的袭击。到了 18 世纪中期，出于一些特殊需要还会偶尔使用纵火船，虽然它一直被保留到 18 世纪末，但它的作用与同时期其他小型舰艇几乎没有什么不同。

正如我们所看到的，小型舰艇的这些功用体现了最纯粹的巡洋作战思想。小型舰艇支队的优势在于舰船的数量和机动性能，而不在于武备和续航力。它们的首要任务是控制本土水域和殖民地海域的海上交通线，保护这些海域免受战斗力较弱的武装私掠船的袭扰。除此之外，它们也非常适合担负近海次要作战任务和舰队派遣的其他勤务。不仅如此，正是由于小型舰艇支队拥有数量较多的、在广阔海域内无处不在的舰船，而且其作战能力也足以对付那些非武装以及轻型武装的敌船，才被我们视为抵御入侵的第一道防线。然而，上述这些任务并非例行性任务，因此海军的武器库中缺乏足够数量的小型舰艇执行这类任务。不过，小型舰艇也有一个好处，就是可以从商船快速改装而来，而且这种改装没有定规。任何能装上炮的船都有用处，在拿破仑对我们威胁较大的时期，这种用于防御的小型舰艇有1000多艘。

尽管小型舰艇完成既定的任务绰绰有余，但其仍然无法威胁到战列舰舰队的安全。但是随着小型舰艇作战能力的增强，整个形势发生了变化，原有的巡洋舰设计理念以及作战部署原则已经支离破碎。战列舰舰队编成不完整的状况更甚于以往。从前，战列舰舰队只需要补充进攻力量。而现在的情况是，没有外部支援，其自身防御也成了问题。由于它现在不仅要防备敌方侦察，还要防备敌方小型舰艇支队的进攻，因此需要外围警戒。束缚进攻的理论缺陷在这里得到了实际验证以及前所未有的详细说明。我们曾经十分信赖的战略传统被颠覆。以往，我方战列舰舰队的"最佳作战位置"通常都在"敌方海岸附近"，而现在，这正中敌人下怀。下一步该怎么办？这一光荣传统不能轻易丢弃，但如果总是抱残守缺，必将陷入更大的困境。现在，最重要、最困难也是受到关注最多的问题，已经不是如何增加战列舰舰队的进攻能力，而是如何进行防御。相对而言，前者还是一个相对简单的问题。小型舰艇攻击力的发展使得舰队的防御越发困难。鱼雷艇航速和续航力的增强，对舰队外围警戒幕的设置提出了更高要求。为了确保舰队在敌方小型舰艇夜间作战半径之外，警戒幕的设置范围只能越来越大，这就意味着要有更多的巡洋舰脱离其首要任务。这还不够，警戒范围不仅要足够大，还要保证坚不可摧。换句话说，这道防线自身的防御能力也要全面提升。整个装甲巡洋舰分舰队不得不配属给战列舰舰队，以支援其警戒幕上战力较弱的舰船。对上述这类舰船的迫切需求引发了这些舰种提升战力的热潮，但由于受到财力的限制，无法进一步增加巡洋舰数量，使得这一热潮不得不偃旗息鼓。

我们不得不接受这样一个结果，就是努力赋予小型舰艇一些以前巡洋舰的作战功能，包括装备火炮武器、提高续航力和远距离通信能力等，而这些是以弱化舰船类别区分和增加经济负担为代价的。根据以往的经验，增加一定数量的类似巡洋舰的舰船是非常必要的，然而尚不清楚能否将这些舰船视为真正意义上的巡洋舰。没有迹象表明我们将停止增加这些舰船的吨位及资金投入，或者将其重新置于先前的战略位置。战列舰舰队的安全受到了空前的威胁，而其自身防御能力又如此不足，它的安全需求打破了陈规，巡洋舰的首要任务不再是在战列舰舰队的掩护之下行使制海权了。战列舰舰队现在需要巡洋舰去保护，满足战列舰舰队的需求也变成了巡洋舰的首要任务。

过去的海战实践表明，当前这种现象是十分反常的。但是整个海军艺术都在经历着前所未有的变革，超越了我们以往的经验，曾经的实践或许无法再给予我们正确的启示。受到同样的作战需求驱动，每个海军强国都在经历着同样的变革过程。它或许正确，或许错误，除了那些草率无知的人才会急着妄下结论。尽管存在疑虑，我们所能做的还是努力认清形势，弄清其来龙去脉。

无疑这是个艰巨的任务。正如我们所见，历史上不同时期曾流行过好几种舰队组成方式，每种组成方式都反映了当时海上战争的需求，而现在的组成方式与以往都不同。一方面，最近巡洋舰作战能力的发展使得理论上巡洋舰与战列舰之间的区别变得十分模糊，我们发现这似乎与以前英荷战争中的舰队组成方式十分类似。另一方面，我们将装甲巡洋舰编成分舰队配属给战列舰舰队，不仅是出于战略上的考虑，也是鉴于装甲巡洋舰已经落伍，不得已而为之。这与帆船时代末期的情况非常相似，当时所谓的“先遣”分舰队或者说是“轻型”分舰队已经开始出现在战列舰舰队的编成中。

这种编成诞生于18世纪末的地中海，当时行使制海权需要大量的巡洋舰分散部署于广阔海域，战列舰舰队不得不自己完成大多数侦察任务。正是由于这个原因，航速最快和吨位最轻的桅帆战列舰组成了一个独立编队，最初被称为"侦察分舰队"。纳尔逊曾一直努力赋予其战术功用，但是他和他的继任者都没能实现这个想法。

还有一点值得我们注意，就是战列舰舰队中的这个新组成部分还是叫作"轻型支队"，或许比较恰当。这不仅是因为它通常全部由桅帆战列舰组成，这种做法在法国海军中尤为盛行，而且在1805年，理查德·斯特罗恩爵士(Richard Strachan)还将重型巡洋舰配属给他的战列舰分舰队共同编成一支"轻型支队"，并赋予了其明确的战术功用。可惜法国海军的失败终止了这一思想的进一步发展。我们无法得知它最终会带来什么样的结果，但是我们不能无视这种向现存舰队组成方式发展的趋势。至少我们不能忘记，当年纳尔逊和斯特罗恩都发现战争正在呼唤某种类型舰船的出现，当时舰队中并不存在这类舰船，但今天却出现了。纳尔逊想要的是速度堪比巡洋舰的战列舰，而斯特罗恩则想要能够在舰队作战中扮演一定战术角色的巡洋舰。现在，上述两点我们已经可以做到，可这又带来了什么结果呢？结果就是安森的舰船分类体系几乎不复存在，我们的舰队组成方式又开始类似于17世纪。我们现在依然按照传统的三分法来称呼军舰，但这个体系本身已经瓦解。战列舰向装甲巡洋舰演变，装甲巡洋舰则越来越类似于护卫巡洋舰，我们已经很难明确分辨这些舰型了，除了运用一种简单的两分法，即通过装备的主要武器是舰炮还是鱼雷对军舰进行分类。但是现在专门设计用来与小舰艇支队共同行动的巡洋舰，使军舰外观轮廓之间的区别也变得模糊不清了，正如我们看到的，小舰艇支队中较大的几类正在向巡洋舰靠拢。

现在我们面临的舰队组成复杂混乱的情况与 17 世纪时最为相似。海军思想在两个世纪之后又几乎倒退到从前，就已经令人感到非常奇怪了，而当我们得知造成这一情况的原因又与当时完全不同，就更会感到震惊了。原因有两个方面。其一是“中型舰”的过度发展，这类舰原本用于维护海上交通线的安全，这是从美国独立战争中吸取的经验教训。另一个原因是鱼雷的发明和使用，它使得战列舰舰队的防御显得很脆弱。上述两个因素都没有对 17 世纪时的舰队组成方式产生任何影响。但是，如果我们进一步深入研究，就会发现还有一个容易被忽视，但绝对不能忽视的原因。

不难发现，舰队的组成方式总是或多或少与当时流行的战争理论有一定联系。尽管当前有很多东西难以定论，但有一点可以肯定的是，现在的战争理论与英荷战争中陆军出身的海军将领们的思路很相似，那就是“彻底歼灭”理论，坚信决战是解决所有战略问题的关键。他们将这种思想从“新模范军”的战场带到了海上，而荷兰人也采取同样的做法以牙还牙。起码在首战中，商贸都要给战争让路，并为之投入所有。这种做法并不一定是因为受到绝对战争理论直接或间接的影响，更多的是由于地理条件的影响，如果不掌握本土海域的制海权，任何保护海上贸易交通线的努力都是徒劳的，而且从道义上讲，英国也一直强调对英吉利海峡和爱尔兰海的统治权。所以，这场战争更像是在陆地上进行的一场领土征服战，而不是像我们与法国进行的那种海上战争。

那么，是不是无论我们对这个结论多么抵制，对 18 世纪的传统战争理论多么信奉，最终荷兰海上力量的兴起还是必定要把我们带回英荷战争那种激烈甚至野蛮的海战方式？我们是不是要被迫放弃安森精妙的分类体系？是不是除了能用于直接作战的舰船以外，其他类型的舰船都是不可信任的？当然，出现这种倒退的首要原因并非是由于北海再次出现了强有力的竞争对手。在威胁①出现之前，这种倒退就已经开始，并因这一威胁而加剧，即使这个威胁不是发生这种倒退的原因，也可以作为解释这一倒退的很好理由。

---

①　指德国；实际上，英国在1905—1907年间分别与拥有"巡洋舰海军"的法国和俄国签署了协议后，便将主要精力放在德国身上，建造了更多重火力的装甲巡洋舰，而不是航速快但防守薄弱的战列巡洋舰。

# 第三章　方法理论

## ——兵力的集中和分散

作为实现战争目标的一种方法，战略经常被描述为在正确的时间和地点最大限度地集结兵力的艺术，这种方法就是所谓的“集中”。

这个词乍一看非常简单，含义也很明显，但通过分析便会发现，“集中”包含几种截然不同的含义。即使是对头脑最清醒的战略学家而言，如果使用这个词时不注意区别，也会造成一些混乱。最近，就有一位战略家说：“‘集中’这个词表示兵力的聚集。事实上，我们认为，如果不把舰船编成分舰队，再将所有的分舰队整编为舰队，我们就无法作战。”仅在这一句话当中，“集中”的含义就在是表示舰队的构成还是表示舰队的战略部署这两者之间游移不定。类似的不严谨会让初学者摸不着头脑。有时候，他们发现“集中”表达的是与兵力分散相反的含义，而在另外一些情况下，“集中”又表示一种战略展开状态，只是兵力分散的程度或高或低。“集中”既可以用来表示兵力集结的过程，也可以用来表示兵力集结完毕后的状态。事实上，“集中”是战略研究中使用得最多也是最重要的词汇，但却从来没有一个准确的定义，而这也是造成观点冲突和矛盾判断的最主要原因之一。的确，没有一个战略术语像它一样迫切需要一个明确的定义。

军事术语中，对“集中”有三种解释。第一，它表示陆军动员后各部分兵力的集结。从这个意义上讲，“集中”属于后方勤务。它意味着陆军完成了动员，补足了兵力，准备进驻战场。第二个含义，是指陆军完成集中或在集中过程中向最有利的开战位置运动的过程。这是战略上真正的关键时刻，其最高形式就是众所周知的战略展开。最后，它还表示陆军在战略展开的最后阶段，在一条明确的作战线内彼此靠近的情况下，即刻进行的一种战术部署——为的是集中火力。

在陆战中使用这个词没什么问题，因为陆战中“集中”所表达的这几个含义在过程上经常是重叠的，但如果用于海战，我们则需要更准确的定义。不加区分地将这个词套用于海战，就会层层放大其在理解认识上的偏差，很难进行有条理的分析。即使抛开“集中”的第一个含义，即兵力动员的最后阶段，我们也需要仔细分析它的另两个含义，因为它们在很大程度上是相互矛盾的。“集中”作“战略展开”讲时，是着眼兵力的聚合而实施的分散行动，是一种灵活机动的行动。而一支陆军的火力集中行动，是相对固定而且受到限制的。在“集中”的前一种含义中，我们的兵力部署可以向敌人掩盖真实意图，并根据敌方作战计划调整兵力行动。在后一种含义中，一旦“集中”，就没有什么战略欺骗可言了。我们已经作出了选择，只有实施坚决的作战行动。很明显，如果要将陆战的集中原则应用于海战，必须先确定我们真正想表达的是哪种含义。

这两种含义哪一种更接近其本意呢？字典里对“集中”的解释是：“向标准点或中心点聚集的状态。”这正好与战争计划中动员完成后，兵力集结完毕或实施战役展开之前的阶段十分吻合。

这是一个未完成的持续的行动，其最终结果就是兵力的聚合。这是一种确保在正确的时间和地点集结兵力的方法。如前所述，"战略展开"的本质特征在于其灵活性。战争中，时间和地点的选择总会受到敌方部署或是我方对敌实施突然袭击的意图的影响。从这个意义上讲，集中的优点在于可以让我们在最佳位置及时完成兵力集结。

最近越来越多的教科书倾向于专门将这个阶段的集中描述为"战略集中"。这一表述并不恰当，因为陆军的战术部署中向一点聚拢兵力的连续行动也可以被视为一种"战略集中"。有些情况还需要进一步具体分析。分析上述两类集中的区别在于，第一种定义是大战略层次上的行动，而第二种是小战略层次的。如果要完整表述的话，只能分别用"大战略集中"和"小战略集中"来表示了。

如此累赘的术语并不适用。它仅仅表示战争的中间阶段，从逻辑上讲既不同于第三阶段也有别于第一阶段。实践中就是如此。如果我们要用这个词的本义，就必须认定它就是表示完成动员之后、兵力集结完毕之前的那个阶段。

至少在海战中对集中和集结进行这种区分是很有必要的，特别是因此得出的结论尤为重要。例如，当部队集结之后，欺骗敌人的可能性和战略选择的灵活性就不存在了。而且，兵力一旦集结完毕，便无法隐蔽和机动了。因而，部队集结的次数越少，对集结方式和地点提及得越少，集中的威力就越大。与此同时，分散和保持彼此联系的思想对于集中也同样重要。为此，一位权威评论家强调："至少就海战而言，这是可以理解的，集中并不是像把羊群赶到一堆那么简单，而是赋予各分散力量同一个目标，通过统一的精神意志使其有机结合。"他把舰船的集中比喻成扇子的开合。集中并不是像合上扇子那样将同质事物叠加到一起，而应该像打开的扇子那样以一点为中心，广泛围绕其周围，同时相互之间仍保持着紧密联系。

这里，我们排除了“集中”仅仅表示集合和集结的含义，而保留了其围绕战略中心紧密部署的含义，这也正是我们赋予“集中”在海战中的专门含义，与陆战中“战略展开”的含义相对应。如同陆战中的“战略展开”，海上战略集中的目标是尽可能覆盖更广阔的海域，同时彼此间保持富有伸缩性的紧密联系，可以保证将整体中两个或更多的部分迅速聚合到一起，其所覆盖的每一处海域都能得到掩护并处于掌控之中，最重要的是，它可以确保整体在战略中心的快速缩合。

这类“集中”建立在兵力最终集结于战略中心的牢固基础之上，反映了战争计划的基本精神，保留着应对任一方向小规模袭击的能力。它可以让我们在等待和准备与敌决战，进而获得永久制海权的同时，有效行使制海权。当决战机会出现时，它不会妨碍我们最大限度地调动兵力应战。事实上，“集中”反映了兵力的聚合与展开之间持续矛盾冲突的过程，根据实际需要转移兵力以寻求两者之间的平衡，构成了现实中战略的主要内容。

海战中，这个“集中”阶段在战役发展进程中有着特别重要的意义，而且比陆上的“集中”更加容易区分。由于现代陆军的庞大规模、受限的兵力调动路线以及与舰队相比较弱的机动能力，战役力量的集结、集中和编成过程趋于一体，没有必要刻意对其进行区分。一支陆军部队在完成兵力动员后常常直接进入了战略展开阶段，从一些著名战例来看，唯一的真正的集中是发生在战场上的。在欧洲大陆的战争中，由于集结、集中和编成三个过程经常是重叠的，使用“集中”这个词不难将三个过程涵盖其中。而在海上，交通线是自由开放的，不会受到地理障碍的限制，机动性很强，所以上述这三个过程很容易进行区分。通常情况下，一支舰队先在一个海军港口集结，而后向战略中心运动，并按照要求分散展开部署。在战略中心附近的“集中”距离最后的兵力集结地可能很远，其完成兵力集结的方式也十分独特，与之前迥然不同。

尽管舰队不受陆军的束缚，在行动上相对独立，但鉴于海战中某些特殊情况，其部署仍然会受到限制。限制因素之一就是商业保护。无论我们的战争计划多么强调近距离集中，商业保护的需要总会导致兵力分散。另一个限制因素是海上行动特有的自由性和隐秘性。由于海上不存在道路的限制，因此无法显示哪里是我们自己的行进路线，也很难分辨哪里是敌人的行进路线。必须将那些距离最远、分布最广的点视为敌人可能的袭击目标。要知道两支或更多的舰队从相距遥远的基地联合出击要比在陆地上实施类似行动的可能性大很多，海上联合行动的样式显然比陆上更加丰富，而这一直也是限制我们兵力集中的重要因素。

只要敌方舰队处于分散状态，它就存在集中行动或是零星行动的各种可能性，我们只能根据实施多种联合行动和保卫多种目标的需要来部署兵力。因此我们的集中要尽可能保持开放和灵活。历史昭示我们，战争经验越老道、越贴近现代，获胜的把握越大，我们的集中就越不受到限制。集结的思想，就其本质而言，孕育于和平而非战争时期。它表明战争中规避风险比战胜敌人更重要。集结思想的支持者们强调他们的目的是彻底击败敌人，这看似很有道理，但实际上也是一种和平的理念。战争实践表明胜利不仅是赢得的，也可以通过大胆的战略集中实现。要想取胜就只能冒险，这其中首要的和最有效的办法就是分兵。

长期的和平使得“集中”成为一种习惯，以至于一支舰队若被分散部署就会被视为指挥不当。评论家们忽视了以往战争的经验：没有兵力的分散部署，便无战略集中可言。事实上战略集中就是建立在兵力分散基础上的。只有当分散程度超过保持紧密联系的限度时才是糟糕的。理论上，当舰队的一部分遭遇敌方舰队优势兵力时，如果其所在的位置使其无法撤至战略中心寻求庇护才是错误的。当然这类撤退从来都无法确定，它们一定程度上还取决于敌方指挥官的技能、智谋以及天气情况。但不管怎么说，风险总是要冒的，不冒险我们就什么也做不了。最伟大的指挥官就是那些能够正确判断出自己的集中能够延展到多大范围的人。对兵力集中和分散实施大胆而坚定的调整的能力，的确是战争指导中用上述这一论断取代战略理论的最大考验。

在英国海战史上很难找到错误分兵的先例。引用最多的是一个较早的战例。它发生于1666年第二次英荷战争期间。当时蒙克[①]和鲁珀特[②]指挥主力舰队从泰晤士河和斯皮塞德(Spithead)水域[③]的基地完成动员后向唐斯(Downs)集结。他们在那儿守候等待德・勒伊特[④]的出现，不论其目的是袭击泰晤士还是与法国舰队会合，这个地方都是其必经之地。这时他们听到一个传闻，说土伦分舰队正前往英吉利海峡准备与荷兰舰队会合。根据这一错误情报，他们决定分开行动，鲁珀特率领一部分

---

① 乔治・蒙克(George Monk，1608—1670)，一等公爵。在英国内战中属保皇党一派，在查理一世战败后转而效忠克伦威尔，成为其共和国海军的"海上将军"之一。由于在第一次英荷战争和查理二世复辟战争中起到的关键作用，在第二次英荷战争时再次被任命为指挥官。

② 鲁珀特(Rupert，1618—1682)，英格兰詹姆斯一世国王的孙子，在英国内战中是一位出色的保皇派海军将领。

③ 位于索伦特海峡东岸朴茨茅斯港外的一片水域，经常用作舰队的锚泊地。

④ 米歇尔・阿德里安斯祖・德・勒伊特(De Ruyter，1607—1676)，伟大的荷兰海军将领，经历了全部三次英荷战争。在地中海与法国的一次战斗中殉职。

兵力返回朴茨茅斯以防法国舰队袭击。如此一来，德·勒伊特与蒙克相比兵力就占有明显优势，然而蒙克利用随之而来的大雾天气，对锚泊中的德·勒伊特舰队发动了奇袭，他相信自己具有充分的战术优势，足以给对手严厉的打击。但实际情况是法国舰队并没有出现，鲁珀特被召回了，在与德·勒伊特缠斗了三天之后，他与蒙克成功会合。此时蒙克已遭受重创，被迫撤退到泰晤士河。一般认为，正是鲁珀特的到来，我们才免于全军覆没。

这个例子中舰队兵力的运用通常会遭到言过其实的谴责，并被迫承担战败的全部责任。蒙克作为当时最优秀的战略家之一，其失败的原因被归结为忽视了最基本的战略原则。人们都觉得他应该保持舰队兵力的集中，但是旁人却不知道这并不适用当时的情况。如果他用全部兵力来迎战德·勒伊特，德·勒伊特可能根本就不会出海应战，而一旦法国人真的来了，朴茨茅斯和怀特岛就会暴露在法国舰队面前。如果他率领整个舰队前去阻截法国人，则会把泰晤士河暴露在德·勒伊特面前。所以，当时的情况并不是简单的集中就能解决的。确保两地都安全的唯一办法只能是分兵，就像1801年纳尔逊也是在这一海域被迫分兵一样。在这两个例子中，分兵都不是错误的，因为他们不得不这么做。蒙克和鲁珀特的错误在于他们在分兵后相互间没有保持紧密的联系。舰队的两部分兵力之间应该有巡洋舰保持相互联系，而且蒙克也不应该在还没确认鲁珀特离自己不远的情况下，就贸然孤军深入。这也是当时蒙克手下大多数将军的观点，他们认为蒙克开战的时机不对。根据肯彭费尔特①的海战

① 理查德·肯彭费尔特（Richard Kempenfelt，1718—1782），英国海军将领和改革家，瑞典后裔，是“皇家海军历史上最具有先见之明的军官之一”。

原则，蒙克正确的做法应该是与德·勒伊特保持接触，制约他的行动，同时缓慢后撤，诱其跟随，直到己方松散的兵力集中体系重新变得更加紧密。如果德·勒伊特不跟着他穿越英吉利海峡，他也应该有足够的时间集结兵力。如果德·勒伊特一直追随他，他就将其引到敌人无处可逃的位置发动攻击。事实上，蒙克的错误不是在战略上，而是在战术指挥上。他高估了突袭的优势，以为单枪匹马就能获得胜利。兵力分散的危险在于遭遇突袭而被迫以劣势兵力迎战，但蒙克当时的情况并不是这样，他并没有遭遇突然袭击，只要他愿意，就可以很容易地避免与敌正面交锋。简单地用集中来评判这个战例，只会进一步建立起这种存在问题的惯性思维。这种惯性思维对 1805 年的危机中那次更著名的分兵行动再次提出了质疑，我们稍后将详细论述这个例子。

对于任何说法和格言的无条件遵守都是危险的，而在集中和分散的战略选择上更是如此。现在，人们一般认为除非你有足够的优势，否则贸然分散兵力就是错误的。而在大多数情况下，当我们在战争中面对较弱的敌人时会尴尬地发现，由于敌方舰队保持兵力分散，战况往往就此陷入僵局。我们的主要作战目标就变成了打破这种僵局。迫使处于劣势的敌人把兵力集中起来几乎成为我们之前一直渴求的取得决定性胜利的前提，但是我们很难达到目的。只有迫使敌人试图将兵力集中起来，我们才有机会巧妙地逐个歼灭敌人的分散兵力。敌方集中兵力才可能使问题简化，迫使他们在让我方行使制海权和与我方进行决战之间做出选择。

主张兵力紧密集中的人认为，的确，我们常常想方设法迫使敌军集中，但这并不表明有些情况下集中是不利的，因为我们自己首先要集中兵力才能迫使敌军进行类似的集中。这实际上是在说，只有集中才能引发集中，但这种说法还无法升华成至理名言，因为它与很多历史事实相抵触。如果敌人愿意集中所有兵力决一死战，这种说法还有可取之处。但是如果我们占有绝对优势，或者我们的集中部署很难让敌人看到获胜的希望，那么我们的兵力集中反而会促使敌人分散兵力，不断进行零星袭扰。出现这种结果是必然的，根据以往的战争经验，因为我们通常占有优势，所以经常会采用最为松散的集中体系，以应对敌方的零星袭扰。的确，我们总是将法国人采用这种作战模式的倾向归因于他们作战组织上的无能，当然这与战略理论无关，实际上我们得出这一结论更多的还是出于对敌方这种战法的愤怒，而不是冷静的判断。因为实力上相对较弱的一方发动零星袭扰总比什么都不做好，除此之外，他们唯一的选择就是冒险进行决战，而这正中我们下怀。零星袭扰虽然无法取得制海权，但却能对我们造成一定的损害，干扰我军的作战计划，同时敌人也希望通过这种方式使我们的集中体系更加松散，从而使其有机会取得一系列小规模决战的胜利。

现在，我们来看 1805 年这个典型战例。在那次战役中，我方舰队以数个中心点为核心，广泛分布于各片海域。第一支舰队以唐斯为中心，不仅横越了敌陆军所有可能的入侵路线，而且覆盖了整个北海，这样我们就可以保护这片海域的商贸活动和本土海岸防御体系免受来自位于特塞尔岛的荷兰舰队和北上的法国舰队的袭扰。第二支舰队就是通常所说的西部分舰队。它以阿申特岛为中心，通过向法罗尔和罗什福尔附近海域部署先遣编队，将控制范围延伸至整个比斯开湾。同时，在爱尔兰海岸部署的另一支分舰队，让我们可以深入大西洋接应对岸驶来的商船并为其护航。事实上，这支舰队不仅监视着法国沿岸的军港，而且警戒着所有驶入英吉利海峡的航道，它们是极为重要的西部以及南部海上贸易航线的终点。第三支舰队位于地中海，由纳尔逊指挥，它以撒丁岛为中心，以马耳他和直布罗陀为两个次中心，涵盖了西至直布罗陀海峡外的圣文森特角，东至达达尼尔海峡，中间包括土伦、的里雅斯特等广大海域。1804 年与西班牙开战后，有人建议将直布罗陀海峡以外的西班牙水域的指挥权独立出来，建立第四支舰队。这支舰队以加的斯附近海域为中心，北至芬尼斯特雷角，与阿申特岛的控制范围相接。但是由于一些人为因素——而不是战略上的考虑，即使数月之后这样做的必要性再次显现，这一部署也没能持续很久，因为土伦分舰队已将基地迁往加的斯。通过这样的综合部署，整个欧洲海域的军事和经济交通线都被我们控制住了。在遥远的航线终点，如东、西印度群岛海域，也有数个集中点，它们之间都建立了长效的联系机制。当敌人的行动让我们感觉有必要加强这些海域的力量时，我们可以随时从欧洲各舰队抽调兵力前往，使集中体系发挥作用。

尽管这种部署兵力分布广，覆盖范围大，但无论是集中体系内部还是各集中体系之间，我们都保持了较高程度的聚合性。通过在英吉利海峡群岛附近部署小型巡洋舰，唐斯和阿申特岛的集中体系可以迅速聚合。同样，加的斯和阿申特岛的集中体系可以在芬尼斯特雷联为一体。地中海和加的斯的集中体系之间本来联系也很紧密，只是因将领之间的私人矛盾而没能成形。最后，为了将所有集中体系的力量聚集于阿申特岛附近的关键点上，还要进行一次巧妙的准备，以使我们能在敌人任何可能的兵力集结完成之前，在该点先行完成兵力集中。

拿破仑手下最优秀的海军将领——“那些谙熟海上战争的人”，都知道除非有一定的运气，否则仅凭战术策略很难击败处于集中状态的英国舰队。德克勒和布吕克斯①对此深信不疑，当危机出现时维尔纳夫②也深刻体会到了这一点。当他按照拿破仑的计划实施集中，并在法罗尔集结起三支编队后，得知我们西部分舰队的外围兵力已经从法罗尔和罗什福尔当面海域消失了。他的观点同英国海军部一样，认为这支分舰队尽管分散部署于比斯开湾，但经常处于集中状态。导致维尔纳夫丧失信心的原因还不是这个，而是纳尔逊再次出现于直布罗陀并正向北行进的消息。他认为这是敌人正在进行兵力集中。他后来写道："此时敌方的集中比以往任何时候都更加危险，他们的兵力比布雷斯特和法罗尔的舰队加起来都多。"③因此，维尔纳夫才打算放弃这次行动。但对于缺乏海战经验的拿破仑而言，他并不清楚这些情况。拿破仑习惯用陆军相对笨拙而受限的机动能力来衡量英国海军灵活的兵力部署，认为其是鲁莽而怯战的分散行动。在拿破仑看来，这种松散的兵力部署会导致偏远区域防守薄弱，从而为他散开部署的分舰队提供可乘之机，而且他相信通过进一步的零星袭扰，我们的集中体系会被扯得更加松散，然后他再集中力量对我们的关键部位进行打击。这个例子清楚表明，敌人的分散部署迫使我们采用最松散的集中体系，而我们的相对分散又会诱使敌人集中兵力寻求决战，所以并不能说是

---

① 丹尼斯·德克勒(Denis Duc Decres,1761—1820)，公爵，海军将领，1801年起担任拿破仑的海洋部长。弗朗索瓦·保罗·布吕克斯·艾吉耶(Francois Paul Bruis d'Aiguilliers,1753—1798)，18世纪90年代晚期拿破仑手下的海军将领，在阿布基尔湾(尼罗河)败给了纳尔逊，以身殉职。

② 维尔纳夫(Villeneuve,1763—1806)，伯爵，海军上将。在阿布基尔湾战役中指挥法国后援部队，还担任过法国土伦舰队司令，在之后的特拉法尔加海战中，担任法西联合舰队司令，正是此次海战的彻底失败，可能导致其最后在雷恩自杀。

③ 引自科贝特:《特拉法尔加海战》。

我们故意迫使敌人进行决战。只是通过我们大胆的分散部署使战略法则发挥了作用。尽管我们清楚拿破仑的入侵威胁非常可怕，但我们不会强迫自己进行紧密集中，而置海上利益于不顾，任由敌人攻击。也不能说我们的首要目标是阻止敌方集中。敌方每个军港都有我们的一支分舰队进行监视，但是这不会阻碍敌方的集中。敌军可能会有若干兵力逃脱，而这并不影响我们对其的监视。我们在敌方军港前部署的分舰队主要是遏制零星袭扰行动，这种部署主要是出于保护海上贸易、殖民地和盟国领土以及行使制海权的需要，即使在我们尚未歼灭敌军的情况下。

纳尔逊这一时期的来往通信谈及他的主要目的仍然是保护地中海的贸易以及确保那不勒斯和土耳其的领土安全。维尔纳夫逃避了他的伏击后，纳尔逊并没有因为法国将要集中兵力而恼怒，他对此并不担心，因为英国方面相应的集中行动已经开始。真正让纳尔逊感到遗憾的是，他错过了在自己控制的海域内进行集中的机会。他追踪维尔纳夫到西印度群岛，也不是为了阻止其集中，他首先要保护的是当地贸易和牙买加的安全，其次是希望能再次寻机袭击法国舰队。巴勒姆勋爵的想法也大致相同。当他得知维尔纳夫从西印度群岛返航的消息后，派出了集中于阿申特岛的西部分舰队的三支编队前往应战。巴勒姆强调，他的目的不是阻止法国舰队集中，而是防止其发动零星袭扰。他写道："在这支法国舰队返回欧洲途中对其进行截击是我认为最重要的目标。这将会震慑未来敌人所有的远征行动，而且向欧洲表明，偶尔放松一下封锁体系，也许会让问题变得更容易解决。"

我们确实没有理由去阻止敌方兵力的集中。那正是我们解决问题的最好机会。我们真正的策略就是通过一场大规模海上决战，获得永久制海权。只要敌方兵力保持分散，决战机会就遥不可及。实际上,等敌军兵力集结完毕后,局势就被我们掌控了。敌军一旦集中,我们一直为之努力的复杂问题就变得简单了,只需要在阿申特岛附近的战略中心集结足够的兵力准备应战。然而在最后时刻,法国舰队发现无法与我方抗衡,而停止了兵力集中。维尔纳夫率领舰队撤回了加的斯,战局似乎又回到从前的状态。只要我们集中兵力于阿申特岛,就不用担心敌人的入侵。但是仅仅这样还不够。我们的海域还面临着来自西班牙港口的袭扰威胁。来自东、西印度群岛的船队就在附近,在地中海的远征部队以及在科克准备出发的另一支远征军都将处于危险之中。这时,无论是在海军部的巴勒姆还是在阿申特岛海域指挥舰队的康沃利斯①都没有犹豫,他们不约而同地决定将集中的兵力分散部署。集中体系必须再次开放,最后也的确这么做了。拿破仑称这次兵力分散部署为"杰出的谬误",然而拿破仑正是败于此。这次失败几乎不可避免,因为无论他的将军们指挥水平多么高超,始终没能甩掉尾随的两支分舰队。拿破仑发现自己陷入了一种两难境地。他的舰队既没有集中起来进行决战,也没有分散部署发动零星袭扰。他所做的只是简化了敌人的问题。我们前所未有地占据了主动,拿破仑试图自我拯救的孤注一掷导致了舰队的暴露,给了我们梦寐以求的决战机会。

整场战役很好地诠释了海上战争最后阶段"集中"的意义。对于巴勒姆和能够理解其计划的将领们而言,集中意味着在正确的时间和地点集结兵力的可能性。类似于陆上的战略部署,将分舰队环绕部署于战略中心附近,舰队可以在任一所需的方

---

① 威廉·康沃利斯(William Cornwallis,1744—1819),爵士,英国海军上将,英吉利海峡舰队司令。

向进行集结，当局势不利时，分散部署的兵力可以撤回中心。在此战例中，这个中心点就是英吉利海峡的最窄处，拿破仑的陆军就准备从此处穿越，但是那里并没有兵力集结。把分散部署视为一种纯粹防御的状态实在是太肤浅了。有人认为分散就意味着被动受到攻击，而无法主动发起攻势，这是我们对前辈们的一个巨大误解。

到目前为止，我们只讨论了当己方海军兵力占有优势时，集中战略在战争中的应用，而这些原则同样适用于对阵敌方多国联盟且己方兵力处于劣势的时候。最典型的战例是 1782 年发生在本土海域附近的战役。那是一场纯粹的防御战。当时我们获知法国和西班牙想要对西印度群岛尤其是牙买加发动一次大的联合攻击，以迅速结束战争。我们认为应对威胁的最好办法就是在加勒比海集中发起攻击行动，同时在本土海域部署防御所必需的兵力。我们没有试图在上述两个区域都保持足够的兵力发动攻击，而是优先顾及其中最重要的。因此，相对于敌方在欧洲海域部署的兵力而言，我们在本土海域实施防御的舰队处于如此明显的劣势，以至于无法发起进攻。

罗德尼(Rodney)负责西印度群岛的防御，豪[①]的任务是阻止敌方联军夺取本土海域的制海权，以免我们的商贸和海岸线遭受敌人的蹂躏，这个任务并不轻松。我们了解到，敌人的计划是在进攻西印度群岛的同时，由 12—15 艘桅帆战列舰[②]组成的荷兰分舰队企图控制北海，也许还包括多佛尔海峡，另外由至少

① 理查德·豪(Richard Howe，1726—1799)，伯爵，英国当时最重要的海军将领之一，基伯龙湾战役时担任旗舰舰长，1770 年成为将军，在独立战争和法国革命战争中都成功指挥所属部队完成了任务。两次战争中其主要功绩分别是 1782 年解救直布罗陀以及 1794 年“光荣的 6 月 1 日战役”。

② 1780 年，由于荷兰与法国、美国进行贸易往来，英国向荷兰宣战。

40艘帆船组成的法西联合舰队将占据英吉利海峡口。这两支舰队也有可能联合行动。它们的目标是瘫痪我方的海上贸易，袭扰我方的海岸线，迫使我们无法顾及西印度群岛和西班牙觊觎的两个目标——梅诺卡岛(Minorca)和直布罗陀。而我们在本土海域只部署了约30艘桅帆战列舰，尽管其中很大一部分是三层甲板帆船，但很多在夏天以前还难以做好出海准备。

虽然可用的兵力处于劣势，但我们仍然不会一味消极防御，那不符合当时的战况。必须要对敌方联盟在西印度群岛和直布罗陀的行动进行干预，否则他们就将实现既定目标。方法就是在防御体系允许的范围内，尽可能地对敌方交通线实施小规模反击。尽管这意味着我们的集中体系将作较大的延伸，但我们依然要坚决阻止敌人的援军从布雷斯特港出发前往西印度群岛，同时抓住机会截击法国的海上贸易，不惜一切代价援救直布罗陀。

在这种情况下，防御性集中体系以斯皮塞德(Spithead)为中心，一支分舰队部署于唐斯用来监视特塞尔岛，以确保北海海上贸易的安全，一支分舰队部署在西部用来监视布雷斯特，阻截其横跨大西洋的海上交通线。指挥后一支分舰队的肯彭费尔特以英勇的行为俘获了吉尚①的运输船队和运往西印度群岛的海军补给品。早在春天时，巴林顿(Barrington)接替了肯彭费尔特，并于4月5日启航前往阿申特岛。肯彭费尔特接到的命令是在斯皮塞德待命，除非形势对己方有利，否则拒绝与兵力占优

① 吉尚(Guichen，1712—1790)，伯爵，原名吕克・乌尔班・德・布埃克西克，法国海军将领，在奥地利王位继承战争和七年战争中，作为低级别军官参战。在美国独立战争中以将军的身份，成功将部队护送至西印度群岛。1781年，在阿申特岛附近海域被肯彭费尔特击败，在接下来的一年，也没能阻止豪解救直布罗陀。

的敌军交战。他在海上游弋了3个星期，最后带着一支满载着敌军士兵和物资的法国东印度群岛的船队回来了，其中还包括原本用来为船队护航的2艘桅帆战列舰。

直到这时，还没有明显迹象表明敌军在南方有任何重大行动。聚集在加的斯的法西联合舰队正在徒劳无益地企图拦截到达直布罗陀的小型换防编队，同时负责掩护他们返航期间的安全。然而，荷兰舰队却变得更加积极主动，而这个季节正是我们波罗的海商船队即将返回的时候。位于北海的罗斯[①]只有4艘桅帆战列舰监视特塞尔岛，根本无法确保商船队的安全。为此，5月初我们将本土集中体系的重心转向了北海。5月10日，豪与巴林顿指挥主力舰队在唐斯与罗斯会合，而肯彭费尔特重新恢复了在阿申特岛的部署位置。这时，布雷斯特的法国分舰队只有大约一半兵力南下前往加的斯与西班牙人会合，肯彭费尔特被告知其首要任务是负责拦截剩余的敌军，阻止其出海，但是根据巴林顿的指示，如果他遇到了兵力占优的敌军分舰队，就退至英吉利海峡与豪会合。尽管当时舰队中流感肆虐，他还是成功限制了法国舰队的行动。面临同样的困难，豪也顺利完成了任务。这时，荷兰舰队出海了，但获悉了我们的行动后他们立刻撤回了，在特塞尔岛附近游弋。豪将荷兰舰队牵制在那里，并完全取得了北海的制海权，直到我们的波罗的海商船队安全返回。

5月底，任务顺利完成，同时我们的情报显示，加的斯的敌军终于要实施大规模行动了。这时，果断的豪决定将本土防御重心调整到另一方向，与肯彭费尔特会合。然而，政府认为他应

---

① 约翰·洛克哈特·罗斯(John Rose，1721—1790)，爵士，海军中将，七年战争中是一名出色的舰长，1779年担任英吉利海峡舰队下属的编队司令。

该继续利用有利的位置破坏荷兰的海上贸易，但在豪看来，这将破坏集中体系原先的部署，使兵力过于分散。于是，他建议不要分兵去攻击荷兰的海上贸易，“因为你并不知道，在战略上更为重要的西面会出现多么紧急的情况。”据此，他还是决定西行。同时，他给罗斯留下了 9 艘桅帆战列舰，这些兵力足以遏制荷兰人，甚至可以“俘虏和破坏”较弱的荷兰舰只。他的意图是与肯彭费尔特在法国海岸会合，发动任何可能的远征行动，但由于当时流感肆虐，他的想法没能实现。肯彭费尔特受命前来，并于 6 月 5 日与豪在斯皮塞德会合。

流感疫情不断加重，致使我们的舰队连续 3 周都无法行动。之后就有消息说，兰加拉①指挥的加的斯舰队在豪抵达斯皮塞德的当天就已经启航，豪便决心率领所有能出海的舰只发动一次突击，阻绝兰加拉与布雷斯特的联系。但是为时已晚，在豪到达之前，兰加拉和布雷斯特的分舰队已经会合并全数出击，占据了英吉利海峡口。加上布雷斯特的舰队，敌方联合舰队共有约 40 艘桅帆战列舰。豪总共只能集结起 22 艘战列舰，好在其中有 7 艘是三层甲板帆船，还有 3 艘是 80 门火炮级舰，增援部队也很快就要到来。罗斯麾下 3 艘最小的舰只已经驶来，另外 5 艘也已准备就绪，然而这时豪已经不能再等了，返航的牙买加商船队即将抵达，而这是我们不惜代价要保护的。

那该如何应对呢？豪一发现敌军之后，便意识到正面交锋几乎无望取胜。7 月 12 日清晨，他得到报告称敌人“正在东南偏南方向(S. S. E)，距舰队约 45 英里，从锡利群岛驶来。”兰加

① 唐胡安·兰加拉(Don Juan Langara，1730—1800)，海军上将，1780 年在“月光战役”中被罗德尼击败。随后担任西班牙舰队司令，在 18 世纪 90 年代法国革命战争中与法国既当过对手又当过盟友。

拉麾下的36艘桅帆战列舰正在向西行驶。豪写道："当敌方舰队的行踪被确认后，我认为应该避免正面交锋，舰队转向北从锡利群岛和兰兹角之间穿过。我想到达敌方西侧，在那里既可以保护牙买加的商船队，又可占据截击敌舰队的有利位置，以缩小敌我双方数量上的差距。"

精湛的航海术帮助舰队在夜间完成了这一危险的行动，事后证明这次行动是完全成功的。除非击败豪，否则敌军是不敢贸然进入英吉利海峡的，而豪的这次史无前例的壮举成功甩掉了敌方舰队。敌人以为豪肯定会绕到他们身后，于是向南进发寻找，并在那里苦苦搜寻了一个月而一无所获。此时，豪派遣巡洋舰前往冰岛西南海岸外的会合点与牙买加商船队会合，他自己则率领整个舰队在斯凯里格斯群岛①西面200英里处准备接应。尽管受到北风的影响，使其未能及时到达预定纬度，但这已经无关紧要了。牙买加商船队从豪的舰队和冰岛南岸之间穿过，而此时敌人正南下前往阿申特岛，所以商船队安全地进入了英吉利海峡，途中没有发现一艘敌船。尽管面临着严峻的形势，豪仍有条不紊地利用了一周左右的巡航时间组织舰船进行了必要的协同训练。这样，他的舰队就可以很好地执行肯彭费尔特著名的防御战术了，豪开始重新向东寻找敌舰队，试图把他们从锡利群岛引出来，从而开放英吉利海峡。航行途中，他得知牙买加商船队已经安全进入了海峡，没有了这个后顾之忧，豪随即率领舰队驶向利泽德，他的援兵正在那里等候。敌舰队由于需要补给被迫返回了港口，因此豪发现英吉利海峡是开放的，于是他返回了斯皮塞德，准备增援直布罗陀。此时，北海分舰队再次得到了加强，进而恢复了对特塞尔岛的封锁，并能够有效掩护秋季

① 包括大、小斯凯里格斯岛，位于爱尔兰西南海域。

从波罗的海返回的商船队。这一切都完成得十分完美。整个战役中,我们没有一艘船落入敌手。最后,豪集中舰队主力南下直布罗陀,将其从西班牙人手中解救出来,以如此的丰功伟绩结束了整场战争。战略集中体系的威力和影响在这个例子中得到了最好的诠释。

如果要从上述这个例子或者其他类似的战例中寻找集中和分散战略的基本原则,首先一条就是:兵力分散的程度要与敌人可能威胁到我海上利益的港口数量以及其分布的海岸线长度成正比。这个原则源于我们古老的传统,即不仅要阻止敌人对我们要害部位的打击,还要尽力挫败敌人的一切企图。我们要把敌人的每次行动企图都看作是对其进行反击的机会。根据这一原则,面对不同的敌人,兵力分散部署的程度也各异。在与法国的战争中,尤其是法国和西班牙、荷兰结盟后,敌方军港数量众多,分布广泛,我们的兵力部署就相对分散。而在与荷兰的战争中,敌方港口的数量和分布范围相对要小得多,在这种情况下,我们的集中体系就非常紧凑。

然而,这绝对不是唯一的准则。集中不能仅仅由敌人军港的数量和位置来决定,它还需要根据从敌人这些港口延伸出来的作战线穿越我们本土水域的程度来决定。显然易见,无论与谁为敌,无论进行的是一场什么样的战争,我们必须在本土海域保留一支舰队。在任何情况下,保护本国海上贸易航线的终点都是非常重要的,同时这也是随时驰援远方贸易航线终点和抓住机会对敌反击的力量储备中心。正如巴勒姆勋爵所说:“这是源泉,所有的攻击行动都源自这里。”因此,这支负责本土安全的舰队是我们整个体系永久而坚固的基石。在前面的例子中,我们与法国交战时敌方作战线没有穿越本土水域,围绕其进行紧密集中就没有必要了。而我们与荷兰交战时,作战线穿越了本土水域,在本土水域集中兵力就是必需的了。这种情况下,兵力分散的程度取决于我们剩余兵力的多少,同时也要看在不影响对本土作战线终点的控制和对敌直接攻击能力的前提下,我们还能派出多少兵力对敌实施攻击行动,造成敌海上利益的损失。当然,这些都是针对主力舰队作战而言的。如果敌在远方的殖民地拥有基地,能够破坏我方海上贸易,那么就必须在这些地区相应地建立小型集中体系。

然而我们要注意一点,当敌方分舰队广泛分布于多个港口基地时,我们不能为了将问题简化,而开放其中部分港口,以诱使其集中兵力而减少监视港口的数量。如果我们这么做,就会给那些未受到监视的敌方分舰队发动零星袭扰的机会。除非我们确信敌人将集中兵力进行决战,否则将问题简单化的最好办法就是严密监视敌方每个港口,阻止其发动零星袭扰。这样敌人要么在港口里无所事事,要么集中起来与我们决战。

集中的另一条原则是灵活性。集中体系内的任意两部分可以自由结合,其所有部分能够在集中体系范围内的任何一点迅速聚集成一股力量。我们隐藏集中行动的目的在于,不想让敌人了解我方实际的兵力部署情况,不让其觉得有机可乘,并确保我们能够有效应对敌人的任何威胁。进一步讲,我们的目标不仅仅是防止集中体系中的任何一部分被敌优势兵力击败,而且要把派出的每一支分舰队都看作引诱敌人攻击的陷阱。简而言之,理想的集中体系应该是虚弱的表面之下隐藏着的巨大力量。

# 第三部分　海战指导

# 第一章　前　言

## 一、陆战与海战在战争形态上的固有差异

将上文提到的基本原则真正用于指导海上作战之前，应为正确评价这些原则扫清障碍。我们知道，战争理论的构建几乎完全是军事家的功劳，他们所做的工作如此令人钦佩，采用的研究方法如此具有哲理性，因此一般会自然而然地认为：他们的很多结论是放之四海而皆准的真理。从一定意义上说，没有人否认他们此前完成的理论著述对所有的战略具有普遍的指导意义。他们是真正的理论先知，其研究方法也将成为我们要采用的方法，但是我们必须清楚，今天我们所涉及的领域与他们此前摸索总结经验的领域完全不同。

稍加思考，就可以发现它们之间的差距是多么巨大。我们不妨扪心自问，所有这些军事理论归根到底讲了些什么？从总体上讲，无非是三个方面。第一，集中兵力——集中一切力量千方百计对敌施加压力，歼灭敌军主力；第二，战略主要是关于交通线问题的思想；第三，全力以赴——将全部注意力集中于要歼灭的敌方兵力，不为其他次要目标分心。

有限战争的原则很多，集中兵力是首要的一条。它的核心

在于我们的主要目标是敌军主力。最近的海军理论是这样阐述这条原则的："我方战列舰舰队的主要目标是寻找并歼灭敌方的战列舰舰队。"表面上看，它与前一句话没有多大区别，实质上两者强调的条件并不一样。

这条军事格言基于的是陆战经验。从理论上讲，在陆战中，如果你有足够的实力和决心克服障碍，敢于冒险，就能打击敌人。但是在海上，情况就不同了，这是在陆地上根本无法想象的。简而言之，就是敌人可能会把舰队撤进守备严密的港口，若无陆军协助，任你舰艇再多，进攻欲望再强，也休想进入，其结果就是海战中会出现恼人的困境：当你兵力占有优势，渴望找到敌人一决雌雄时，却发现敌人待在自己打不着的地方。你的攻击力受到了束缚，而且发现自己总是处于一个至少在理论上十分被动的位置。

这是我们最早发现的战略问题之一。随即我们又发现对付敌人的最有效方法是对付敌人的武装力量。关于集中兵力的思想，一般认为是拿破仑或是腓德烈的发明，是舶来品，尽管这种说法尚未完全取得共识。起码英国军事历史学家认为，这一思想来源于英国内战时期的克伦威尔和新模范军。这场内战区别于先前一切战争的显著特征就是集中兵力理论的运用。就像有些外国学者评论的那样，这种战法在内战中如此受用，以至于英荷战争一爆发，很自然地就被那些陆军出身的海军将领们运用于海战中。因此不管陆上战争中运用这条原则从谁开始，或是克伦威尔或是拿破仑，这一原则的海战版本肯定是英国的发明。三场英荷战争都有商船目标出现，但是在第一场战役后，就再也没有把敌方商船作为主要目标。所有作战计划都是围绕敌方战列舰舰队展开，在蒙克和鲁珀特率领下，执着而狂热地追求着这一目标，完全是拿破仑式的战法。

但是在双方交战的后期，当我们逐渐确立优势时，这个方法就不灵了。我们寻找敌方舰队决战的企图总是一再受挫，敌人退至本国海岸采取守势，根本不与我们决战，他们本着积极防御的精神，瞅准机会不时对我们进行反击。

我们也很快发现，必须采取一些措施迫使敌人暴露并与我们决战。最有效的办法就是威胁敌人的海上贸易。所以说，与其直接寻找敌方舰队，不如坐守其本土海上商贸交通线附近，比如多格尔沙洲或其他地区，迫使敌人要么选择损失商船，要么选择损失战列舰舰队，或者两者皆失。于是，尽管我们的优势逐渐扩大，寻求决战的念头也越来越强，但却不得不求助于这种潜藏着战略目的的辅助性作战样式。这是一个奇特的悖论，但又是海战固有的特点之一，它能使濒海武装力量集中到一起。

海战的第二个特点是交通线问题。简单来说，这是一个关于道路和障碍的问题。在陆上战争中，我们可以根据道路和障碍的限制大致判明敌人可能的机动方向。可是海上不存在道路和障碍，面对汪洋大海，没有东西能够帮助我们确定敌人的舰位和机动方向。在帆船时代，舰船机动要受风向和消除航迹的限制，但是随着蒸汽动力的出现，这些因素都不起作用了，除了燃料之外，没有东西可以限制敌舰的行动自由。所以说，在海上寻歼敌人比在陆上更容易错失目标。敌人随时可能甩掉我们，这就严重阻碍了我方的攻击行动，迫使我们必须小心谨慎地“寻歼敌方舰队”。

这个问题由来已久，起码可以追溯到现代战争的初始阶段。西班牙无敌舰队时期，在弗朗西斯·德雷克爵士所作的部署中就有所体现。当时，在英国舰队是留守本土还是派往西班牙沿海的问题上，出现了严重分歧。敌人的目的捉摸不定，弄不清他们是要攻击英吉利海峡，还是要进攻爱尔兰或是苏格兰。而且，西班牙陆军随时准备从佛兰德海岸出发，渡海入侵，法国的吉斯家族也有可能参与，局势非常复杂。德雷克的解决办法是派出舰队在无敌舰队停靠的港口外设卡，他知道这样做风险极大。英国政府对此十分担心，这并非是缺乏勇气和战略智慧，而是如果无敌舰队赶在英国舰队就位前出发，那么德雷克就很可能失去接敌的机会。

第三个原则是集中精力，而这与海战的第三个特点相冲突，舰队除了歼灭敌武装力量之外，还要保护海上贸易。陆战中，自从在敌军未设防领土上倾泻废物不再作为战略选择之后，就再没有什么分散歼敌注意力的事了。而如果有人提出海战中不要去为商船护航，则纯粹是无稽之谈。战时会遇到各种棘手的问题，经验告诉我们，就算不顾公众的舆论压力，单纯从经济因素考虑，也没有人能够忽视商船损失造成的压力。战时保持财政活力实在太重要了，所以我们常常把保持贸易流通视为头等大事。英荷战争中，即使当我们优势十分明显之时，完全忽略了敌人的海上贸易目标，我们还是会为保护己方贸易航线免受袭扰而为商船护航。

有人提出保护商船运输的唯一有效方法是歼灭敌方舰队，这种说法并不一定有益。如果只是把它作为一种战争原则的具体阐述，没有什么问题。但要将其作为指导实战的原则，就不那么可行了。万一敌人就是不让你歼灭它的舰队怎么办？总不能为了等待决战时机而任凭敌人小股编队或巡洋舰袭扰你的贸易航线吧。往往你越是集中兵力准备决战，己方的贸易航线就越容易招致袭扰。结果就是，你总是无法完全按照最有利于与敌决战的方案进行部署，你会发现自己最终部署的位置对于接敌决战并不是最佳的，但可以同时保护己方的贸易航线。这就是“把敌方海岸线作为我们的边境”这一说法的由来。这句话并不像“寻歼敌方舰队”那样纯粹是个军事术语，但是这两句话常被认为可以相互混用。我们将兵力部署于敌方沿岸既是出于歼敌的首要目的，又是出于保护商贸的考虑。在敌方港口外虎视眈眈地监视肯定不是引其出来决战的最佳方式——纳尔逊的话还言犹在耳——但这是保证商船航行安全的最佳方法，可能也是唯一方法，同时为我方巡洋舰袭击敌方海上贸易提供了便利。

以上这些要点无需详细阐述，后面谈及海战方法时我们还要对其进行论述。至此，我们对海上战略中危险的浅滩已了然于胸。这提示我们，虽然战略学家们已经造好了船，但是如何安全到达彼岸还要靠我们谨慎的航行。

为使我们研究的问题简化，在进一步论述之前有必要将大量复杂的海战区分为易于表述的形式。

## 二、海战的典型样式

海战的一切样式都与两类目标有关，一类是争夺制海权，另一类是行使已夺取的海上交通线控制权，而不管是否取得全面制海权。

这两类目标的区分是基于理性和符合实践的。正如我们所知，舰队的组成方式正是在持续不断的海战重塑世界格局的帆船时代形成的。当时，这种目标的两分概念潜藏于各种海军战法和海军政策中，它是战争理论的产物，我们可以放心地将其作为分析海上战争的基础。

当然，从现实角度讲，我们很难说战争中某一次行动的目标就是单纯属于哪一类。以夺取制海权为主要任务的战列舰舰队有时也会部署在便于行使制海权的位置上，反之亦然。主要用于在贸易航线上行使制海权的巡洋舰也可作为战列舰舰队的分遣队随时向其通报敌方编队动向。正因为如此，康沃利斯在封锁布雷斯特港时，有时会为了掩护抵达的商船队，不得不放松封锁。同样是因为这个原因，当巴勒姆向纳尔逊征求对巡洋舰执行巡逻任务的看法时，纳尔逊表示说："这些舰船不但要阻止私掠船劫掠，而且要监视沿途过往的敌方编队……这样情报传递速度才会有保障，我想，敌人就不会遁无踪影了。"①巴勒姆以此为依据向各编队指挥官下达了命令。从以上两例可以看出，这两类目标是交织在一起的。然而为了便于分析，我们还是要对两类目标有一个清楚的区分。

首先谈谈夺取制海权的方法。夺取制海权意味着让敌人无法有效利用海上公共交通线，也无力对我们使用海上交通线进行实质性干扰。方法有两种：决战和封锁。这两种方法中，决战的机会并不总能得到，但是英国海军偏爱这种方法，这很正常，因为我们常常居于优势地位。只要这种优势一直保持，我们的选择倾向就不会改变。

除了上述原因外，追求决战的思想深深根植于皇家海军最古老的传统中。如我们所知，海军的信仰是，战争就是由大大小小的决战组成的，一旦开战，就意味着双方要拼到最后一口气。这一点在现代陆上战争中是难以捕捉到的。克伦威尔的海军将领们给我们留下了诸多持续三、四天海战的回忆，他们所信奉的精神正是宾②和考尔德③受到谴责而纳尔逊被神化的原因。

---

① 1805年8月29日，纳尔逊写给巴勒姆的信。摘自《特拉法尔加海战》。纳尔逊公开发表的回复中并没有出现这句话。1907年特拉法尔加纪念日当天，肯特郡贝尔斯台德的斯卡斯女士赠给位于达特茅斯的不列颠皇家海军学院的信中才出现了这句话。

② 约翰·宾(John Byng,1704—1757)，海军上将。因为"没有尽全力"从法国手中解救梅诺卡岛而被军事法庭定罪并枪决。

③ 罗伯特·考尔德(Robert Calder,1745—1818)，爵士，海军上将。在支援康沃利斯对布雷斯特的封锁行动时，被派往南方拦截维尔纳夫从西印度群岛返航的法国舰队。由于大雾错过了法国舰队后，考尔德返回了主力舰队，以防维尔纳夫前往布雷斯特。虽然纳尔逊赞同他的做法，但考尔德依然还是被送上军事法庭并受到严厉判罚，职业生涯就此结束。

寻求决战的思想确曾有过黯然失色之时，但这种思想在英国海军观念中始终是根深蒂固的，对歼灭原则的抑制只能说是根据当今时代特点所做的改进。一位倡导这一原则的权威人士说过："在可以和必须之时遵循使用此法。"然而，不管我们的信仰多么虔诚，这种方法并不总是明智可行。一般来说，我们实力强大之时，总会可以寻求决战。我们实力较弱之时，只有在不得已的情况下才诉诸决战。然而形势有利时，我们并不总能找到机会决战，形势不利时，我们也不是非决战不可。所以，这个看似简单的作战原则，实际上夹杂了之前海军将领们最头痛的两个问题，即：在我方实力较强时，我们考虑的不是怎样打败敌人，而是怎样迫使敌人参战；我方偶尔处于劣势时，我们考虑的不是如何拼命，而是如何进行积极防御，阻止敌人的决战企图，不让其达成潜在目的。

基于这种考虑，可以把海战样式分为如下几类。第一类，假设从一开始我们就占据兵力优势和有利条件，就要确保拥有制海权。夺取制海权的方法有两种：一是通过决战，此种情况下，我们首要考虑的是如何迫使并不情愿的敌人与我们交战，以及如何运用"寻歼敌方舰队"这个原则。二是无法获得决战机会，而战争计划又要求我们立即控制海上交通线时，就要采取各种形式的封锁，包括军事封锁和商业封锁。而且，我们将会看到，某种特定形式的军事封锁和商业封锁的主要目标，还包括迫使敌人与我们决战。

第二类作战样式是在我们的兵力不足以夺取制海权时采用的战法。这种情况下，我们只能满足于在努力袭扰敌人的同时掌握一定的制海权；这就是说，我们要采用积极防御的作战样式阻止敌人夺取或控制他们的海上交通线。这种作战样式就是"存在舰队"概念的真正含义。在这一框架下，还应该包括那些新形式的小规模反击。这种战法由于鱼雷和攻势布雷的发展，已经进入了战略范畴。

第三类作战样式主要涉及行使制海权的方法。这些作战样式根据控制海上交通线的目的而不同，通常有三种形式。第一，控制入侵陆军的海上运兵路线；第二，着眼攻击和保护海上贸易而控制贸易航线和贸易终点站；第三，为我们的军事远征控制海上交通线，为有力支援这类作战行动而控制目标海域。

为了表述清楚，我们可以将其如下列出：

1. 夺取制海权的方法：

(1) 通过决战

(2) 通过封锁

2. 阻止敌人夺取制海权的方法：

(1) “存在舰队”原则

(2) 小规模反击

3. 行使制海权的方法：

(1) 抵御入侵

(2) 贸易攻防

(3) 军事远征的进攻，防御和支援

# 第二章　夺取制海权的方法

## 一、寻求决战

不论我们要进行的这场战争属于哪一类，不论它是有限战争还是绝对战争，对海洋实施持续而有效的控制始终是取得最终胜利的先决条件。通过海军来确保制海权的方法只有一个，就是与敌方舰队进行一次决战。这一步迟早要完成，而且越早越好。这是大不列颠古老的信条，今天它依然是我们的信条，没有人会反驳，甚至费口舌去讨论，我们可以满怀信心地直接得出结论，英国舰队的首要任务就是找到敌方舰队并歼灭它。

这一信条比任何其他论断都更准确地概括出英国海上战争至高无上的精髓，任何想在实战中验证这个结论正确与否的尝试都被认为是冒险的。然而，在我看来，没有什么比用教条主义代替理性判断更危险的了。现在，就让我们用最近发生的两个实例来检验这一信条的正确性。

需要指出的是，这两个例子都属于有限战争范畴。对英国来讲，有限战争是最常见的战争形式，事实上也是唯一以海军为主的战争类型。第一个例子是美西战争，第二个例子是日俄战争。

第一个例子中，美国人拿起了武器，目的是为了把古巴从西班牙的统治下解放出来，这是一个非常有限的战争目的。没有证据表明两个国家有意将本场战争限制在一定范围之内，但鉴于当时的政治需要，按照美国的战争计划，首战仅是确保古巴领土安全。他们打算尽早在古巴西部建立立足点，支援其反殖民斗争者。实现这一目的有赖于快速、果断的出击。这次行动无论在道义上还是在实战中都非常重要，值得冒险一试。美国陆军需要越过的仅仅是一片海洋，只要美国舰队严密防御，全力掩护，就可以把风险降到最低。然而美国人却非常不明智地被当时重新流行起来的这一信条左右①。就在准备行动的前夕，在听说一支西班牙舰队正在穿越大西洋后，他们居然将用于掩护的舰队调离防御位置，前去"寻找并歼灭敌方舰队"。

波多黎各是最有可能发现这支舰队的地方，于是桑普森②将军受命前往。但他忽略了一点，在这种情况下，对己方来说显而易见的东西对敌人也是一样。结果美国人不仅没有拦截到西班牙舰队，也没能给自己的陆军以足够的掩护，使最初的行动计划搁浅，最终完全凭借运气，他们才有机会弥补自己的错误。如果西班牙舰队不急于攻占圣地亚哥，而是占据一个拥有铁路并能与皇家陆军联通的港口，比如西恩富戈斯或哈瓦那，那么美国必然输掉战争。马汉③将军在他的《对西班牙战争中的教训》中写道："现在看来，哈瓦那分队东进任务的失败不只是运气问题，事先我们就应该想到这是一个错误决策，因为我们并没有坚持

---

① 阿尔弗雷德·塞耶·马汉的著作主导了当时美国海军的思想。

② 威廉·T·桑普森(William T. Sampson，1840—1902)，美国海军上将，1898 年美西战争中担任美国海军北大西洋编队司令。

③ 阿尔弗雷德·塞耶·马汉(Alfred Thayer Mahan，1840—1914)，美国海军将领、历史学家、军事理论家，其一直被公认为是最重要的海权思想论者。科贝特对于马汉的思想持有相当的保留态度，虽然当时他还不愿意将这种分歧表露得过于明显。

广为认可的战争原则，违背原则的决定并不是根据现实需要作出的。这个战争原则会帮助我们避免违反常规的行动。因为没有遵循这条原则，我们将哈瓦那和西恩富戈斯这两个原本严加防范的地方暴露给了敌人。”

不论马汉将军的解释是否真正触及了美国人所违反的战争原则，但这次错误行动决不仅是“反常规”的，而是根本没有必要。美国人如果把舰队集中在防御位置，他们不仅可以掩护陆军的运兵线，完成对目标区域的海上封锁，还可以有更好的机会诱使西班牙人采取行动。西班牙人很有可能主动送上门来，否则就只有在战斗区域外无能为力地观望，眼睁睁看着自己的古巴驻军逐渐丧失斗志。这是一次纸上谈兵的典型错误，他们因一句诱人的格言封闭了理性判断的大门。战略进攻在这个例子中并不是最佳的防御。“出海寻歼”的尝试很有可能会扑空，不仅得不到任何战果，而且违背了美国战争计划中防御为主的指导思想。防御原则才是美国进攻行动得以成功的根源。仅仅把这个错误说成是一次非常规行动，算是相当宽容了。

日俄战争让我们看到了一个相反的例子。这次战争中，理性判断没有被教条误导。的确，战争初期日本海军的行动还是以寻歼敌方舰队为主要目的，因为他们要将基地推进到距离旅顺港很近的地方。但是完成了这次前移后，他们就再也没有主动出击去寻歼俄国舰队了——在海上取胜的可能性很小①——更主要的原因是出击之后就无法为陆军护航了，这才是海军的主要任务，因为日本主要的进攻行动集中在陆上。只有一次例外，迫于东京的紧急命令，东乡将军和上村将军勉为其难地发动

① 日本舰队的实力实际上要比科贝特估计的要强，尤其是日本的雷击舰艇。

了攻击，因为这妨碍了他们履行战争计划赋予其的护航职责。到了战争后期，成败的关键集中于能否歼灭俄国波罗的海舰队，东乡将军依然没有去“寻歼敌方舰队”。他对当时的形势很满意——俄国人本来也应该感到满意，因为如果敌人要想改变战争局势，必然会主动进攻。所以，他以逸待劳，专心防御，坚信战争会像他预料的那样发展。一旦敌人攻来，他实施进攻的时刻也就到了。进攻行动必须坚决而突然，在局部形成压倒性优势，给敌人以致命一击。

上述两个例子可以让我们清楚地看到，不论“出海寻歼”的信条多么振奋人心，诠释了多么崇高而合理的海军精神，它始终不能代替理性判断。再值得信赖的仆从也需要受到主人的驾驭，美国人在危机中深刻认识到了这个道理。然而，从本能上，我们依然觉得这个信条比其他任何语言都更准确地阐释了英国在海上取得成功的原因。我们不能将其抛弃，但也不能无条件地遵循。让我们试着探究这一信条所蕴含的真正意义和原则，追溯其形成演变的过程，看看从一开始，思想家们是如何以其浑然天成的直觉孕育出这一思想雏形的。

之前提到过，德雷克于 1588 年 3 月末在普利茅斯撰写的公文中，这一思想萌芽就已出现。他不是纯粹讲海军，而是讲一个综合性问题，关于入侵时如何打破敌人抵抗的问题。他想让政府明白，位于佛兰德的帕尔玛入侵部队不是问题的核心，真正应该重视的是为入侵部队开道的西班牙舰队。政府当时的想法正好相反。霍华德(Howard)和大多数军舰留守在梅德韦河①的基地，准备随时支援正在与荷兰人一起封锁佛兰德港口的轻型分舰队。而德雷克与另一支轻型分舰队被派往西面执行没有明

① 肯特郡内一条流入泰晤士河口的河流。

确目标的巡逻任务，需要时按照惯例对敌进行突袭。在征求德雷克本人对此类任务的意见时，他用“凶险”来形容，德雷克认为这是对敌方主力舰队的挑衅。他强调说：“一旦西班牙这支舰队的行动出现任何耽搁或者迟滞，以致无法掩护远征军跨越海洋，那么帕尔玛就会面临麻烦。”显然，德雷克没有想到要像上一年一样，扰乱敌方的兵力动员。之后他又说：“除了万能的上帝赐予的保护之外，我们所能依靠的只有时间和空间上的优势了。所以我十分恭敬地恳求您坚持最初的做法，只需给我一支 50 艘舰船的舰队，游弋于对方海岸线附近，这会比一支更大的舰队留守本土作用大得多，而且我们越早行动，就越能牵制敌人。”①他并没有用“歼灭”，而是用了“牵制”，意为“阻止”。

显然，德雷克的想法依然是重复一年前的战略。他曾通过这种战略扰乱了西班牙的兵力动员并“牵制”了无敌舰队的出击。他甚至没有要求集中全部力量，而只是想加强自己率领的这支舰队，顺带达成这一目标。他提出这个建议的真正原因是纯精神上的——他始终沉醉于发起首攻的心理震慑作用和与其等着被攻击不如主动出击的想法。德雷克强调说：“这个国家将发生转变，女王和人民会充满勇气和无畏，不再害怕入侵，主动到任何地方寻找上帝和女王的敌人。”

德雷克的公文换来的是一纸出席议会的诏谕。结果，议会不但接受了他提出的加强方案，而且在某种程度上沿着他的想法更进了一步，最终达成的方案已经和日后类似情况下我们的常规部署十分相近了。除了正在封锁佛兰德的轻型分舰队外，整个主力舰队全部被派往西面，用于掩护对帕尔玛运输船队的封锁。只是在战术运用上不够理想——舰队被指定在英吉利海

① 摘自 1588 年 3 月 30 日德雷克在普利茅斯写给枢密院的信。

峡内进行防御，而不是海峡之外，这样等于给西班牙无敌舰队让出了上风的有利位置。舰队不允许任何向西班牙海岸靠近的举动——因为没有必要，不是怕曲解了德雷克的原意，而是对美国人的例子仍记忆犹新，过分的举动很可能会扑空，最终失去重要的防御位置，无法诱敌出动。

然而，无敌舰队迟迟没有出现，德雷克有了新的想法，得到了包括霍华德在内的所有同僚支持，他的提议最终获得批准。舰队计划驶向科伦纳，据称无敌舰队在那里，但实际上他们因为天气恶劣而没能从里斯本出航，而这正是英国政府最担心的。在舰队到达目的地之前又遭遇了大风，燃料耗尽，只能返回普利茅斯。这样无敌舰队真正出现之时，他们已经无法迅速做出反应了。面对来势汹汹的西班牙人，舰队依然停在港口修理和装载物资，最后只是凭借精湛的航海技术才挽回了局面，霍华德得以占据敌人习惯的出海位置发动攻击。

至此，政府以防御为主而非寻歼敌方舰队的谨慎态度被证明是正确的。但是不要忘记，德雷克从一开始就坚持认为寻歼敌方舰队除了地点之外，时机也很重要。如果在德雷克刚提议的时候就采取行动，我们有理由相信西班牙的兵力动员就无法达到理想的程度，也就是说，无敌舰队所属的各个分舰队无法集结为一支舰队。但在那时，很难有明确的信息告诉我们形势到底如何，而且从当时的讨论记录看，高层的政治因素对决策产生了更大的影响。当时高层的想法是，如果有别的选择，就不采取激烈的进攻行动。

从这个最初的“寻歼敌方舰队”例子中可以看出，这一原则实际上蕴含的是掌握主动权和在敌人充分动员之前实施攻击的想法。“运用主力舰队全力攻击”的原则在这里还没有体现，我们只在伊丽莎白时代的海军将领们身上找到了模糊的影子。他们认为要在敌人注意力尚未集中，就像一开始的无敌舰队，或是敌人刚到另一港口靠泊立足未稳之时进行攻击。

17 世纪下半叶英国与荷兰的海上冲突中，全力攻击的原则得到了充分发展。这是一次纯粹的海上冲突，所有的考虑都遵循海军战略。而且，这是一次发生在狭窄海域的冲突，伊丽莎白时代大洋冲突中十分显著的扑空风险在这里成了可以忽略的因素。然而，把“寻歼敌方舰队”的信条当作战略依然会出现问题，例子很快就出现了。

第一次英荷战争并没有出现任何新原则的影子。首次战役完全按照旧例进行贸易攻防，小规模冲突经常随机出现，没有人意识到这种战法的谬误，除了特龙普①。他得到的指示是“首要目标是想方设法对英国造成破坏”，为了实现这个目标，“他负责指挥一支舰队对英国舰队进行攻击，同时为西行的商船队护航。”但他发现这两个任务无法兼顾，于是请示进一步明确目标。比如，他发现如果有机会把英国舰队封锁在基地里，可不可以将“将整个商船队暴露在敌人快速巡洋舰的威胁之下”？还是继续完成他的护卫职责？特龙普满心想要与敌主力舰队进行周旋，但在实践中遇到了困惑——这一点总是被遗忘——仅仅控制敌方武装力量并不代表就取得了制海权。他并没有得到更新的指示以消除其困惑，于是他只好再次提出抗议。“我希望，”他写道，“只担负两个职责中的一个，寻歼敌人或者进行护航，因为两者兼顾会遇到巨大困难。”

战略目标不明确和力量运用不集中自然会导致冲突时表现得不够果断，使特龙普没能在 1652 年 11 月 30 日于邓杰内斯

---

① 马丁·哈珀特松·特龙普(Martin Harpertszoon Tromp，1597—1653)，第一次英荷战争中荷兰海军的主要将领，于此次战争中战死。

(Dungeness)角附近海域将布莱克[1]完全击败。尽管他一再请示,但得到的命令依然是护送一支大商船队。这位荷兰将军在将船队送回奥斯坦德(Ostend)后,发现布莱克在唐斯一带出现,于是在没有其他紧急任务的情况下,他决定前去寻歼敌人。

正是这次出其不意的进攻,对克伦威尔政府的强军理念产生了深刻影响,进而引发了其后一系列改革,让那个冬天成为英国海军发展史上值得永远铭记的里程碑。蒙克,英国军队中最杰出的职业军人,以及迪恩[2]加入了布莱克的指挥部。他们为海军注入了"新模范军"的崇高军事精神。那个冬天英国不仅颁发了《战争条例》,为严格军纪提供了依据,而且首次尝试编写《战斗指南》,归纳了常规战术体系,形成了海上战争中的两个基本观念。其一是明确了海上战争意味着对敌武装舰队实施打击,削弱敌海上力量,从而与打击敌海上贸易相区别;其二是海上战争意味着有效使用国家所属的专门用于作战的舰船,尽量避免使用私人舰船实施支援作战。以上种种变化同时发生十分自然,因为它们之间是彼此联系的。纪律、舰队战术以及一支由战斗舰船组成的海军,都是现代海战理念中不可或缺的因素。

在接下来的那个春天,改革效果就在三次较大规模的战斗中得以体现。第一次战斗由三位将军共同指挥,后两次由蒙克单独指挥。在最后那次战斗中,蒙克禁止俘虏那些失去战斗力的敌舰,从而为彻底歼灭敌人扫清了障碍。那些敌舰都被凿沉,

---

① 罗伯特·布莱克(Robert Blake,1599—1657),英国内战中效力于议员派陆军,1649年被派往海军指挥迎战鲁珀特王子率领的皇家舰队。17世纪50年代成为克伦威尔海军的总指挥,在与尼德兰和西班牙的战争中战功显赫。

② 理查德·迪恩(Richard Deane,1610—1657)。议员派军队军官,查理一世死刑判决书的签字人,与布莱克同时加入海军,在北福兰角战役中殉职。

只有在不影响攻击行动的情况下，才会考虑对敌舰员进行人道救援。与之类似，第二场战争也包含了三次大的海上冲突，其中一次发生在蒙克重新取得指挥权后，持续了四天以上。实际上，此时新思想的运用有些过头。整个海军都将精力集中于舰队决战上，没有人关注对海洋进行充分的控制。起码在我们自己的例子中，一心只想着全力发动攻击，而没有考虑进行适当调整以维持这种攻势。结果，我方舰队在返回基地时出现了攻击力的真空，使得荷兰人可以轻松保护自己的商船，并有足够的机会对我方商船进行猛烈攻击，他们最著名的两次反扑发生在希尔内斯(Sheerness)和查塔姆(Chatham)。英国政府相信，“圣·詹姆斯战役”①——三次战斗中的最后一次——已经解决了制海权问题。和平谈判已经开始，我们对几次主要冲突中从荷兰商船队攫取的战果十分满意，觉得那些专门为商船护航的军舰已经完成使命，可以高枕无忧了。于是，荷兰人抓住机会，让我们领教了滥用新思想的局限性。这个教训我们从未忘记，但我们不能将其归咎于对全力攻击原则的不完全掌握。

问题的症结在于，我们没有对敌方舰队进行毁灭性打击，从而取得一场决定性胜利。这场战争最重要的启示就是：这是一场需要精心准备的胜利，尤其当交战双方仅隔一条狭窄水道直接面对的时候。这种情况下，较弱的一方可以随时撤退，而另一方很难追击，没有经过特别的准备将很难找到决战机会。热衷舰队决战的新思想实际上正是指向了这种战略考虑。敌方商船和舰队究竟哪个是首要目标不再是问题，关键在于如何才能找到与敌方舰队决战的机会。仅仅在敌方海岸线附近搜寻，就算找到了也很难取得决定性战果，必须迫使其离开基地。最好的

① 发生于1666年7月25日。

办法就是对敌海上贸易进行有计划的破坏,取代过去那种零星袭扰。舰队要占据一个远离敌人本土并处于主要航线的位置上,完全阻断敌人所有贸易活动。之前失败是因为没有对我方舰队的补给休整进行系统规划,因而无法对关键位置保持持续占领,但这种方法成为我们后来在更成熟的组织指挥下,经常采用的作战体系的雏形。这个体系十分有效,成就了后来"光荣的6月1日"战役。

第三次英荷战争中,当这种战法屡次遭到失败之后,我们又进行了一次新尝试。这是查理二世自己的设想。他想利用远征的威胁引出敌人。约15000名士兵被调往雅茅斯(Yarmouth),以诱使荷兰人出兵,同时派遣我方舰队包抄其身后,阻断其归路。然而,由于我方两支舰队之间没能很好地配合,使得计划最终失败。

用这种方式寻求决战的例子并不鲜见,安森在七年战争中就用过。七年战争的最初两年,我们所有寻歼敌方舰队的尝试,除了让自己疲惫不堪外没有任何收获。直到皮特开始袭击法国海岸,原本对这次行动不抱太大希望的安森从中发现了海军的机会。1758年,安森被任命为海峡舰队司令,负责为袭击圣马洛(St. Malo)的远征军护航,他就开始对布雷斯特进行封锁,并占据了巴茨岛附近的一个位置,位于敌方主力舰队和己方运兵线路之间。然而,布雷斯特的舰队并没有出动,安森又一次无功而返。直到1805年,这种方法才在实战中见效,不过是偶然取胜。这是一次英俄在地中海的联合远征,拿破仑命令维尔纳夫不顾一切地从加的斯出海迎战。这就解决了寻找敌方舰队的问题,纳尔逊此前根本没有想到。利萨海战也是一个类似的例子。但这次战斗中意大利人以占领土地为主要目的,而不是把它当作一个战略手段,所以当奥地利舰队出现时,他们没有做好任何准备,所以遭到了失败。

这个例子告诉我们一个重要的事实,虽然我们的军事远征行动很少能吸引敌方海军出来迎战,但当别的国家采取类似行动时,我们却能常常找到机会。敌人对英国本土实施登陆作战的尝试是我们海军取得大胜的绝好机会。敌人想要入侵英国本土或侵占海外领地,对我们而言是个好消息。历史已经证明,敌人的这种企图是我们获得决战机会的最佳时机。我们依然记得拉乌格、基伯龙以及尼罗河的那几次战役,让我们确信敌人迟早要进行海上决战。对我们来说,除此以外别无他求。

以上例子充分说明"出海寻歼敌方舰队"原则本身并不足以成为做出最终决策的依据。这个信条的真正意义在于告诉我们,只要包括政治和军事考虑在内的总体战争计划允许,从一开始就应力争在最理想的位置与敌进行一场决战并取得胜利。如果主要的进攻行动在陆上,就像日本和美国的例子,那么一般情况下,确保制海权的行动必须要服从配合陆军的行动,我们应该将实施防御作为优先考虑。如果陆上军事行动有赖于海上安全,比如敌舰队攻击我们陆军运输线,那么我们的首要任务就是寻求与敌交战。

如果逆向推理,我们很快就会发现问题。假设这个信条是正确的,我方舰队的首要职责就是寻歼敌方舰队,不论其在什么位置,而这意味着我们完全受制于敌人的部署和行动,敌人可以随意牵制我们。这也是拿破仑的错误之一。他以为我们坚忍不拔的海军将领们会老老实实地按其所想行动。实际上,没有人比他们更精明了。康沃利斯有过一个指示,可以充分表明他们的真实想法。这是他 1804 年 7 月向他的副司令科顿(Cotton)将军移交位于阿申特岛的西部分舰队指挥权时下达的,他说:"如果你听说法国人出航了,而不是你手下任何一艘舰船亲眼所见，就不要轻易追击，除非你非常确定他们到底驶向何方。如果在英吉利海峡入口没有任何保护的情况下你就离开，敌人就可能趁机从中渔利，入侵我方领土，而保护这些领土才是你的首要目标。”

的确，人们普遍认为纳尔逊从来只追求一个目标，就是追击敌方舰队，而且他忽略了康沃利斯给科顿的警示，掉入了一个简单的陷阱。但是应该看到，纳尔逊从来不会因为追击敌人而离开负责守备的区域，除非能确保这一区域安全。纳尔逊著名的西印度群岛追击战是引起误解最多的一次行动，因为人们没有充分考虑当时的环境，纳尔逊并不是单纯为了追击维尔纳夫——这甚至不是他的主要目标。纳尔逊的主要目标是解救被占领的牙买加，如果他只是想与敌交战，肯定会在圣文森特附近或在阿申特岛附近的战略中心点等着维尔纳夫归来。而且，必须看到，纳尔逊的追击行动并没有使他负责守备的区域暴露。地中海的形势在他决定出击之前被认为是十分安全的。最后，我们不能忽略的一个重要事实是，虽然纳尔逊的这种坚持和速度是非常宝贵的，但作为一次战略行动，很难说清它到底对战役过程产生了什么样的影响。纳尔逊在西印度群岛的出现，可能无形中为我们挽回了一两个小岛，保护了当地很多的商业活动，也可能使得维尔纳夫的返航提前了几天。当然，这并不是我们希望看到的。如果维尔纳夫哪怕推迟一个星期再返航，我们也就没有必要封锁罗什福尔了。那样，巴勒姆就会调集足够的舰船加强封锁，他当时已经准备这么做了，直到得到“打探者”号①

① “打探者”(Curieux)号，是一艘双桅横帆加单桅纵帆船，排水量315吨，装备有10门18磅短炮和6门6磅火炮，1804年在马提尼克从法国海军手中俘获，1805年6月12日被纳尔逊从西印度群岛派回，向海军部传达维尔纳夫舰队返航以及自己进行追击的讯息。

带来的维尔纳夫提前回来的消息后，他不得不仓促加快封锁进程。

如果我们想从前辈们在“出海寻歼敌舰”的实践中找出一个典型范例的话，那么这个例子不是纳尔逊漂亮的追击战，而是巴勒姆给康沃利斯和考尔德下达的谨防冒进的命令。康沃利斯和考尔德被要求在某个很可能取得决战机会的特定时间和特定距离，沿着维尔纳夫可能途经的两条路线寻找，就算错过了敌人，也不会失去对关键防御位置的保护。巴勒姆太聪明了，他绝对不会被拿破仑牵着鼻子走，丧失对敌人觊觎的关键区域的控制而盲目追击。如果我们的理性判断不幸被所谓的箴言蒙蔽，那么最后往往会犯下巴勒姆已经避免了的错误。

## 二、封锁

封锁这个词涵盖的意义十分广泛，包括不同种类的战术行动和战略意图。首先，海上封锁分为军事封锁和商业封锁。军事封锁的目的要么是限制敌人的武装力量驶离港口，要么是敌舰船驶离港口准备执行任务时，确保能够先对其进行打击。敌人在港口的武装力量可能全部是海军舰船，也可能全部或部分是远征军。如果全是海军舰船，那么我们的封锁行动就是夺取制海权的一种手段；如果全是远征军，那么封锁就是行使制海权，在我们考虑如何抵御入侵时，这种行动肯定会包括在内。但是，由于远征军往往会有海军兵力的护卫，阻止敌出海的行动就不单纯是行使制海权了。因此，军事封锁的现实目的决定了它是夺取制海权的一种手段，也是战斗舰船编队的一项基本任务。另一方面，商业封锁则是行使制海权的手段，主要由巡洋舰来完成，其直接目的是阻断海上贸易，不论是敌国还是中立国家的。

因此，从这个角度看，海上封锁可以分为泾渭分明的两类——军事封锁和商业封锁。但是，我们的分类应该更加细化，因为军事封锁本身也包括不同目的。严格来说,这个词包含了对封锁港口实行封闭,并阻止敌人出海的意思。但封锁的真正目的并不总是如此。比如,我们经常希望敌人能出港行动,以便有机会发现它。这样,我们就必须在离港口不远的地方部署一支舰队,监视其行动,在敌人完成预定计划前与之接战,而这类行动并没有特别的名称。尽管其目的与传统的封锁有很大区别,但依然被称为封锁。纳尔逊有一段关于这种区别造成的思维混乱的著名论述:"封闭性监视土伦并不是我的目的,我的战术体系与封锁是截然相反的。我们没有阻止敌人任何出海行动的机会。"①于是,我们得到了区分这两类封锁的词汇。"封闭式"和"开放式"描述了纳尔逊所说的两类不同的封锁,也很好地描述了各自的特点。如前所述,封闭式封锁事实上已经不再实用,但是在战略构思上必须保留这两个对立的概念。不论将来这两种封锁发展成什么形式,它们仍然是海军封锁战略中最重要的一对概念。

再来看商业封锁,这个概念应该与夺取制海权的方法区分开来。它属于行使制海权,涉及的是海上贸易的攻防。然而,有两个原因使制定商业封锁策略时必须与军事封锁综合起来考虑。第一,军事封锁必然附带商业封锁;第二,虽然商业封锁的直接目标是行使制海权,但其不可避免地隐藏着夺取制海权的目的。这就是说,直接目标是封闭敌方商港,同时也存在迫使敌方舰队来犯的潜在目的。

由此可见,商业封锁与军事封锁的开放形式存在着内在联系。我们希望敌方舰队不要窝在港里,就会采取开放式封锁,而商业封锁通常是迫使敌方舰队出海的最好方法。封锁敌方商港

① 摘自纳尔逊 1804 年 8 月 1 日写给伦敦市长的信。

是我方利用制海权打击敌人的最高形式。这与派出军队占领敌人沿岸领土阻绝其海上活动的效果是一样的。敌人要么为了避免溃败而乖乖接受这种封锁，要么为了寻求出路而冒险一战。这种情况下，敌人很自然地会选择两条路中的一条，如果单纯使用军事手段，就很难达成我们乐见的结果。

从长远看，严密而持续的封锁会在耗尽我方力量之前先把敌人拖垮，但这会非常费时费力。因此，在我方拥有绝对优势的区域，敌人一般都会选择接受商业封锁，期望等到战争爆发或者有新力量介入，形势对己方更为有利之时再突破封锁。我方则希望敌人能主动出击，从而在战斗中解决问题。因此，显而易见，对敌人进行严密的军事封锁很难取得我们想要的结果，而采取先瘫痪敌人海上贸易的战略则可能有所收获。这样，除非与总体军事战略相矛盾，或者即将发动入侵和远征，将敌人引向更为激进的选择往往更符合我方利益。

方法就是给敌人以获胜的期望，造成它一种假象，即参与封锁的我方兵力实际上并没有那么强大，或者将封锁兵力后撤一定距离，让敌人觉得可以将其避开，两者也可以兼而用之。这种开放式封锁的典型例子，就是纳尔逊 1805 年在加的斯附近海域部署舰队试图引诱维尔纳夫出击的行动。然而，仅仅开放港口并不是开放式封锁的全部。这个例子中，除了诱敌之外，纳尔逊还对周边港口进行了商业封锁，给维尔纳夫施加了强大的压力，迫使其出击。

总的来看，比较军事封锁的封闭形式和开放形式，我们必须认识到，封闭式封锁是一种短时间内夺取局部制海权的方法，其主要目的往往是防止敌方舰队在某一特定区域展开。而开放式封锁的目标是消灭敌方武装力量，是迈向掌握永久制海权的重要一步。

通过以上论述可以看出，是选择封闭式封锁还是开放式封锁是一个极为复杂的问题。事实上，在我们的海军文献中，先辈们在这个问题上的看法也是分为两派，有的倾向于封闭形式，有的则偏爱开放形式。我们甚至会以为，选择什么形式取决于个人的进取精神。如果进取心比较强，就会选择封闭式或者更为激进的形式；如果进取心不强，就会满足于开放式或者不那么激进的形式。的确，我们知道，持后一种观点的人反对封闭式封锁是因为它过度消耗了舰队的力量，但旁人觉得这种解释只不过是对他们错误观点的掩饰。很少有人会把他们的决策与相应的战略意图联系起来考虑。另外，现实情况下到底值得冒多大风险，最终得到的利益能否弥补我们的付出等等这些问题，都是决策时必须考虑而我们却很少想到的。随着对典型战例的进一步深入研究，我们会发现，这些因素与采取哪种封锁类型有着显著且几乎恒定的联系。

对于开放式封锁，有三个前提条件必须牢记。第一，我们的目标是引诱敌人出海，所以我们的部署位置必须允许敌人有机会这样做。第二，我们希望接敌进行决战，所以部署位置不能离敌人太远，至少要在敌人出海实现其目的之前就与之交战。第三，要讲究效率——要在保证战斗力的情况下采用消耗最少的方法。正是最后一点容易产生较大分歧。封闭式封锁总是意味着对舰队力量的巨大消耗。但从另一个角度讲，有人认为持续的封闭式封锁带来的消耗，对于一支出色的舰队而言，可以换来高昂的斗志和精神上的绝对优势，而距离较远的对敌监视则可能会带来懈怠。在分析这些反对意见之前，有一点必须首先引起警觉。有人认为封闭式封锁的另一种替代形式是从我方某个港口监视敌人，其实不然，我们需要的是一个在我方势力范围之内——最好是不为人知的部署地点，还要保证能及时出击接敌。

在现代远距离通信手段的支持下，这类理想的部署位置常常是在海上，而不是在港口内。一个理想的对敌监视位置不需要穿越危险的航线，同时可以对敌保持持续的攻击威胁，而且不会牺牲执行监视任务的舰队的海上训练时间。我们脑中有了以上这几个要点，就可以概括出两种封锁形式各自的优点了。

显而易见，封闭式封锁是最疲弱和我们最不希望采取的战争形式。在这里，“最疲弱的”指的并不是“最无效的”，而是指消耗最大的，它往往要占用一支比被封锁的敌方舰队更强大的兵力。其实，我们的封锁舰队在执行此类任务时往往士气高涨，精诚团结，而且占据着比敌人更好的战术位置。所以，我们需要更多的舰队兵力并不是因为在数量相等时我们无法取胜，而是为了保证封锁的持续有效性——我们必须留出足够的备用兵力进行轮换。对于船只和船员，这种封锁消耗很大，一般认为要有至少五分之一的兵力常年处于休整状态，而且每次都需要两位将军交替指挥。1794 年，一位在海军中享有极高威望的人士指出，要维持对布雷斯特封闭式封锁的持续有效性，起码要有两套完整的指挥班子相互轮换，在港口进行休整的舰船数量常年不少于总兵力的四分之一。

这些封闭式封锁固有的缺陷势必影响对其价值的评判。随着航海技术、装备性能、组织指挥水平的不断提高，这种封锁形式的实用性随之提高，但缺陷依然存在。而且，这种缺陷在一部分人看来十分致命。但是，只要我们尝试追溯这一战术思想形成发展的轨迹，就会发现对其一味否定还为时尚早。

在安森执政时期的七年战争中，持续的封闭式封锁刚刚开始实施，但其真正的创始人是霍克。在最早的三次海战中，由停泊在英国西部港口的舰队对布雷斯特进行监视的传统战法十分流行，然而我们却两次没能阻止法国在关键的加拿大战场进行的兵力集结。1759年春天，霍克指挥着海峡舰队像往常一样执行监视任务时，接到命令要抵近布雷斯特侦察港内情况。他对上级表示，除非接到相反的命令，否则他将一直停留在港外，而不是返回托贝(Torbay)。他的理由是发现港内有一支法国舰队好像正要前往西印度群岛。霍克认为防患于未然比等其出海再进行追击更好。换句话说，他实际上指出了英国西部那些常常用来部署监视兵力的港口，没有一个处于法国人从布雷斯特到西印度群岛的惯用航线附近。

法国即将发动入侵的传闻甚嚣尘上，因此对法国本土水域采取封闭式封锁肯定更为合理，这样可以避免我方舰队兵力分散。尽管天气恶劣，霍克还是被允许按照其计划执行。从此，在他与博斯科恩(Boscawen)轮流指挥下，这种新的封锁模式开始运转起来，并取得了巨大成功。但必须看到，其之所以成功很大部分原因在于法国并没有尝试进一步穿越大西洋，而封锁本身也不严密。在某些天气条件下，我们被迫撤回封锁兵力，驶入托贝或普利茅斯。这种向开放式封锁的临时转换给了法国舰队两到三天时间可以向南行驶。而法国人要想往东或者往北出击来干扰我们对英吉利海峡的控制，这种封锁体系是足以应付的，临时转换为开放式封锁并不会有影响。

也许是基于这些考虑，在美国独立战争中，豪才强烈要求重新采用旧的封锁体制。争夺的焦点再次出现在大西洋对岸，而敌人并没有对发动入侵进行严密准备。在将豪与霍克作比较时，应该看到七年战争中舰船数量上的优势允许我们对封锁部队进行轮换，但在美国独立战争中，我们的舰船数量少于对手，如果敌人下决心要穿越大西洋前往西印度群岛和北美，我们也束手无策。于是我们的策略就变成了派遣舰船数量相等的舰队尾随敌人，把本土防御兵力降到保证基本安全的最低限度。本土防御兵力在数量上可以少于敌人，因为敌人能够派到英吉利海峡作战的无非是些数量庞杂、组织无序的西班牙和法国的联合舰队。

在豪看来，封闭布雷斯特并不能解决问题，如果把一种在特定条件下形成的方法脱离其原来环境套用到其他情况中，就会对判断产生误导。他并不觉得自己有足够的兵力对布雷斯特进行封闭式封锁。豪坚持认为，敌人会在风暴来临和我方舰队撤退或分散时冲破封锁，那样的话我们将损失惨重，而敌人则士气大振。他说道："敌人并不会因为港口外停泊着一支更强大的舰队而放弃出海。"1805 年的例子似乎反驳了他的说法。一支强大的舰队确实成功阻止了冈托姆①的舰队出海，但当时用于封锁的舰队在数量上占优，而且还有充足的预备兵力可进行轮换。而且，敌人只在很短一段时间内真正进行了突破封锁的尝试。5 月 20 日以后，冈托姆就接到了禁止出海的命令。在这次著名的封锁行动中，如果拿破仑愿意，确实存在几次向南突围的良机。

所以，并不能用这个例子来否定豪的判断。他在这场战争中肩负的使命是以一支仅够用来防守的兵力，阻止敌人夺取我国本土水域的制海权。与一支比自己强大的兵力交战显然不在其职责范围内，他的首要职责是维持现状。正是基于此，他决定采用开放式封锁，将主要兵力部署于斯皮塞德和圣·海伦水道②。在那里，他可以在节约兵力和训练新兵的同时，保护己方

---

① 奥诺雷·约瑟夫·安托南·冈托姆(Ganteaume，1755—1815)，曾是一名商船船长和海军预备役军官，在法国海军中得到快速提升。在"光荣的 6 月 1 日战役"中，他作为舰长表现出色，在尼罗河战役中被提升为布律埃斯将军的参谋长，虽然法国战败，他却幸运逃过一劫。

② 圣·海伦水道位于怀特岛以东海域，斯皮塞德以南，圣海伦沿岸。

海上贸易和交通线的安全，并扰乱敌方的海上贸易。就连以激进著称的肯彭费尔特，也完全赞同起码在冬天的那几个月里执行这一部署，没有人会觉得采取这种部署是缺乏进取精神和贪图安逸的表现。直到夏天来临之前，对于是否应该将舰队部署在海上都很少有不同意见。到了夏天，舰队出海训练取得的效果足以弥补间歇性恶劣天气可能带来的物质损耗，甚至单就冬天这段时间而言，豪和霍克的部署几乎是完全一样的。1759 年末，在关键的 10 月中旬至 11 月中旬这一个月内，霍克的正常封锁几乎连一半时间都维持不了，在与孔夫兰斯[①]交战时，他从托贝[②]而不是阿申特岛出击。还有一点也成疑问，如果不是他从风暴值更那里获得信心，基伯龙海战会不会是这样的结果还很难说。

基于这些经验，肯彭费尔特直接提出冬天应该让舰队停泊在港里。1779 年他在托贝写道："假设敌人在舰队的护航下出海，（事实上就是这样，从布雷斯特出发）——这正是我们所希望的——我们应该明智地留守在港里。让漫漫长夜和猛烈海风去款待他们，效果一定会比我们派舰队去追击更好。"他认为把冬天用来为下一次战役做准备是更好的选择，到时就可以取得"首先进驻战场的优势"。他最后总结说："让我们在西部预先部署一支强大的舰队，时刻准备因敌而动。我并不是想让敌人一直在海上，期待他们在风餐露宿中逐渐丧失战斗力，而是我们要在托贝做好准备，见机行事。"所以，现在就下结论，认为履行舰队职能最有效的方法就是封闭式封锁还为时尚早。豪和肯彭费尔

① 孔夫兰斯伯爵（Conflans，1690—1777），由于在奥地利王位继承战中的出色表现，他被任命为布雷斯特舰队司令，后在基伯龙湾被霍克击溃。

② 德文郡的避风锚地，位于托基、佩恩顿和布里克瑟姆外海域。

特也是出于这样的考虑，才会选择实施开放式封锁。综合考虑环境因素，结合他们二人丰富的作战经验，选择在冬天认真准备，到夏天再改变战术，无疑是充分发挥现有作战力量优势的最佳途径。

另一方面，我们得到这一事实，在美国独立战争中，开放式封锁的确没有取得成功。但是在将失败归咎于这种战法之前，我们应该看到，还存在很多其他因素。首先，直布罗陀时常需要西部舰队的支援，使其无法全力投入到监视行动中。其次，由于决策失误，那个冬天我方舰队并没有进行充分准备和补给，春天到来时我们也就无法首先进入战场部署。最后，我们应该承认，没能阻止法国人穿越大西洋，是战争最后没有取胜的原因之一。但是当法国人到达目的地后，我们与之相遇时，没有采取果断措施将其歼灭才是更大的错误。除非下决心要与敌人来一场你死我活的较量，否则人们总是将焦点放在如何阻止敌人出海上，而忽略了“寻求决战”的原则。正是在这一点上，罗德尼和他的同事们做得不够好。这次开放式封锁体系的失败，在战术设计和运用上都存在问题。

在接下来的另一场战争中，豪的观点依然占据上风，海峡舰队仍归他指挥。他保持着自己的封锁体系——开放布雷斯特，通过袭扰敌人的海上贸易迫使其出海。在6月1日的战争中，他的坚持得到了回报，在接下来的那个冬天里，他也没有采取任何封锁敌港的举措，法国人可以自由出入港口。1795年1月的那次灾难性出航①，完全证实了肯彭费尔特的预言。惨重的损失让法国人从此以后完全放弃了派整支舰队同时出海的做法。

① 舰队遭遇了恶劣天气，既有大风又有大雾，3艘军舰沉没，另有1艘在海岸搁浅。

豪的体系仍继续运行,但是这之后就再没有取得彻底的胜利了。1796年,法国人对爱尔兰发起突袭。豪遭到了严厉的批评,虽然他的战法与四年后的圣文森特相比完全不同——因为每个指挥官所面临的情况不完全相同,但人们总是以为只要某个人封锁布雷斯特能取得成功,其他人也应同样做到。

1796年,我们并不像1800年那样处于守势。法国舰队基本上被摧毁了,我们也不必担心敌人的入侵。为了让敌人放弃敌视政策,我们的策略就是通过对其商贸和领土的袭扰破坏,对其施加强大压力,逼其就范。这一策略可能本身就存在问题,但这不是我们要讨论的。我们关心的是,我方的军事战略是否与这一策略相一致。而且,不要忘了我们当时正在与荷兰交战,与西班牙的战争也一触即发,这样我们必须兼顾对葡萄牙的防御。在这种情况下,仅仅将布雷斯特剩余的舰队封锁在港内远远不是我们所期望的。我们希望通过对法国的海上利益造成损害,迫使其疲于防守。如果我们派舰队封锁布雷斯特,就会牺牲己方的进攻能力,而将主动权让给了敌人。将我方舰队部署在己方港口内,为的是保留随时进攻的能力,同时保证在本土水域的任何一个地方应付敌人的反击,掌握主动权。我方兵力分成了三个舰队,一支在北海,一支在布雷斯特外海,还有一支在西部海域巡航,同时朴茨茅斯还有一支强大的预备队。这支预备队的部署位置是最容易遭到批评的,因为人们的第一反应总认为这仅仅是为替换布雷斯特外海那支舰队而部署的,而事实上这支预备队是为北海方向或者其他任何需要的区域准备的。同时,鉴于西班牙舰队随时可能加入拿破仑的海军,这支训练中的舰队也是加强我方海上力量的一种储备。如果将我方舰队的兵力全都消耗在防御布雷斯特的敌军来袭上,那么特塞尔岛和敦刻尔克的敌军同样会有机会,而这正是敌人希望看到的。事实上，我们的部署是一种兵力集中的范例——将兵力部署在战略中心附近，既保留了进攻的灵活性，又不会牺牲自身防御的稳固性。然而，当时对豪的这种部署批评最多的，恰恰是那些集中兵力和主动进攻的忠实倡导者们。

尽管这一部署最终的确没能阻止一部分敌人在爱尔兰登陆，但却增加了敌人的行动难度，使其行动被迫推迟到隆冬。恶劣的天气扰乱了敌人的远征行动，他们并没能取得什么真正的战果。这其实是肯彭费尔特关于冬季海上天气预言的又一例证。只要海上防御能够随时到位，这样的部署就没有问题。敌人入侵爱尔兰的远征部队在离开布雷斯特时，已经被我们的近岸分舰队发现了。有人报告给科尔佩斯①，他的部队正好在港外，仅仅因为当时的大雾才让敌人逃脱。事实上，这只是一次小股部队的入侵行动，没有哪支海军能够真正杜绝这种袭扰，尤其是在冬天。

1800 年末，霍克的封锁体系重新启用，情况则完全不同了。圣文森特接管舰队时正好是拿破仑完全掌控法国的时期，与法国的大决斗正式开始。他采取的政策让我们清楚地认识到，从前为了争夺海上霸权的生死角力即将重演，英国完全暴露在敌人大举入侵的威胁之下，同时我们在海上的优势依然明显。总之，我们发现七年战争中面临的问题和各种因素再次显现，当时的战法自然再次启用，而且这次问题变得更加尖锐，尤其是在《亚眠和约》②破裂之后，面临敌人入侵的巨大威胁，对其实施的

---

① 约翰·科尔佩斯(John Colpoys，1742—1821)，爵士，1794 年晋升为将军，在豪的海峡舰队中效力，1797 年的兵变中险些丧命，后在海军部长会议中任职。

② 1802 年 3 月 27 日英法之间签署的协议。这次来之不易的休战仅仅持续了一年多，1803 年 5 月 18 日英国再次宣战。

封闭式封锁也变得更加严密。在康沃利斯和加德纳[1]的指挥下，只要我方力量所及之处都层层设防，敌人要想出港必然有炮火相迎。尽管与敌方舰队进行正面交锋也很重要，但是我们依然没有给冈托姆一点机会进行决战。我们的首要任务是夺取局部制海权，敌人入侵的威胁使我们必须将布雷斯特的舰队牵制在港内。每次冈托姆一露头，英国的将军们就会一拥而上把他赶回去。整个封锁期间只有一次略有放松，因为当时有更重要的目标出现——要去迎击从西印度群岛返航的维尔纳夫舰队。即便在这个时候，我们对封锁体系将会出现的松动也作了精心布置，使冈托姆没能从中找到机会。

圣文森特对敌人实施封锁的背景条件与七年战争中的情况十分类似。与此同时我们还注意到，当康沃利斯和加德纳在本土水域竭尽全力对敌实施封闭式封锁时，身在地中海的纳尔逊却没有完全这么做。他的主要任务同样也是防御敌人的入侵。政府与纳尔逊都认为，最关键的是要防止敌人从法国南部突袭奈阿波利坦和黎凡特地区。那么为什么不采取封闭式封锁呢？通常认为，这是由于纳尔逊更希望土伦舰队出港行动。在他的言辞中偶尔也流露出这种想法，但是从其舰队部署中我们可以清楚地看到，他把这种期望非常理性地放在了其所担负的防御职责之后。封闭式封锁是其履行职责的最有效方法，但我们发现，当时成功实施封闭式封锁通常需要具备的一个条件并不存在，他的舰队在舰船数量上并不占绝对优势，无法保证其进行轮换以保持封锁的持续性。在当时那种情况下，他的兵力难以承

---

① 阿兰·加德纳（Alan Gardner，1750—1805），一等男爵。在美国独立战争中担任舰长，1793年晋升为少将，在豪手下任职。此后一直在本土水域指挥作战，直至1807年因病退休。

担封闭式封锁的消耗。

如果这个例子还不足以说明纳尔逊的观点，那么他在1801年亲笔签署的一份文件则可以作为最佳例证。这是一篇措辞强烈的建言，当时他正全权负责抵御对英格兰的入侵，指挥着几支巡洋舰舰队，负责从弗拉辛（Flushing）一直到迪耶普（Dieppe）的数个港口的防御，他自己则在唐斯坐镇指挥。在冬天来临之际，纳尔逊越来越感到继续维持封闭式封锁体系的弊端，于是他在给海军部的信中写道："个人观点，谨呈主上审视，所在意者应为我舰队之紧凑有序……以邓杰内斯角为首要集中部位……待天气适宜时出击显示存在，不可冒险分兵北海，唯有如此我方可时刻保持战力，伺机而动。"①

这个例子并非完全典型，因为它只涉及如何抵御敌人的直接入侵，而没有说明如何夺取制海权。这个例子的价值在于，它显示了纳尔逊在风险取舍上的倾向——宁可冒险放松封闭式封锁和对敌人的监视，也不能牺牲舰队的作战效能。

正因为纳尔逊始终坚持这一观点，所以直到1804年，面对敌人的入侵威胁时，是采取封闭式封锁还是开放式封锁，海军一直没有定论。就在特拉法尔加海战的前一年，康沃利斯向海军部要求加强力量继续维持封锁的有效性。梅尔维尔部长②——当时巴勒姆作为其副手，回复建议"回归从前，降低封锁的严密程度。"他认为，目前状况下已经无法"维持海上封锁的必要强度了，在冬天狂风大作的那几个月里，你的舰船可能会在与恶劣天气的搏斗中毁于一旦。"梅尔维尔十分渴求一场决战来结束这种

① 1801年9月4日，致埃文·内皮恩·尼古拉斯，《纳尔逊文件》。

② 梅尔维尔（Melville，1742—1811），著名政治家，1804—1805年间担任海军部首席大臣。据说他经常会向其亲戚同时也是他的继任者巴勒姆征求专业意见。

难以为继的局面。他还补充说:“我要提醒你,我们能够与敌人交战并获胜的机会往往出现在离封锁位置较远的地方。”最后,我们知道,康沃利斯作出了他的决定,而后人在评价这段历史时所称道的也只有他可嘉的勇气了。这种决策上的矛盾时常会出现。就像伍尔夫说的:“战争就是在各种矛盾之间进行抉择。”随着情况的发展变化,矛盾双方的优势和劣势也在不停地此消彼长,如何取舍也会相应变化。我们绝不能简单下结论说封闭式封锁就优于开放式封锁,反过来也一样,要根据具体情况具体分析判断。

难道就不能从以往的实践中总结出原则性的结论帮助我们判断吗?当然不是,我们起码可以概括出一些粗略的指导原则。首先要解决的问题是,从整个战略环境考虑,把敌人牵制在港内和诱敌出动进行决战哪个对我们更有利。我们似乎总是倾向于尽早与敌决战。但在某些情况下,将敌人一个或几个编队的兵力完全封闭在港内显得更为必要。一般有两种情况:一是在一定时间内,某一区域的局部制海权十分重要,比如某个地区正遭受入侵威胁,或者我们的远征部队计划经过某片海域,或者某时某地的贸易攻防具有特殊意义。二是在我们寻求与敌决战的地方,通过封闭敌方某股兵力,从而将决战地点引向对我们最为有利的地区。也就是说,我们通过封闭敌人一个或几个编队,迫使敌人派出其他编队来打破这一封锁。这样敌人就会暴露自己,被我们一点点蚕食,或者在我们期望的地方集中。

这样看来,不管出于什么原因,似乎实现目标的最好办法就是封闭式封锁,但是我们的推理还没有结束,还要考虑手上的兵力是否足以实现封闭式封锁,封闭式封锁是否就是发挥这些兵力全部潜力的最佳方法。封闭式封锁的消耗更大,对兵力的需求也比较大,如果没有相对优势的兵力,我们就不可能无限制地实施封闭式封锁。如果采用开放式封锁,我们允许敌人出海,只需保证能够与敌接战即可。在这种情况下,即使封锁的兵力稍弱于对手,我们也能够确保敌人无法取得局部制海权,不会对我方运输船队和海上贸易产生实质性影响。

最后,还有风险的问题。以前,由于舰船行动受到风向的限制,无线电通信技术尚未出现,以及运输船队还不具备作战能力,开放式封锁总是存在因不能及时与敌接战而受到干扰的风险。当敌人有兵力位于关键区域或其附近时,这种担忧就更加强烈。所以,当我们遭受入侵威胁时,我们的策略往往是几乎不计一切代价地封闭布雷斯特。敌方兵力避开我方封锁,或者利用大风天气抵近入侵航线的可能性似乎总是存在,这样在我方兵力与之交战之前,敌人就有可能暂时获得关键区域的制海权。但是这种情况在狭窄海域①中还从未发生过。而且,由于舰队机动和远程通信在范围和可靠性上的长足进步,以及运输船队的防御能力大大增强,这种风险较以往小很多了,因此开放式封锁的使用限制也相应减少。

然而,以上这些原则也不是无懈可击。甚至在1803—1805年的大封锁时期,整个主流思想都坚定支持封闭式封锁的时候,某些反对的观点依然有一定道理。如果让冈托姆离开布雷斯特进入开阔海域,也许事态的发展会迅速倒向我们这一边。东乡将军将俄国人封锁在旅顺港里的理由比我们1805年时的更加充分,但最终他还是被迫允许敌人驶出港外。然而,种种事实表明,封闭式封锁作为一种战争形式存在固有缺陷。随着现代科技的发展,开放式封锁的使用范围扩大了,而封闭式封锁的难度和风险并没有随之降低,而且在风帆时代封闭式封锁原本可以

---

① 指英吉利海峡和北海。

弥补其不足的种种优势，现在看来已经不那么明显了。一支被禁锢在港内的风帆舰队不但士气会很快消沉，并且由于不能出海训练，也很难保持良好的战斗力，而封锁舰队在持续的警戒压力之下，士气很容易达到顶点，只要这种压力不超过人的承受能力就是有益的。一直以来，在适度的轮换体制之下，压力从来不会过大，而在持续警戒中消磨掉的意志会在交战时转化为高昂的信心成倍返还。那么，现在我们还能指望取得这样的效果吗？封锁的优势和缺陷还能像以前一样达成平衡吗？面对战场条件的巨大变化和有限的实战经验，我们只能回到总的战争原则中去寻找答案。

那么封闭式封锁的弱点究竟是什么呢？从战略角度看，答案立刻显现，即这是一种“束缚进攻”的行动，在这种形势下，各种问题都会随之而来。虽然封闭式封锁的目标是消极的，就是防止敌人采取任何攻击行动，不论是蓄意发动还是防守反击，但从本质上讲，它还是一种攻击性的行动。所以，总有人会将“寻歼敌方舰队”与“将敌方海岸作为我们的边境”两者相混淆。实际上，这两者在目标上存在很大区别。“出海寻歼”的目标是敌方武装力量，而“将敌方海岸作为我们的边境”则不可避免地隐藏着进行全面海战的意图，因为在这种情况下，敌人所有的海上交通都将被阻绝。我们攻击敌人的海上交通线，建立起封锁，占领主航道，接着就没什么可做的了。我们的进攻被束缚住了，无法再用这些兵力攻击敌人的舰队。我们只能守株待兔，直到敌人选择对我们发起攻击才能打破僵局，而在此期间，我们将出其不意发起进攻的权力——战争中最重要的优势——拱手让给敌人。事实上，我们这是采取守势却没有得到防守应有的任何实质性好处。认为自己占据主动的精神优势还是存在的，但仅此而已。与此同时，被封锁在港内的敌舰队也会因此士气低落，但程度已经不像以前那么严重了。以前航海技术中熟练操帆要占九成，而现在对于蒸汽动力舰队而言，长期封闭在港内对于战斗力和士气的影响已经不会那么大了。对于执行封锁任务的舰队而言，天气这个曾经最主要的消耗因素的影响，也有所降低。但另一方面，以煤炭为舰船动力能源之后，海军官兵体力上的限制和后勤补给的难度也大大增加。风向已经不再是判断敌人行动的依据。相比前人，现在防止敌人出其不意行动的难度更大，警戒要更加严密，持续时间也更长。而且，以前敌人出其不意的行动最多不过是逃脱我们的监视，而现在则可能会用水雷和鱼雷攻击我们。现在可以得出结论了，在现代战争条件下，旧式的封闭式封锁"束缚进攻"的缺陷空前突出，所以在实战中几乎不再使用。

那么我们能做些什么呢？难道在新事物不断涌现的今天，我们仍然满足于用豪的封锁体系应对所有情况吗？古老的封闭式封锁难道就不能有现代化的新形式吗？答案无疑是肯定的。过去，封锁舰队离岸的距离通常刚好在岸防大炮的射程以外，封锁位置通常由近岸舰船守卫。现在，机动防御的出现使得舰队的封锁距离由夜间驱逐舰的活动范围和昼间潜艇的活动范围确定，也就是两者最大行驶距离的一半，在这个距离以外，我们可以建立起免受鱼雷攻击的基地。这种封锁本质上就是以前的封闭式封锁。实践中，比如日本对旅顺港的封锁，也证明两者在本质上没有什么不同。封锁舰队的位置距离敌港更远了，似乎无法保证及时与出港敌军交战——这应是封闭式封锁的本质。但事实上其他一些因素，比如现在通讯更加迅捷准确，舰船可以自由行驶而不再受风向左右，还有通过布设水雷迟滞敌人出港的速度等等，都会抵消距离变远带来的影响。这在旅顺港体现得尤为明显。所以，如果首要目的仍然是将敌人牵制在港内，我们就没有理由不按照封闭式封锁的原则来部署兵力。距离的确会变远,但仅此而已。

另外,我们不要忘记,将一支编队部署在敌方港口外并不是封闭式封锁的唯一方式。运用布雷舰和阻塞船——以前称之为“沉没者”,起码也可以暂时达到目的。虽然这种方式在最近的实战中很少成功,但在日俄战争中,依然可以运用这种战法。所以我们可以得出结论,当战略态势明确要求进行封闭式封锁时,我们就应该调整作战计划,使用一切可以使用的手段,朝那个方向努力。

然而,当我们的目标没那么明确时,比如,尽管我们不希望敌人在海上出现,但为了获得与敌决战的机会,我们还是想冒险一试,情况就不那么确定了。我们会发现,随着战争条件的改变——而且速度一年比一年快——封闭式封锁越来越难以做到密不透风。实践中,其发展趋势越来越类似于开放式封锁。现在问题变成了开放式封锁是否已经突破了兵力对比这个基础性因素的限制,成为所有情况下的必然选择。如果是这样,那就相当于我们以纯粹的防御部署代替之前束缚进攻的态势,从理论上看,这本身就是一个巨大进步。不论存在什么缺陷,它的实际效果还是十分明显的,并不比当年豪和肯彭费尔特看到的少。我们因此避免了机械、燃煤、人力的大量消耗,至少对小型舰队而言,这些消耗比以前要少得多。我们起码可以占据免受敌人偷袭的安全位置,并始终使舰队保持最佳的战斗状态。最后,假设地理条件有利,让我们有最佳的机会与敌接战,那么进行一场迅速的决战就势在必行了——而速战速决对现代战争尤为必要。当然,这样的部署无法确保能够与敌接战。而在封锁行动中,敌人一般认为极力避免与我们交战就总会有逃脱的机会。即使是在最为严密的封闭式封锁下,逃脱的机会也是存在的。

我们甚至可以更进一步说，在理想情况下，开放式封锁更有可能出现与敌交战的机会。因为采用开放式封锁后，理论上，防御的一方可以更好地隐藏自己，进而有机会为敌人设下陷阱，例如，1805 年纳尔逊在里昂湾就曾试图伏击维尔纳夫[①]。

现在看来，对于上述观点的反对意见，主要集中在精神层面。任何主动选择防御的观点都不可避免地遭到类似质疑。一般认为，如果负责监视的舰队一直留守在防御坚固的基地中，战斗意志将会逐渐消退，也并不能保证所在基地的安全。监视地点可能在任何地方，比如东乡将军所占据的等待伏击波罗的海舰队的地点。在那个例子中，并没有出现明显的战斗意志涣散。同时，没有证据表明这种反对意见与当时对豪的反对意见有什么相似之处。当时的反对完全从现实出发。开放式封锁给了敌人太大的空间，以至于可能袭击我们的海上贸易。这种监视体系可能足以让一支不愿作战的舰队留在港里，或者让一支更富有进取心的舰队前来邀战，但是却无法控制那些袭扰商船的小分队行动。这就是巴勒姆提出反对的原因。1794 年他在给皮特的信中写道："如果法国人存在乘着这股东风出海的意图，而豪仍然留守在托贝，那么我们地中海和牙买加的船队就会面临巨大危险。两支舰队现在必须驻守在海峡附近，在这阵东风过去之前不应驶回海峡里。"这种危险始终存在，尤其是在北海这样的狭窄海域。在较开阔的海域，形势还不至于那么严峻，因为商船可以自行或者在引导下从我方监视舰队控制下的水域通过。就像纳尔逊封锁土伦时，他通常所在的撒丁岛沿岸的控制

---

① 1805 年，纳尔逊将舰队部署在巴利阿里群岛南部，维尔纳夫的舰队从土伦出发最有可能经过这里。如果不是维尔纳夫偶然获得了纳尔逊位置的情报，这个埋伏可能就成功了。

海域正好可以覆盖我们前往黎凡特和西西里岛的商用航线，当时并没有受到敌人的袭扰。

在开放式封锁和封闭式封锁之间做出选择困难重重，让我们费尽心思。而事实上，我们所面临的这些难题正是海上战争与陆上战争的本质区别所在。我们不可能仅仅局限于从海军角度来考虑这个问题。在海上战争中，不论我们多么希望把全部精力都放在敌方主力舰队上，其他目标总是会喧宾夺主。首先我们必须尽全力控制海上交通线，但由于这些交通线往往是多国共有，我们很难在占领敌人某处交通线的同时又兼顾和不暴露自己。在布雷斯特，由于途经其控制范围的主要商业航道都是共有的，我们总是会选择封闭式封锁，尤其是在航运旺季。而在土伦海域，除了非洲海岸和意大利南部以外，主航道都是我们独有的，所以纳尔逊的开放式封锁才会得以实施。

总的结论是，尽管从海军层面甚至战略层面上看，采取开放式封锁是确保与敌方舰队进行决战的最佳方式，但是由于我们会不可避免地受到商贸保护或掩护军事远征行动等其他目标的影响，很难完全按照自己的意愿实施开放式封锁。事实上，我们必须时刻准备着，在现代战争条件允许的情况下，采用类似于从前封闭式封锁的封锁战法。

# 第三章　阻止敌人夺取制海权的方法

## 一、守势舰队的作战行动——“存在舰队”

谈及制海权理论，要特别注意一种错误观点——如果无法夺取制海权就意味着完全失去。在战略研究中经常出现的这一观点，实际上否定了海上防御，无视战时制海权总是处于争夺之中这个事实。理论和历史在这一点上是一致的。两者均证实：如果一个国家的实力不足以通过进攻性作战取得制海权，依然可以通过防御性战略使制海权处于被争夺的状态。

当然，这种防御性战略本身并不能带来什么积极战果，但是它却可以长时间地阻止敌人得逞，进而在确保我方本土近岸贸易终点安全的基础上，为我们扭转战局赢得时间。

然而，我们很少甚至一次也没有被迫采取这样的战略，但是敌人却频繁地这样去做，给我们制造麻烦和损失。例如，七年战争期间法国通过采取积极防御战略，避免可能导致决战的进攻性作战，组织了 5 次战役来阻挠我们攻陷加拿大。如果他们在第一次战役中冒险采取大规模行动，结果就会对他们不利，而我们达成目标则可以节省一半时间。当然，他们最终还是没能阻止我们征服加拿大，但是这个对他们不利的结果毕竟被推迟了，他们还是有大量时间在别处开拓疆土，并迫使我们为了和平而放弃征战。

再如，在最后一次大规模海战中，拿破仑通过避免采取全面行动使得制海权始终处于争夺之中，直到他结成联盟，否则他将纠集自认为足够的兵力实施反击。最后，事实证明这些兵力无法胜任。尽管制海权转移至对方之手，但拿破仑仍有时间重整力量，似乎舰队的损失对他并无影响。在接下来的 9 年多时间里，他依然没有停止斗争。

这些例子——还有其他很多类似的例子——足以说明在其他进攻手段的配合下，一个军事强国实施海上防御战略具有多么巨大的威力。它告诉我们，这种情况是多么难以应付，即使是最强大的海军也需要认真应对。

不单是这个原因，最强大的海上力量在面对敌国联盟时，也可能无法始终采取强硬的进攻性行动，在某些时候某个地点也有可能被迫实施防御。最典型的例子就是英国在美国独立战争中面临的情况，这个例子我们还要作进一步分析。正像我们看到的那样，在这个例子中，为了在西印度群岛集中足够的兵力用于进攻，我们不得不将留守本土的兵力减少至仅够维持防御的水平。

那么海上防御究竟意味着什么呢？要想得到正确答案，我们必须首先分清海上防御与陆上防御的区别。两者都是采取一定措施来延迟决战，直到军事或政治的发展重新达到力量平衡，使我们能够转向进攻。陆上防御最常见的方式是坚守某一位置，迫使拥有优势的敌军在进攻当中耗尽力量。因此，军事防御一直被沟壕壁垒的观念所统治。

海战并不是这样。海上防御主要是运用灵活的战略战术避免与敌决战，保存己方舰队，直至形势发展于我有利。在英国海军发展的鼎盛时期，海上防御的基本方式是机动，而不是静止。

这种作战思想包括通过袭扰作战争夺制海权，抓住时机在任何时间或任何地点对海域实施控制。尽管敌方兵力占有优势，但可以通过持续吸引其注意力来阻止其对海域的控制。单纯硬拼的情况很少出现。反击是唯一的作战样式，无论是针对敌武装力量还是敌海上交通线。当然，这类防御措施在陆上也很常见，但大多用于游击战而非正规战。正规军的防御作战中，无论袭扰和反击有多管用，基本要素仍是阵地防御。

与之类似，虽然海上防御的本质是机动和不知疲倦的进攻精神，不是静止和正面对抗，但也不排除阵地防御的存在。只是这种做法往往是不得已的选择。舰队可以暂时退至一片难以接近的海域，敌人进攻这一海域需要冒很大风险，或是进入一个防守严密的基地，敌人无法单凭海上力量进行攻击。海战中用到这些方法的机会比陆上少之又少。事实上，不管这些方法在陆战中的价值有多大，除了满足临时目的之外，几乎无法适用于海战。原因很简单，舰队撤退到这些位置后，将使敌人轻易就实现其潜在目的，即控制海上交通线。而在陆地上，坚守有利防御位置可以在较长时间内保护潜在目标，即占领领土。不仅如此，处于防御位置的陆军经常令对手疲于奔命，并借此扭转不利态势。而舰队的不作为则会造成敌人随意对我海上交通线发动袭击，造成本国资源不断被消耗。

因此，对于一个海上强国来说，海上防御指的就是要保持舰队的积极存在——不仅仅是存在，而是处于积极灵活的状态。如果能被正确理解的话，再没有一个词比“存在舰队”能更好地诠释这一思想的含义了。然而，从这个词出现以来，由于人们对其产生环境的误解，它被局限于特定的防御作战。每当我们谈及此事，似乎都把它当作一种抵御入侵的手段，而忽略其完整的含义。如果把它用于对任何一种海上进攻的防御，无论是入侵还是攻击海上交通线，其真实意义才会完整显现，我们就会真正了解其在英国海军思想中的本义。

“存在舰队”思想的第一次应用就显示出实施海上防御的特殊可能性。那是在1690年，我们与荷兰结盟，同法国作战。尽管总体上占有优势，但在某一个时期内，我们在本土海域处于局部劣势。法国人的动作非常迅速，赶在我们兵力动员集中前完成集结。威廉国王统帅着最精锐的陆军，位于爱尔兰支援詹姆斯[①]抵御法国人的入侵，一支由7艘帆船组成的编队在克劳兹利·肖维尔爵士[②]的率领下被派往爱尔兰海域保卫海上交通线。另外一支由英国和荷兰的16艘军舰组成的编队在基利格鲁上将[③]的指挥下被派往直布罗陀去攻击敌方海上交通线，同时监视位于土伦的由沙托雷诺[④]指挥的实力稍弱的法国舰队，它很可能全力前往布雷斯特，图维尔(Tourville)伯爵统帅的法国主力舰队正在那里进行兵力动员。基利格鲁接到命令——如果沙托雷诺穿越直布罗陀海峡，就要紧紧跟随。然而，当沙托雷诺真的穿越了直布罗陀海峡，基利格鲁却没能与之交战，也没有紧紧跟随，而是前往加的斯，分别为出海和返回的商船护航。根据经验，此时他应该安排巡洋舰去完成护航任务，在没能与沙托

---

① 詹姆斯二世，英格兰和苏格兰国王，当时刚下台。

② 克劳兹利·肖维尔(Cloudesley Shovel，1659—1707)，爵士，曾参加英荷战争和打击北非海盗的战争，并于1689年成为将军，指挥爱尔兰海域的编队。在九年战争后期和西班牙王位继承战中战功卓著。1707年因其率领的舰队在锡利群岛沉没而殉职。

③ 亨利·基利格鲁(Henry Killigrew，卒于1712年)，17世纪80年代和90年代屡立战功，于1689年晋升为海军中将。1693年由于士麦那商船队遭受损失，被调离海军，真实原因可能是因为他同情詹姆斯二世。

④ 弗朗索瓦·路易斯·德鲁斯莱·沙托雷诺(Chateaurenault，1637—1716)，17世纪末法国著名的海军将领。1701年晋升为法国海军中将。1702年在维哥，他负责保护的西班牙宝藏船被英国和荷兰俘虏。

雷诺接战的情况下，应率领自己的战列舰舰队迅速前往战略中心集结。

此时，托林顿[①]指挥的本土舰队仍然没有完成集结。舰队力量分散在 3 个地方，分别是唐斯、朴茨茅斯、普利茅斯，而计划前来的荷兰编队也没有出现。对法国来说，这是控制英吉利海峡并赶在英荷舰队集结之前将其各个击破的绝佳时机。因此，6 月 13 日，当沙托雷诺到达后，图维尔率领了约 70 艘桅帆战列舰出击。而就在此前一天，托林顿刚刚在唐斯升起他的将旗，并在朴茨茅斯完成了本土两部分兵力的集结。当图维尔出现在怀特岛附近时，托林顿才率领着姗姗来迟的荷兰和英国大约 56 艘桅帆战列舰在圣·海伦水道就位。由于不知道土伦编队已经并入了这支法国舰队，托林顿本打算径自出海开战，但当发现法军兵力占有绝对优势后，他决定转入防御，在与基利格鲁、肖维尔和正向西赶来的普利茅斯编队会合之前，尽量避免与敌交战。如果在完成集结之前不得不交战，他就按兵不动，一直等图维尔到冈弗里特沙洲[②]和遍布浅滩的泰晤士河口再开战，因为他觉得在那里才有机会成功实施反击。而且，他在那里不仅可以得到留守查塔姆的舰队支援，还会有从西面赶来的舰队通过浅滩，穿越法国人未知的水道，悄悄沿海岸线加入到他的舰队。如果直接与敌交战，就只会被敌人牵着鼻子走。托林顿在向政府汇报他的计划时说："如果我们被击垮，敌人就将真正成为海上霸主。

①　阿瑟·郝伯特·托林顿伯爵(1647—1716)，在击退荷兰和北非海岛后，托林顿于 1687 年前往荷兰支援威廉二世。在成功指挥威廉的入侵舰队后，他成了海军大臣和威廉的重要海军将领。

②　位于北海南部埃塞克斯郡海岸以外的一片沙洲。托林顿在 6 月 26 日给伦敦的汇报中说明了自己的计划。有关资料收录在科洛姆的《海战》中。

而此时有我们监视着敌人,他们就不敢肆无忌惮,而且我们还随时可能与基利格鲁将军以及西部舰队会合。"

这个例子体现了防御的最佳原则——等待,直到生力军的加入,而后转入反攻。它更吸引人的地方在于,这是一个纯粹的海上防御战例,除了控制本土海域外再无其他目的。英国政府当时一点也不担心敌人穿过英吉利海峡对本土发动入侵,然而对爱尔兰的入侵却正在如火如荼地进行。因此,必须阻止对入侵部队的一切海上支援,同时保持我方海上交通线的畅通。不仅如此,我们对法国人有可能将战线进一步扩大到苏格兰更加焦虑,而此时基利格鲁返回本土的运输船队也即将到达。显而易见,除非获得全面制海权,否则无法有效应对当时的局势。但托林顿判断,只要制海权处于争夺之中就无大碍。因此,他计划先采取守势,阻止敌方取得任何积极战果,直到自己占据有利位置,取得均等的获胜机会。在他看来,暂时采取守势是夺取制海权的唯一途径,而以弱势兵力冒险决战最容易失去制海权。

没有什么比这个判断更接近我们现在所理解的这一绝佳的战略原则了。但这一作战方法在当时而言太过超前,政府没能理解其意图也不奇怪。这个计划遭到了政府的猛烈批评。但实际上他们更可能是误解了托林顿的意图,而非反对。诺丁汉伯爵作为政府首脑在给托林顿的回复中清楚表明,他以为托林顿意在马上向冈弗里特撤退,而我们同样十分清楚冈弗里特是他最后的选择,除非受到敌人胁迫,否则他不会立即后撤。当时诺丁汉伯爵同很多人一样,并没有理解托林顿所说的"存在舰队"的真正含义。他以为托林顿的想法是让舰队安全待在港里,不与敌接触就是"存在",而实际上托林顿的本意并不是这样。诺丁汉认为尽管托林顿这样做可能会保存舰队,但是会使其他一切遭受毁灭性打击。也就是说，诺丁汉已经认识到了海上战争的特点，就算敌人不给你任何机会攻击其武装力量，但你依然可以针对敌控制海洋的潜在目的采取行动。

虽然托林顿并无此意，诺丁汉还是根据自己的误解以女王的名义下达了命令："我们认为你撤到冈弗里特的想法是致命的，我们宁愿你利用风向的优势与敌交战，而不要撤得那么远来寻求别的机会。"托林顿对这个命令的理解是向西完成兵力集结，因为命令中写道："你无论如何不能让法国舰队离开你的视线，不能让他们对我方沿岸发动攻击，或者进入梅德韦河和泰晤士河，也不能让其不战而逃。"

现代评论家很少提及这个命令，尽管其明确表示预防性监视才是正确的，最后那句话甚至包含了纳尔逊名言中的意思，即"在彻底击溃我们之前，敌人今年就不再对我们构成威胁了。"纳尔逊当时依靠的是英国在每一个环节上的优势，但诺丁汉和他在政府中的同僚却因为得到了错误情报而严重低估了图维尔的实力。这可以从诺丁汉下达的命令中得到证明，这个错误太明显了，托林顿完全可以置之不理。但是他知道政府中可能正在酝酿针对他的阴谋，所以他还是决定执行命令，一旦有处于上风的机会，他便坚决行动。

从科学的海军战略观点来看，托林顿的做法也不失为一种合理选择，似乎没有理由不听从政府的命令，这也是解决问题的一种方法，同时可以看出我们的后备力量是多么强大，一次战败并不意味着一场灾难。但是政府的命令终究是源自对托林顿的误解。托林顿的计划不仅更加安全，而且最终很可能会取得更为积极的战果。政府命令的真正谬误在于徒有"大胆进攻"的华丽外表，实际上只会适得其反。这种情况下，与敌人正面交锋最多只能使制海权处于争夺之中，而最坏的结果则是让敌人占据主动,最后只能在正在进行的爱尔兰战役中做出妥协。

托林顿将这些汇报给了政府。政府担心西行的船队和地中海船队的安全,这正是他们禁止托林顿撤退到冈弗里特的原因。而托林顿认为这些船只能够保护好自己,并不会冒太大的风险。他反复重申:“因为我们监视着法国人,所以他们若想对我方舰船和海岸轻举妄动,也需要冒巨大的风险,但如果我们被打败了,那所有一切就将任凭敌人摆布了。”他没有特别理会大臣们对于他之前计划的误解,只是再次表示他的主要意图是监视,而非简单的撤退。

托林顿将这些情况汇报给政府之时,他正被逼退到比奇海岬①,在这里他已经不可能再向西去了。次日,他发现自己占有上风优势,就发动了攻击。但他还是坚持自己的防御思想,并将其贯彻到战术当中,他并不给法国人真正决战的机会,一旦风向转变,他就立即脱离战斗。至此,他觉得自己对这个建立在错误情报基础上的命令执行得还不错。就像在解释这次战斗的战法时所说的,他相信,“如果不是向女王隐瞒了我方的弱点和敌方的实力,那么她不可能被说服并为此签署一项命令。”②

舰队在战斗中遭受重创,托林顿觉得他的计划无法继续实施了。他在日志中写道:“这场倒霉的海战结果可能只有上帝知晓,但是有一点我敢肯定,如果行动自由的话,我将会阻止任何登陆的企图,并确保西行的船只、基利格鲁和商船的安全。”③事

---

① 位于萨塞克斯郡海岸线上,纽黑文和伊斯特本之间的一个海岬。

② 托林顿在议会为自己辩护的讲话,引自科洛姆的著作。这位不幸的将军被送上了军事法庭,但被免罪。正是在这次讲话中,他首次提出了“存在舰队”这个词:“大多数人都认为法国会发动侵略,但我却持另一种观点,就像我常说的,只要我们有一支舰队存在,他们就不敢这么做。”

③ 这并不是托林顿日志中的话,很难说科贝特到底有没有看到过这本日志(现已失传)。

实上这些他都成功做到了。他缓慢向东撤退并将法军吸引到多佛尔(Dover)后,就撤往了诺尔(Nore)①,直到所有船只都安全到达普利茅斯,图维尔也没有返回西行。尽管托林顿在错误的时间和地点被迫参战,但他的目的仍然得以实现。他不仅没有让法国人对战争的进程产生任何实质性影响,而且彻底挫败了图维尔企图对英国舰队各个击破的计划。这些他都做到了,只是最后由守转攻这一步已经超出了他的能力。

图维尔和法国政府对这个战法的效果印象深刻,第二年当他们处于劣势想要避免决战的时候,这一点体现得更加淋漓尽致。整个夏天,图维尔都让舰队一直徘徊于海峡出口处,没有给托林顿任何交战的机会。然而,图维尔的方法又不同于托林顿,他只是消极地让自己始终处于敌人的视线之外。在图维尔看来,如果一直对活跃的敌人进行近距离监视,交战就不可避免。关于这个问题他在备忘录中写道:"如果(指挥官)受命在海上逗留试图迷惑敌人,使其相信一旦突袭,我方舰队随时会做好进攻准备。我想我有责任这样说,这种情况下我们应该知道最终必定会与敌交手。因为如果敌人真有此意,肯定会如愿以偿,一支舰队不可能在附近逗留这么长时间而不交战。"这句话的意思就是暂时性撤退对于"存在舰队"是必要的,这也是托林顿思想的重要内容。

在托林顿和图维尔所处的时代,舰船还不太容易控制,舰队战术的发展还处于初级阶段,一旦碰上坚决寻求交战的敌人,除非有一个可以退避的港口,否则很难避免与敌交战。然而,随着海战艺术的发展,保持"存在舰队"的可能性要比以前大很多,起码英国海军是这样。相隔百年之后,英国再次大范围运用此类

① 位于泰晤士河入海处的梅德韦河河口外的一片沙洲以及锚地。

战法。航速上的优势和战术上的精确成为运用这种战法的重要因素。在美国独立战争战况最不利的时期，肯彭费尔特关于这个问题的一部备忘录不仅为"存在舰队"思想注入了积极进攻的精神，而且诠释了这种思想的价值。它不仅仅是一种防御工具，也是在战局处于劣势的情况下，发起猛烈进攻的手段。他说："当你知道敌人的计划后，就必须在他们实现计划的关键区域建立起局部优势，否则他们将对你形成巨大威胁。如果你的兵力平均部署，就会处处落于下风，敌人在任何地方都有较大把握实现作战意图。如果本土的兵力不足以应付敌人，那还不如让这种劣势进一步扩大，分一部分兵力给其他地方，在那里形成局部优势。"

"当你处于守势，而且只有一支编队监视和尾随敌人行动，这支编队的舰船必须全部是双层甲板帆船（这种船机动性最好），才能确保完成任务。这支编队在机动性上要优于敌人，而且在某些特定条件下被迫应战时还要有一定的抵抗能力，必要时应放弃编队中较笨重的几艘船。在敌方舰队附近部署这么一支快速编队十分必要，这既可以防止敌人派遣小股力量袭扰你的海上贸易，又能防止其散开部署。你可以在敌人遇上大风、浓雾或者其他情况偶尔分散时立刻取得战果，也可以阻截驶向敌舰队的物资补给船和情报船。总之，这样一支编队可有效牵制敌人的行动，使敌人原本可能的行动变为不可能。"

三年前，当肯彭费尔特第一次被任命为海峡舰队指挥官时，他强调的也是这一点。他在 1779 年 7 月写道："尽管我们这支舰队没有敌人强大，但还是要依靠它。这就需要高超的技巧和不懈的努力来阻挠敌人执行其作战计划，监视敌人，针对敌人的薄弱环节寻找行动良机。如果没有这样的机会，也要在敌人附近徘徊，将其牵制在海湾里，让敌人每次有所企图都要冒一定的风险，吸引他们的注意力，迫使他们只想着如何防备我方的攻击。”

我们正是按照这一思路发起了战争。在敌人的主要目标区域西印度群岛，我们发动攻势，在本土水域，我们则采取守势。尽管海峡舰队比这一区域敌方联盟舰队的实力要弱，但在防御作战中并没有让敌人取得任何战果。不仅如此，肯彭费尔特高超的军事才能还向我们展示了“存在舰队”理论积极的一面。他指挥一支快速编队在阿申特岛附近，就在吉尚的眼皮底下，躲过了近两倍于己的护航舰队，成功俘获了一支为西印度群岛法军输送重要武器装备的船队。

在劣势舰队保持积极存在这一点上，纳尔逊与肯彭费尔特观点相同。1796 年，他在地中海写道：“在约翰·杰维斯爵士的指挥下，我们的舰队无所畏惧……我们现在有 22 艘桅帆战列舰。联合舰队不会超过 35 艘……我可以用性命担保约翰·杰维斯爵士将会击败它们。我并不是指通过常规战法，而是需要依靠将军出色的指挥技巧以及官兵们的操控和意志。只有我们最有可能在劣势情况下充分运用这些技巧。因为多变的海风可能在 24 小时里时而给你攻击敌舰队的机会，时而保持平静甚至转向。因此，我希望政府不要太过担心我们的安全。”

可以说，现在这种防御观念已经成为英国海军的主流共识。这也是 1805 年约翰·奥德爵士在得知维尔纳夫已经逃离地中海后决定返回阿申特岛而没有驶入直布罗陀海峡的原因之一。约翰·奥德写道：“我相信，纳尔逊大人麾下的 12 艘桅帆战列舰和众多护卫舰肯定会毫发无损，甚至会紧紧跟在敌舰队后面，不让其对整个战局产生实质性影响，尤其是在陆军受困的情况下。”

在考虑运用“存在舰队”原则的各种可能性时，我们不能忘记，所有行动都指向对海洋的总体控制这一目标——使制海权处于你争我夺的状态，就像托林顿所做的那样。而要想用其来阻止敌人某一次特定行动，比如渡海入侵，还要取决于其他具体条件。如果“存在舰队”远离入侵兵力海上运输线，那么入侵行动就不会遇到什么障碍。1690年，如果法国人只顾忌托林顿的舰队，就有可能趁其在诺尔时，对朴茨茅斯发起突袭。但是托林顿的舰队并不是唯一需要考虑的因素。当他后撤时，图维尔只能紧随其后，无法抽身对肖维尔和基利格鲁的舰队发起攻击。所以，实际上图维尔同时也被托林顿牵制住了，无法真正控制兵力运输线。海军抗登陆作战要比单纯海上防御复杂得多，后面我们还要单独论述。

“存在舰队”原则在托林顿的实践中形成，肯彭费尔特又将其进一步完善，概括起来就是：当敌人为了发起进攻必须控制某一片海域时，我们就要通过舰队的防御性作战行动来阻止其获得这片海域的控制权，而不是通过常规战法，抓住每一次机会进行反击。然而，在图维尔著名的威慑巡航的例子中，法国人的总体目标就是攻击性的，不进攻就无法实现，所以，他们对这一原则的运用另当别论。

很难理解法国人对图维尔的“大战役”所怀的崇敬之情。1691年夏天，他的舰队在英吉利海峡口徘徊了50天，其中有40天我们的海峡舰队都没有真正地去寻找他。他出海的目的是阻截我们海外贸易的支柱——“士麦那船队”。拉塞尔率领着英国主力舰队只是在船队必经的航线预先部署，因为他知道敌人要想得逞必然会主动攻来。等确保船队安全以后，拉塞尔驶向了位于敌方舰队和基地之间的阿申特岛海域。这样，图维尔舰队与其基地之间的海上交通就被切断了，其后撤路线受到威胁，但他还是抓住一个机会避开了拉塞尔，返回了港口。这一次，除了俘虏西印度群岛船队的几艘船之外，他没有任何收获。英国海军在博因河(Boyne)战役中粉碎了法国对爱尔兰的进攻后，恢复了声望。我们在北海的海上贸易的确受到了影响，但这并不是图维尔舰队的巡航迫使我们集中兵力造成的，而应归咎于荷兰没有对敦刻尔克进行有效封锁。

从英国的角度来看，图维尔的命令中隐含的错误是法国海军丧失一切美好愿望的开始。1691年，他的巡航还含有不少攻击的成分，因为当时威廉的王位并不稳固，法国也有机会给英国海上贸易致命一击，同时爱尔兰战争也有望取胜，因此当时这种部署还能起到袭扰作用。但在此之后，这种方法就不再适用了。而法国人似乎因此形成了一种观点，觉得如果某场战争的胜利需要夺取制海权，那么通过海军的防御性作战行动迟早都能实现目的。法国海军有很多次因为这个观点只能无所事事，如果他们在劣势情况下仍然尝试进攻的话，即使不会立即取得战果，起码也会使敌我态势立刻明朗起来。在评价法国海军历史时，我们必须要认真区分政策与战略。很多时候并不是防御性战略有问题，而是政策迫使海军将领们采取消极战法。法国是一个充满领土野心的大陆强国，在其军事策略中根本没有临阵脱逃这个选项。然而，正是由于这个政策，使其不论是强是弱都一样受罪。长期采取守势就会形成一种思维习惯，就算拥有足够强大的实力，也觉得自己好像根本无法打一场硬仗。这也可以解释美国独立战争期间，法兰西这样一个具有坚强意志的民族在有机会向我们复仇时，其行为竟然如此出乎意料。

正是这种精神上的影响才是防御中的真正危险。这种危险在潜移默化中危害极大，以至于我们连防御这个词都避免提起。然而，通过托林顿、肯彭费尔特、纳尔逊等人的论断，我们知道忽略防御这种战略选择是愚蠢的，特别是我们的敌人有可能用这种手段来对付我们。为了破解它，我们必须对其进行研究。如果我们能始终保持肯彭费尔特和纳尔逊所强调的持续、机敏的反击精神，那么这种研究就不会有问题。的确，帆船时代所具有的某些反击的有利条件已经消失；但仍有很多还继续保留着。风向的动静转换已经作用不大了，但海况的剧烈变化仍然需要良好的航海技术、机动能力和协同配合。毋庸置疑，艰苦的操练依旧可以换来官兵高水平的"操控能力和战斗意志"，从而取得纳尔逊满怀信心期待的结果。

## 二、小规模反击

小规模反击对于交战双方中的劣势一方通常更具吸引力。当一个国家的海军力量弱到连争夺制海权的能力都没有时，就只能期望通过歼灭敌方的部分兵力来逐渐扭转劣势，但这种想法很少能够实现。1587 年，德雷克通过对西班牙无敌舰队加的斯分舰队实施的一次小规模反击成功制止了西班牙的入侵，而此时这支分舰队还不具备机动力。1667 年，荷兰人在我方查塔姆分舰队无法机动而又未做防备的情况下，成功实施了一次类似的攻击行动，因此争得了更为有利的和平条款。但是这些例子中，小规模反击并没有对制海权的归属产生实质性影响。整个战争史上，我们也很难找到一个正面的例子。

然而，鱼雷的出现赋予了小规模反击战法不容忽视的、新的重要性，但其重要程度目前还无法估量，至少没有证据表明，在正常条件下它会比一支常规舰队更有效。日本对旅顺港的首次袭击①就是一次比较成功的行动，也是目前唯一的战例。因为

① 此次偷袭是在未经宣战的情况下发动的，发生于 1904 年 2 月 9 日午夜。日本派出了 10 艘驱逐舰，只发射了 3 枚鱼雷，却分别打中了俄国 2 艘最先进的战列舰和 1 艘巡洋舰。不过 3 艘舰都没有沉没，整个攻击行动的战果并没有科贝特和当时很多人估计的那么大。

只有这么一个成功的例子，我们在评估其借鉴意义时要格外谨慎。要想从中提炼出具有普遍性的结论，我们先要仔细分析其发生的条件和结果。

首先，它是一种新型武器的全新尝试，所以我们无法指望它在以后还会不断取得这种出奇制胜的效果。它也不会像纵火船一样，逐渐失去价值。在帆船时代初期的1588年，纵火船成为海上舰队决胜的基础。此后的战争中，这种新式武器在舰队组成中占有重要位置，但现在它已经辉煌不再了。纵火船用于对付靠泊在港内的防御薄弱的舰船偶尔还会奏效，在舰队战术孕育发展的初级阶段，其在心理上和实战中的价值还不时显现。然而，随着海军技战术的发展，这种武器的局限性逐渐暴露，其所取得的战果也越来越少。到18世纪，纵火船几乎被人遗忘。当它连任何心理作用都起不到时，就被完全排除在作战手段的范畴之外了。

现在如果我们认真研究旅顺港的战例，就会发现其某些内在条件与纵火船丧失重要地位的条件类似。尽管鱼雷看起来突袭威力巨大，但是由于这些条件的限制，防守一方显然更有利。首先，鱼雷很难对目标进行准确定位。显而易见，对于这类战法，必须获得最准确的情报，而战时所有情报中最难获得的恰恰是敌方舰队每天的部署情况。日本人掌握了比较准确的情报——大多数旅顺港分舰队的舰船正位于港外锚地，但是一直处于运动之中，并且有报告称，刚刚有3艘战列舰脱离分舰队。报告是错误的，但却导致日本人派出5支驱逐舰分队中的2支前往大连，结果也未发现敌人。这种不确定性总是存在的，而且通常情况下只会比这个例子中的更大。因为日本人是不宣而战，当时常规的情报渠道依然畅通。

尽管几个星期以来日俄关系高度紧张，俄国人也预见到了可能会遭到鱼雷偷袭，但他们并没有采取措施迷惑敌人。这种情况下，显然应该采取措施，防止敌人准确定位，甚至可以更进一步：迷惑敌人只是诱使其得出错误结论的第一步，接下来可以设一个陷阱，这样战争一打响就可以将日本的驱逐舰主力吃掉。这个结果是可怕的，但由于这种战法在此类小规模反击中风险很大，所以很难让处于弱势的敌人暴露自己的舰队。

这一观点从旅顺港战例中另一个特点可以得到印证，而这个特点体现了最弱小的防御者抵御此类进攻的强大力量。换句话说，这种战法取得的战果很难与要冒的巨大风险成正比。当时所有情况都对日本人有利。尽管俄国舰队提前两三天就已接到命令，防备敌人的鱼雷攻击，但由于军纪涣散，他们对命令敷衍了事。火炮不装弹，舰员不驻舰，也没有布设防雷网。唯一的防范措施是派出了两艘驱逐舰进行巡逻警戒，但除非报请将军同意或自身遭受攻击，他们不能直接开火。对突袭的防御可谓脆弱到极致。此时，攻击方又高度紧张，其程度超过一般的想象。仅仅为了躲避俄国两艘驱逐舰的巡逻，日本人在逼近旅顺港时竟然出现了混乱，而且始终没能调整过来，直接影响到最后进攻的威力。再者，在俄国舰队部署如此漏洞百出，操练和纪律如此松弛的情况下，日本的鱼雷还是没能命中目标。由此我们可以想象，要是俄国人的炮弹都上了膛，探照灯正常运转，结果会是怎样。

防御力量的这种发展似乎是在小规模反击战法本身固有条件下自然产生的。正常情况下，我们很难期待这种战法能取得比旅顺港战例中更好的结果。由这个战例推导一般性结论时，必须要清楚这是一个极其特殊的例子。这是一次不宣而战，尽管俄国人意识到双方关系紧张，随时面临威胁，但依然没有进行相应的准备。在这种特殊甚至是难以置信的情况下，小规模反击才有可能成为一种制胜手段。我们还要看到，俄海军舰队的战斗力不强，纪律非常松懈，而这种情况不大可能发生在其他海军强国身上。

最后，我们还要回过头来想一想，当所有条件都异乎寻常地有利于进攻时，日本人到底取得了什么实质性的战果？这场战役对最本质的制海权归属问题产生影响了吗？形势确实倒向日本这一边，他们暂时控制了局部海域，进而有充足的时间输送登陆部队并孤立了旅顺港。但是日本人要想真正夺取制海权，还要取决于他们能否在海上持续包围并最终以军事手段夺取旅顺港。尽管各种条件都有利，但这次攻击的实际作用很小，即便没有足够的修船设施，俄国舰艇还是在日本的围攻形成之前就恢复了战力。除了第一次，之后的小规模进攻全部以失败告终，无论是对俄国靠港的还是海上的舰船，袭击都没有取得任何实质性战果。

同时，还要看到自从那场战争之后，鱼雷战得到了飞速发展。鱼雷射程和攻击力的增长要比反制手段的发展快得多。尽管如此，舰船编队停泊在港内或防守严密的锚地时，也未必比以前更容易遭受攻击。位于海上的舰船编队只要不断变换位置，还是很难对其进行精确定位并成功实施小规模攻击。

潜艇的价值尚未得到证明，这使得今后的海战笼罩在更加浓重的迷雾中。从战略角度讲，我们只能说又出现了一种新的因素，给小规模攻击增加了一种新的可能性。但从整体上，这可能对防御一方更有利，只要与防御战法巧妙结合，这张新牌将为"存在舰队"增添新的筹码。我们甚至可以进一步设想，不论将来小规模行动对于夺取制海权能有多大影响，其心理作用将十分显著，至少在未来战争的初期，会影响和妨碍大规模作战，使战争走向变得不再清晰。

由于没有更多的战例，再做进一步的探讨就不严谨了，尤其是鱼雷攻击，如同纵火船攻击一样，获胜更有赖于官兵的士气和技能。而将鱼雷作为海岸机动防御的主要武器时就另当别论了。到目前为止，我们讨论的只是小规模反击在夺取制海权行动中的应用，还没有涉及行使制海权或干扰敌人行使制海权的行动。这是一个关于如何应对敌人入侵的问题，我们接下来即将讨论。

# 第四章　行使制海权的方法

## 一、抵御入侵

行使制海权的方法，包括所有除了与夺取制海权以及阻止敌方取得制海权相关行动以外的所有作战样式。我们实施的行使制海权的作战行动，不是指直接攻击敌方的战列舰舰队，而是出于控制和利用海上交通线，或是阻止敌方利用海上交通线的需要。尽管从理论上讲，这类作战并不是最重要的，但它在海战中占有很大比例。歼灭敌方战列舰或巡洋舰并不一定标志着海战的开始或结束，而所有这些行动的目的是阻止敌方通过海上输送陆军部队，并保护己方军事远征行动中海上航线的安全。这也就是对敌方海上交通线的破坏，对己方海上交通线的保护。在这类作战行动中，我们最关心的是如何行使制海权：我们要利用海洋并阻止敌方利用海洋；但我们不需要竭尽全力去夺取制海权或阻止敌方取得制海权。这两种作战行动在概念和目的上大相径庭，从战略上讲，它们处于完全不同的层次。

当然，从逻辑上讲，行使制海权的作战行动应在取得制海权之后。这也就是说，夺取制海权是海战的一个特殊目标，而这一目标只能通过歼灭敌方的海上武装力量才能永久实现。因此，严格意义上讲，只有通过歼灭敌方舰队来取得制海权，而不能有其他目的干扰我们为达成这一最终目标而进行的努力。但是，我们不能依靠逻辑进行战争，逻辑上的行动顺序并不总是与实际相符。由于海战的特殊情况，我们发现，要求行使制海权的作战行动必须伴随或在夺取制海权的作战行动之后进行根本没有必要。战争包含了军事、政治、财政以及道德等方面各种复杂因素，这使海军参谋部意识到不能通过巧妙的演绎推理来解决战略问题。我们需要强调海军因素，同时也不能忽略其他问题。战争开始时，其中的某个或多个因素经常会导致一些行使制海权的行动发生，但这些行动并不会按照理论上的逻辑顺序进行。一般情况下，上述两类作战行动从一开始就或多或少一直在进行。

因此，清楚了解上述两类海军作战行动的区别具有重要意义。尽管在紧张匆忙的战争中很容易混淆两类作战行动，但通过对两者区别的准确把握，我们至少可以明白自己在做什么。我们可以判断一项作战行动需要冒怎样的风险，评估其风险水平，并确定在什么情况下结束这项行动用以支持其他作战行动。将这些区别作为一种检验标准可以避免很多错误，这样做或许要冒很大风险，但是我们可以准确地将风险与行动结果进行权衡，关注战局发展并制定正确的作战方案。总之，这将使参谋部能够为舰队指挥官明确其首要作战目标以及作战行动目的。区别两类作战行动的主要价值就在于上述这一点，特别是作战目标的确定。

在我们针对入侵开始实施防御时，作战目标的确定将变得一目了然。在行使制海权的作战行动中，防御自然是居于首位的。为了做出准确的战略判断，我们会对战争进程做出各种假设，这是由于通常要根据敌方舰队的情况来确定舰队作战目标，对于战列舰舰队及其附属兵力来说更是如此。只要敌人至少有一支舰队存在，这个规律就符合所有夺取制海权的行动，但它不适用于行使制海权的行动。例如，我们现在已经确定——防御入侵——这种作战行动的目标就是敌方的陆军登陆部队。从无敌舰队时代到1805年，我们总是依据这一基本原理来制定防御计划。

在海军传统中，这一点毋庸置疑。海军将领们的作战计划常常坚持将海上交通线作为"主要目标"。1759年在霍克实施封锁期间，整个舰队的部署就是基于牢牢控制莫尔比昂(Morbihan)①的海上交通线。当舰队试图寻歼罗什福尔舰队的一个分舰队时，我们的舰队指挥官突然想起了安森的忠告，"这次应关注的主要目标"首先是"截击从莫尔比昂登船的敌人"，其次是"阻止船只在战争期间离开布雷斯特港"。与之类似的情况还有1796年沃伦(Warren)上校将巡航舰置于布雷斯特港外警戒时，命令他手下的舰长一旦遇到有敌舰护航的敌方船队，"就要以最快的速度消灭它们，除非接到直接命令，否则对敌方登陆兵力运输船队的攻击要绝对优先于他们的战列舰。"基思(Keith)勋爵在发现了拿破仑的舰队后也下达了同样的命令，"将你们的主要精力集中于消灭敌方舰船或载满人员、马匹、大炮的船只(优先于为其护航的军舰)，要严格执行这项任务，完全不需要顾及因为可能被敌方主力舰队甩掉而受到责难，因为阻止敌人登陆是最重要的作战目的，必须摒弃其他顾虑。"

战术上如此，战略上亦然。敌方陆军兵力是所有部署中的主要目标。至少法军高层指挥官很清楚英军实力和作战行动的成熟稳健。1805年，拿破仑问询冈托姆，是否存在让法军运输船队偷越英军防线的可能性，冈托姆告诉拿破仑那是不可能的。

---

① 位于基伯龙湾，布列塔尼南部的河口。

在任何天气状况下，英军舰队都不会放松警惕。他还说“从以往的战争看，英军的警惕性之高是不可思议的。”

即使在很难确定究竟是把敌方舰队还是陆军兵力作为主要目标的情况下，也必须坚持这一原则。这种情况可能在两种情形下发生：第一，入侵的登陆兵力与战列舰舰队伴随航行，比如拿破仑入侵埃及时。第二，登陆兵力与战列舰舰队各自为战。但即使是后者，我们的防御体系也迫使敌舰队必须为登陆兵力护航，就像无敌舰队和1744年法军舰队那样。

1744年法国入侵英国时，我们并不掌握从敦刻尔克出发的登陆部队的行踪，而法国舰队正向英吉利海峡行进打算为其护航。负责指挥本土舰队的约翰·诺里斯(John Norris)爵士位于唐斯。尽管他的名字现在几乎无人记起，但他却是英国海军传统的伟大奠基人之一，是一位卓越的战略家。他在向政府汇报作战计划时说道，他打算率领整个舰队前往敦刻尔克去阻击法军船队。“但是，如果不幸让敌人逃脱，并在夜间穿越我们的防线北上，我将派遣一支兵力去追击并消灭他们。同时，舰队的其他兵力可以前去迎战位于英吉利海峡的法国舰队；在条件允许的情况下，也可以监视敌方舰队动向并掩护我方行动，或者让我集中所有兵力去追击敌人的登陆编队。”像这种情况，我们没有时间按照一般的方式专门组织一支舰队去阻断敌方海上交通线，战列舰舰队就不得不担负起此类任务。同样，诺里斯不会因为敌方战列舰舰队的存在，而将注意力从敌登陆兵力上转移。他会首先攻击敌方海上运输编队，而对于敌方战列舰舰队，他只会进行防御性的监视。

在埃及的例子中，两类作战行动目标就完全没有区别。拿破仑远征采取的是大编队集中航行的方式。为了应对拿破仑的这种战法，纳尔逊抓住了抵御入侵作战原则的本质。他将己方舰队分为 3 个“分舰队(sub-Sguadrons)”,其中一支由 6 艘舰船组成,另外两支舰队各有 4 艘舰船。纳尔逊的旗舰舰长贝里说:“3 个分舰队中的 2 个用于攻击敌方战舰,第 3 个分舰队用于追击敌方运输船,要尽可能多地击沉它们。”贝里的思路是,为了更好地消灭拿破仑的登陆部队,要用不多于 10 艘战舰的兵力,最好可以用 8 艘战舰,去进攻敌人的 11 艘战舰。

坚持将入侵的敌方登陆兵力而非战列舰舰队作为主要攻击目标的战例,在英国还有很多。在英国海军传统中,这条原则是不可动摇的。当敌方登陆兵力和战列舰舰队各自为战时,这一作战思想就更加凸显其价值。此时,敌方登陆兵力一般位于进攻位置,战列舰舰队位于掩护和阻击位置,我方舰队更不会混淆这两个目标。这样在正常情况下,确定作战目标的理由也很简单,它也是我们建立传统防御体系建立的基本原则。

对英国的入侵行动总是发生在未被双方有效控制的海域。这一海域可能被我方舰队控制,也可能不是,但这种控制权必须处于争夺之中。如果我们完全控制了这一海域,就不可能发生入侵,敌方也不会尝试入侵。如果我们完全丧失了对该海域的控制,入侵也就没有必要了。为了消除入侵威胁,我们会按照对己方最有利的条件进行谈判。现在,如果海域未被有效控制,敌方实施入侵主要采取两种方式。第一,敌人可能组织登陆兵力和战列舰舰队一起强行通过我方海上防线,这是西班牙菲利普二世入侵时的最初计划,是由著名海军将领圣克鲁斯(Sauta Cruz)设计的战争方案。然而,日渐成熟的军事理论令他发现了这种方式的弱点。大量的运输船只和军舰一起航行最为笨拙而且容易受到对方的攻击。一般来说,受到入侵威胁的国家海上防御能力越弱,就越容易导致入侵国家采取这种方式。与敌方舰队遭遇的地点往往是一定的,尤其是在狭窄海区。在这种情况下,这种入侵方式将给防御一方以可乘之机，入侵者要想取胜是很困难的。但前提是我们将航渡过程中的敌方登陆兵力作为主要攻击目标，而不是以主要兵力攻击敌战列舰舰队。

然而，当遭遇敌军的地点不确定时，入侵方一旦躲避开防御方部署的舰队，在没有被有效控制的海域实施入侵就会成功，就像拿破仑入侵埃及那样。但是那个战例与我们现在讨论的作战形式完全不同。英国传统防御体系中没有任何要素符合那种情况。拿破仑的入侵行动是穿越大洋，去进攻一个遥远且没有防御能力的海上目标；但对我们而言，防御入侵的决定性因素就是保持海上防御能力，而具体需要防御的目标也几乎可以确定。此外，入侵兵力在我们狭窄的海峡避开防御舰队是不可能的。拿破仑的成功只能算是避开了对方的海上封锁，而他的对手根本没有有效的海上防御能力。通过对每一次入侵英国行动特点的分析，我们发现这些因素至关重要。在这些入侵行动中，我们可以排除针对爱尔兰的作战行动，因为它可以归入另一种类型，后面我们还要进行论述。

仅依靠一艘战列舰护航实施的入侵是无法奏效的，因此这种入侵方式基本都被放弃了。入侵者别无选择，必须为其登陆兵力选择一条单独的行进路线，同时指挥战列舰舰队阻止敌方控制其登陆兵力的行进路线。总之，这是一个在未被控制海域入侵的问题。尽管伴随海军的损失并且没有任何效果，但无论是帕尔玛(Parma)还是拿破仑，这些大陆战略家依然认为在缺少一支完整的舰队的情况下，仍可以实施入侵。他们想方设法地尝试了各种手段，包括偷袭和牵制，分散我方海上防御力量，通过精心设计的海上奇袭取得局部成功，进而寻求对局部海域的控制，或是试图引诱我军舰队驶离本土海域，从而获得暂时的局部优势。然而，这些做法的结果都是一样的。不论他们怎样绞尽脑汁,最终无非面临两个选择——他们要么必须击败我方战列舰舰队,要么将兵力集中于我方海上运输线附近,但后者并非他们希望看到的。

事实上,在不掌握制海权的情况下,所有入侵英国的企图都陷入了一个恶性循环,没有任何例外。无论敌人的计划多么新颖和富有创造性,只要我们坚持将入侵的登陆兵力作为主要攻击目标,总可以扰乱敌军思路,占据优势,进而使其入侵计划破产。这种情况总是发生,我们可以这样解释:

入侵一方的登陆兵力总是想尽可能地集中于将要入侵的海岸附近,这就决定了入侵行动的两条作战路线。我们知道,运输陆军的船只所经过的狭窄海域,是最容易在短时间内暴露并遭到袭击的地区。我们的舰队在条件允许的情况下会尽可能远离这一海域,从而诱使敌军舰队也远离登陆兵力的这条运输航线。我们可以通过轻型舰船分队封锁敌军登陆兵力出发的港口,或者在受威胁的海岸建立机动防御体系防止敌军登陆,当然也可以双管齐下,同时采取上述两种行动。入侵方案的第一个错误观点——海域越狭窄,就越容易观察——现在已经非常明显了。单纯逃避也是不可能的,所以入侵方有必要给运输部队提供足够的护航兵力,想办法防止其受到舰队袭击。而我们可以通过增加巡洋舰和中型舰船的数量强化防御部署,这样的话,入侵方则不得不派出战列舰舰队扫清障碍。只要我们继续坚持以往的战略,这样混乱的情况就会打乱入侵方整个作战计划。我们的战列舰舰队也不会去主动迎战敌军的战列舰舰队,而是位于入侵舰队和其基地之间的海域,掩护我们对其港口的封锁和防御兵力。入侵方为打破我们的封锁,并加强对其登陆兵力的掩护,必须夺取制海权,或者能够有效扰乱我们的防御行动,从而使其登陆兵力避开我方的海岸线封锁。但是在事先的作战计划中,入侵者一直试图在没有夺取制海权的情况下实施入侵，这样，他们就会努力使其护航兵力避开我们的防御兵力。但入侵者又会遇到新的困难，他们为避开封锁，必须分散其舰队兵力，而这将影响部队的士气，没有任何入侵者敢冒这个风险。如果入侵者打算这么做，让分散的舰船避开我军封锁，他们还需要运用剩余的兵力吸引我方舰队注意力。因此，除非入侵方的海军处于绝对优势，如果不是这样的话——他们就要冒两部分兵力都遭到彻底打击的风险。英国政府有时也同意这种战法，但遭到海军和陆军保守派将领们的强烈反对，所以对这种方法总是弃而不用。这样，入侵者会发现自己处于恶性循环之中，即无法通过分散战列舰舰队来加强对其登陆兵力的掩护，又不得不运用整支海军兵力来支援登陆部队，或者放弃这种方式的尝试，直到通过作战夺取制海权。

因此，英国传统的防御体系从未被打破，因为它是建立在将入侵的登陆兵力作为主要目标的基础上。我们始终坚持这一原则，首先，利用小型舰队实施海岸封锁，当形势不利时增加继续防御的兵力。其次，派战列舰舰队进行掩护。整个防御体系的建立主要依靠小型舰队。根据受到局部威胁的程度，确定加强防御兵力的数量，同时，我们也根据对这一原则的准确把握，来确定战列舰舰队的位置和行动。

我们可以通过几个典型战例来看看防御体系在各种条件下产生的实际效果。区别于中世纪集中所有兵力的原始入侵方式，西班牙第一次两线作战的尝试是1588年的作战行动。尽管这次行动希望得到反对天主教势力的支持，但仍被认为是一次侵略行为，是为了永久占领侵略地进行的征战。帕尔玛总司令主张西班牙舰队不仅要保护其海上交通线，掩护登陆行动，还要“确保交通线畅通，以保持军需供给品的运输。”

帕尔玛提出两线作战的初衷是想通过偷袭来确保登陆兵力突破防御方的海上防线。然而,像以往一样,试图避开英国海上防御封锁线是不可能的,在其准备发起行动之前,他就已经被英国舰队支援下的一支荷兰小型舰队严密监视了。英国对西班牙的登陆兵力紧盯不放,有时甚至是夸张的跟踪监视。大部分英国舰队在霍华德指挥下监视敌方的海上交通线,而德雷克被单独派往西线。在这位伟大的"水手"的强烈要求下,这种传统的兵力部署方式被进一步改进,除了由小型舰队组成的封锁线外,整个舰队集中于西线的掩护位置。这种防御体系的建立使得敌人的偷袭不再成为可能。帕尔玛无法进行转移,除非他打破英国的封锁,或者通过奇袭方式将英国防御舰队击败。西班牙曾经设想通过威胁进攻英国本土或封锁其西部港口的方式,迫使英国舰队驶离其海上交通线的方案也不再奏效。帕尔玛无计可施,梅迪纳·西多尼亚公爵①受命尽可能不要恋战,前往敦刻尔克,打破英国的海上封锁,确保海上交通线安全。

西班牙国王也曾认为,他们可以不需要进行海战就能达到入侵目的,但是帕尔玛知道只有在完全击溃英国舰队后,运输船队才能出港。这场海战是不可避免的,英国的部署迫使西班牙不得不在诸多不利条件下进行两线作战。英国保持在与其海上交通线上可以稳定进行相互支援的距离上,这样既可以在敌人不熟悉的海域延长战线袭扰敌军,同时又接近己方基地,便于支援和补给。等西班牙舰队全部涌入登陆兵力准备入侵的狭窄海域时,英国再发起总攻,集中各路兵力在此与敌军决战,西班牙舰队在这片未知的海域只会士气低落、慌乱而不知所措。他们

---

① 梅迪纳·西多尼亚公爵(the Duke of Medina Sidonia,1500—1619),西班牙贵族,没有任何海战经历却受命指挥无敌舰队。

完全没有获胜的机会,这是战略战术和地理条件所导致的必然结果。英国的兵力部署充分利用了每一个优势,结果不仅使西班牙登陆兵力无法行进,而且使英国在决战时占据了巨大优势,最终只是由于风向的原因才使西班牙无敌舰队侥幸避免了在荷兰海岸线附近的全军覆没。

在这种情况下,我们有足够的时间进行防御部署。下面,我们分析另外一种情况。当敌人的奇袭就像其作战计划一样,即将达到目的的时候,我们的防御兵力部署必须随着战局发展临时调整。

比如,1744 年法国的入侵。那年,各种形势均对入侵者有利。在英国,英王詹姆斯二世的拥护者到处进行破坏活动,苏格兰也处于混乱状态,海军的士气、组织指挥能力处于历史最低点。政府被臭名昭著的"酗酒官员"控制,我们连续 3 年与西班牙的战争均以失败告终,同时由于支持玛丽亚·特蕾萨(Maria Theresa)在欧洲大陆抗击法国,使我们本土的防御能力严重削弱。尽管英国海军拥有 183 艘舰船——相当于法国和西班牙舰队的总和——但是由于战争中地中海和大西洋海域的需要,我们只有 43 艘舰船包括 18 艘帆船组成的舰队,可用于本国海域的防御。即使算上所有能够做到"召之即来"的巡洋舰,政府手中也仅有四分之一的舰队兵力可用于应对敌人的入侵。陆军的情况也同样糟糕,英国国王率领几乎超过一半的军队前去远征,支持女皇成为汉诺威选帝侯。当时,英法之间并无战争。这年夏天,英国赢得了德廷安(Dettingen)战役并于秋天与玛丽亚·特蕾萨结成了正式联盟。法国随后与西班牙秘密结盟,目的是阻止英国进一步插手欧洲大陆事务,法国联合詹姆斯二世的拥护者对伦敦进行了攻击。在宣战之前和隆冬期间,英国舰队将最好的舰船搁置于港内,这简直让人难以置信。法国作战行动打算从两条路线展开，陆军从敦刻尔克出发，负责掩护的海军舰队从布雷斯特起航。

法国制定了周密的奇袭计划。敦刻尔克港因1713年的《乌得勒支条约》而被破坏，尽管法国花费一段时间对它进行了秘密恢复，但是它仍不适合接纳整支运输船队。尽管海军中将约翰·诺里斯爵士提出了质疑，认为位于敦刻尔克侧翼佛兰德斯的法国陆军要等到冬季才能出发。但没有人怀疑法国登陆兵力的运输是在租船合约的掩护下，分别安排在其他港口秘密进行的，到最后集中于敦刻尔克出发。利用同样的方式，法国海军在布雷斯特的行动企图也被隐藏起来。这些虚假情报被巧妙传送给了我们的间谍人员。同时考虑到法国补给运输的困难，英国政府由此认为法国主力舰队将在地中海与西班牙会合，另一支分舰队将为登陆兵力护航，向西印度群岛发动进攻。

法国的这些行动企图被隐藏得天衣无缝，其兵力部署也可称得上完美无缺，但其本身却存在致命的硬伤。法国陆军计划袭击泰晤士河的蒂尔伯里（Tilbury），而萨克斯（Saxe）元帅指挥的船队没有法国舰队护航，就不可能完成海上运输任务。泰晤士河流域经常有武装商船活动，还有巡洋舰在此执行巡逻任务。前往西印度群岛的那支法国分舰队是从布雷斯特舰队分出来的，进入英吉利海峡后，它将与从敦刻尔克出发的运输船队以及罗克弗伊（Roquefeuil）将军率领的主力舰队会合，迎战部署于朴茨茅斯的英国舰队。

没有比这更简单、更稳妥的战法了，只是英国政府对此没有察觉。法国计划在1月的第一个星期实施奇袭，其实早在11月中旬英国就开始派巡洋舰在布雷斯特巡逻监视。根据巡洋舰的情报，英国计划翌年初派出同等规模的舰队出海迎战。这次，英国政府在诺尔、朴茨茅斯和普利茅斯部署了大约20艘舰船，并进一步加强了这些防御兵力。由于种种原因，法国推迟了进攻行动。直到2月6日，罗克弗伊才率领19艘舰船驶离布雷斯特。伦敦于2月12日得到消息，次日诺里斯下令从斯彼特海德率领舰队迎战。当时，英国政府仍然相信法国全部运输兵力都将从敦刻尔克出发。直到2月20日，一艘从多佛尔归来的民船才带回真实的消息。

一两天后，我们发现法国的运输船队正前往敦刻尔克，却被错误地当成从布雷斯特出发的舰队，诺里斯随后接到命令前去追击。他虽对此提出异议，但英国政府并没有给予关注。诺里斯认为法国舰队会从他的西面来，但在上级指挥官的催促下，他不得不出发。由于英吉利海峡的潮汐和东风的影响，诺里斯于28日到达唐斯，并与那里的诺尔舰队会合。历史经常将这次错误行动说成是挽救国家免遭入侵的幸运。其实事实并非如此，在没有护航的情况下，萨克斯绝对不会单独迎战英国舰队，因为英国有足够的实力消灭他。事实上，英国政府强迫诺里斯的行动扰乱了整个作战计划，错过了歼灭布雷斯特舰队和阻止其入侵的机会。

罗克弗伊从斯达特(Start)①启程前接到了最后的命令，上级指示他采取一切可能的手段引诱英国主力舰队出战，或者至少阻止其进一步集结。同时，他还打算派出4艘舰船组成特遣队在巴亚勒(Barraille)将军的带领下前往敦刻尔克为运输船队护航。事实上，由于我们将其登陆兵力作为主要攻击目标，因此他们对运输船队的护航是必不可少的。就像梅迪纳·西多尼亚公爵那样，这两名军官担心运输船队的安危，于是，他们决定纠集兵力前往怀特岛，在那里等待，直到与萨克斯和多佛尔海峡的

① 位于德文海岸线的岬角和海湾，在达特茅斯和普利茅斯之间。

引水员取得联系。他们被这种兵力集中的作战方式搞得紧张不安。罗克弗伊向法国政府报告说无法判定前往唐斯的是敌军的什么船只,巴亚勒在其离开敦刻尔克时就发现己方兵力处于劣势。于是,他们通过整个舰队集体行动的特殊方式来进行兵力转移。在抵达朴茨茅斯后,他通过一次雾中侦察发现诺里斯的整个舰队仍旧停留在那里,于是他才派出了安全抵达敦刻尔克的巴亚勒特遣队。

由于不知道诺里斯已经到了唐斯,萨克斯立即开始组织登陆兵力登船,但恶劣的天气致使行动延迟了3天,也正是这个原因,挽救了这支登陆兵力。当他的运输队暴露在开阔的航道上时,诺里斯才开始调动纵火船和臼炮舰,使得他们避免了毁灭性的打击。

布雷斯特的舰队同样也侥幸逃脱。萨克斯和他的参谋军官们听信谣言,认为诺里斯在去往唐斯的途中受到大风浪袭击,其陆军饱受晕船的痛苦,同时在没有制海权的海域面临诸多危险。于是,他们根据计划,让罗克弗伊率领整个舰队为载有登陆兵力的运输船护航。因为罗克弗伊根本不知道兵力雄厚的诺里斯现正位于唐斯,他继续率领15艘舰船准备与巴亚勒会合。诺里斯已获知敌人即将到来,他着眼于当时形势做出了最准确的判断和兵力部署,也因此赢得了后人称赞。

诺里斯说:“我认为,为了取得最佳战果,阻止敌军从我国的任何一处地点登陆,我决定在敦刻尔克外海抛锚,这是阻止敌人入侵的最佳方式。”也就是说,他决定盯紧载有敌人登陆兵力的运输船队而不顾及敌方舰队。由于萨克斯的目标不甚清晰,诺里斯决定实施近距离封锁。“但是,如果不幸让敌人逃脱,并在夜间穿越我们的防线北上,我将派遣一支兵力追击并消灭他们。同时,舰队的其他兵力可以前去迎战位于英吉利海峡的法国舰队；在条件允许的情况下，也可以监视敌方舰队动向并掩护我方行动。或者让我集中所有兵力去追击敌方登陆编队。”这意味着他对敌登陆兵力采取攻势行动，而对敌舰队采取守势，他的作战计划全部得到了国王的批准。

至于两个计划中他采用哪一个，则要看敌方的作战实力。根据报告，我们得知罗什福尔的分舰队已经与罗克弗伊会合。疑问很快消失了。次日，诺里斯听说罗克弗伊仅率领 15 艘舰船位于邓杰内斯。于是，他立即抓住了内线位置的有利条件，因为罗克弗伊的舰队必须靠近他的登陆兵力运输船队。这时，诺里斯敏锐地捕捉到了全力进攻敌舰队的时刻，同时还要保持对敌方运输船海上航线的控制。他迅速发起了攻击，而此时抛锚的法国舰队发出了“按计划进攻”的指示，罗克弗伊惊讶地发现其进攻行动由于无风天气而不能进行。接着，平静过后是一阵狂风，法国舰船在诺里斯的进攻下各自逃窜，其运输船队被彻底消灭。通过这场战斗，我们不仅击败了法国的入侵，而且夺取了本土海域的制海权。

正如我们所见，法国的整个奇袭在满足所有条件的情况下，最终仍然失败。纵有精心设计的作战计划和完美伪装，当真正实施之时，其固有的困难仍会像以前一样，战列舰舰队和运输船队仍是笨拙地聚集在一起。我们利用所占据的优势，将主要兵力集中对付敌运输船队，成功阻止了敌人的入侵。

在 1759 年的战例中，入侵方为了克服进攻英国遇到的传统困难，制定了一项全新而巧妙的作战计划。第一个计划是贝莱伊勒（Bellesiele，1684—1761）元帅设想的，就像拿破仑一样，他计划在昂布勒特斯①和布洛涅集中登陆兵力，通过平板船偷渡

① 加莱海峡的一个小港口。

英吉利海峡，而不是利用运输船队集中运载。但是这个计划在进一步细化之前被放弃了。也就是说，在航渡距离较短的地方集结登陆兵力的错误想法被摒弃了。最终，敌登陆兵力打算从3个彼此相距甚远而又面对开阔海域的地点出发——从敦刻尔克出发的部队发起牵制性袭击，其他两支更庞大的登陆兵力分别从布列塔尼南部的哈夫和莫尔比昂一起出发。为了确保制海权，还将从地中海舰队和西印度群岛舰队抽调兵力集中于布雷斯特舰队。

你会发现我方防御部署的一个新特点——位于布雷斯特港外的西部舰队将拥有两支巡洋舰舰队协助，它们分别部署于西部舰队两侧。当形势不利时，可以按以往的方式进行应对。从敦刻尔克和莫尔比昂出发的法国运输船队将遭到我方巡洋舰舰队的封锁，如果他们侥幸逃过我方封锁线并行至公海，巡洋舰也可以进行追击。而从哈夫出发的法国运输船队都是平板船，我们可以用一支小型舰队对其进行封锁。法国登陆兵力的航渡方式是不可行的，如果没有一支战列舰舰队的支援，他们根本无法实施转移，也不会有一支舰队趁着幸运的天气从布雷斯特赶来。我们或许有些轻视了已被封锁的霍克的兵力，他必定会尝试率领舰队突破封锁驶入英吉利海峡。我们一旦轻视霍克，他就可能与一支法国护航舰队会合，并冲破我们的封锁。法国政府也确实命令舰队分出一部分兵力这样行动。然而，由于没有足够的兵力，康弗斯(Conflans)指挥的护航舰队又过于弱小，已经不能再分出任何兵力了。尽管西印度群岛舰队已经与地中海舰队会合，但博斯考恩还是在拉戈斯追上并击败了地中海舰队。这再次证明，像拿破仑那样庞大的兵力集中计划不适合远征部队。在老式防御战法的驱使下，先前的战局再次出现。最后，只有康弗斯率领其整个舰队前去为莫尔比昂的运输船队护航。霍克只能指望他了，结果还是导致在基伯龙的彻底失败。只有从敦刻尔克出发的法国船队没有遭遇袭击，但由于其兵力薄弱，尽管避开了封锁，也无法给我方造成任何威胁。在少量法国兵力登陆爱尔兰后，其护航舰队被全部消灭，法国在未掌握制海权情况下的入侵再一次无果而终，而且还损兵折将。

1779 年的战例更加深刻地印证了这些原则，它表明在我方本土舰队实力远逊于敌人的情况下，这种战法仍然适用。这次入侵者的意图是在瑟堡和哈夫部署两支远征部队，并在处于绝对优势的西班牙和法国组成的联合舰队掩护下，与其在海上会合，然后进攻朴茨茅斯和怀特岛。这年夏初，我们得到了入侵计划的情报，便在唐斯和英吉利海峡迅速部署了两支巡洋舰舰队，监视法国海岸并阻止其运输船队的集结。西班牙当时还没有正式宣战，但我们已经开始怀疑他们了。于是，我方主力舰队在老将查尔斯·哈迪爵士(Charles Hardy，1716—1780，1744 年时曾是诺里斯的副指挥)率领下受命离开布雷斯特，并阻止任何西班牙舰队试图进入港口的行动。法国人比我们行动更快，在哈迪进入指定海域之前，他们就出海控制了部分海域，并与西班牙在芬尼斯特雷①会合。法西联合舰队包括大约 50 艘舰船，几乎是我们的两倍。大约 50 000 人的登陆兵力，由迪穆里耶(Dumouriez，1739—1823)担任司令，这是一只不容小觑的陆上作战力量。所有都朝着成功的方向发展，至少敌方海军中弥漫着一种稳操胜券的气氛，认为这次行动不会失败。

这次组织实施海上防御的是巴勒姆勋爵(后期是查尔斯·米德尔顿爵士)和担任舰队参谋长的肯彭费尔特，我们获得的最有价值的战略思想来自他们之间的交流。法国计划凭借优势兵

① 位于科伦纳和维哥之间的西班牙海岸线西北角。

力进入英吉利海峡，同时消灭或封锁哈迪的兵力，而后派遣一直足够强大的舰队打破我方巡洋舰的封锁，护送登陆兵力渡过海峡。肯彭费尔特自信地认为法国的入侵计划不可能得逞。他判断，尽管在实力上稍逊一筹，但只要他能将敌方舰队控制于海上并迫使其向西行进，由同类舰船组成的机动性很强的己方舰队完全可以对付敌方的混合编队，实力较弱但机动灵活的舰队仍有其自身优势。当得知敌军舰队抵达英吉利海峡入口，战场局势于我方非常不利时，肯彭费尔特在给米德尔顿的另一封信中表示，他唯一不确定的是他的舰队是否有足够的凝聚力和机动性。他说道："看起来我们没有充分认清一个事实——两支舰队实力对比很大程度上要看他们的航行状况。航速较快的舰队具有很大的优势，因为他们可以自由决定是否加入战斗，这样，他们总可以选择最有利的时机发动进攻。因此，我认为 25 艘帆船就能够袭扰这支庞大而笨拙的联合舰队，扰乱其作战行动，我们可以时刻紧盯他们，并随时准备利用夜晚、大风或浓雾等时机分割敌舰队，打击孤立舰船，切断其与补给船只的联系。即使他们试图入侵，或指挥其整个舰队为运输船队护航，也无法保护整支船队免受我方舰队灵活机动的攻击。"

一位战略家告诫我们，解决难题的突破口在于要具备迫使敌方舰队派出大量兵力为其运输船队护航的能力。根据 1744 年的经验，哈迪对此再清楚不过了，他也相应进行了部署。此时，他面对的已经不仅仅是抵御入侵的问题了，这个战例也更值得我们思考。他当时面临的情况十分复杂，根据命令他必须阻止可能对爱尔兰实施的入侵，同时还要掩护海上商贸的往来。8 月 1 日，他向英国政府报告说将率领舰队到达距锡利群岛西南 30～60 英里的位置，"我认为，这里对于保护来自东印度或西印度群岛的海上运输船队安全而言，是最合适的位置。如果敌人试图进入海峡，必将与我遭遇。”他在最后一句话下面画了横线，显然，哈迪认为只要能够确保舰队向西航行并且不被击败，敌人就不敢冒险进攻。他按照这个计划行动，一个月后他的舰队需要进行补给，为了避免遭遇敌人，他没有前往普利茅斯，而是直接驶向圣·海伦。这个行动经常被认为是没有必要的撤退，导致舰队出现不满情绪。但是现在来看，哈迪的行动严格遵循了将敌登陆兵力作为主要攻击目标的原则。如果缺少补给的哈迪舰队不能继续在海上执行任务，那么，进行补给的合适位置就是在敌人的入侵航线上。只要他的舰队位于那里，除非敌人将其击败，否则入侵就不能得逞。尽管敌方盟军可以与法国的运输船队会合，但这并没有让哈迪感到不安，因为这将给他一个出击的机会，就像1588年打败西班牙人那样。他说道，“我将尽最大努力将他们赶出海峡。”这也正是我们传统的作战原则。如果形势越来越糟，只要我们能迫使敌人的掩护舰队集中于运输航线，尤其是狭窄水域，敌军的入侵就将变成一次不具有实际威胁的行动。

事实确实如此。8月14日，敌方联盟总司令多尔维利耶(Count d’Orvilliers)伯爵花费了两周时间想迫使哈迪与其决战。在最终达到目的后，他发现自己既不敢率领舰队进入英吉利海峡，也无法分出一部分兵力突破英国巡洋舰对其入侵兵力基地的封锁。这些没有取得任何战果的行动使他的舰队筋疲力尽，在遥远的芬尼斯特雷集中的兵力已经受到严重削弱，不得不无功而返，回到布雷斯特。这场战役中，即使敌方盟军舰队还有能力，也无法继续掌握制海权了，而哈迪和肯彭费尔特又可以开始玩他们的防御游戏了。随着冬天的临近，彻底击败敌人的机会也越来越多。

虽然迪穆里耶不这么认为，但他们的入侵行动确实没有任何成功的机会。他认为,如果能够分出一支小型舰队进攻爱尔兰,在此掩护下,登陆兵力就可以成功航渡到怀特岛,这样是行得通的。他说道:“6 艘或 8 艘舰船就已经足够了。”但是,像哈迪和肯彭费尔特这样老练的将领是不会轻易上当的,他们不会转移位于敌军运输船队航线上的兵力。根据以往的经验,如果敌方盟军舰队在英吉利海峡入口处分兵,他们的后面必定跟着一支强大的舰队甚至是其整支舰队。

著名的拿破仑战争过程也是如此。在拿破仑的指挥下,敌军将众多入侵方案都尝试了一遍,虚妄的期望仍然不断高涨。起初入侵计划用平板船搭载登陆兵力偷渡海峡,但担心遭遇小型舰队的攻击。接着,敌军又萌发了新的想法,即武装运输船队,加强自身防御能力使其能够自行穿越我们的封锁线。针对于此,我们的措施是继续加强舰队兵力。实践证明,拿破仑的方案并不可行。之后,敌人又打算通过一支快艇分舰队远距离实施突袭来打破封锁。到此为止,拿破仑各种似是而非的入侵方案都遭到了失败。最后,他不得不正视现实,将其大部分兵力用于为登陆部队运输船队护航。两个世纪的经验教训并没有教给他任何东西。拿破仑认为,通过在一个遥远地区的兵力集中,一定可以打破英国对其登陆兵力的致命封锁。但这样做唯一的后果,只能令其舰队在尚未遭到我军实际封锁前,就已经筋疲力尽了,他的将军们也都清楚,这样做超出了其自身能力。甚至拿破仑对这个自找的难题也没有任何解决办法——穿过尚未取得制海权的海域实施入侵。在阿申特岛外围,我们有机动性能良好的战列舰舰队掩护,拿破仑的登陆兵力运输船队根本不可能通过,除非击败我们的防御舰队并夺取制海权。只有确保对海域的绝对控制,他们登陆兵力的海上运输才不会有任何风险。

在现代战争条件下,目前还没有战例能够有力支持我们防御作战的传统原则。要想获得海上行动自由,我们需要对这些原则进行修改。在蒸汽动力舰船出现后,发生了两次在未取得制海权的情况下顺利实施入侵的战争——分别是 1854 年的克里米亚战争和 1904 年的日俄战争——但是这两场战争中防御方根本没有实施海上防御。这样看来,我们没有理由认为,传统防御方式的效果会比以前差。小型舰艇支队是防御部署的基础,由于鱼雷的发明和运用,小型舰艇支队的威力更加强大,对海上运输线的攻击能力比以前更强,舰队想要突破小型舰艇支队的封锁会遇到更多困难。水雷很适合用于防御,足够多的水雷甚至可以在短时间内让任何一个重要港口瘫痪。由于没有任何实际经验,以上这些结论还需要进一步验证。

理论上讲,我们传统防御体系的成功关键在于四个关系。第一,敌军兵力动员部署和搭载行动的速度与我军获得敌军港口战前准备情况的速度之间的关系;这也就是说,能否成功突袭和避开我军封锁,要看其战前准备速度和我军获取情报速度哪个更快。

第二,敌军运输船队的速度与我军巡洋舰及小型舰艇支队速度之间的关系。这是在考验敌军运输船队从出发到登陆前,我军对其的追击能力,看敌军运输船和我军巡洋舰与小型舰艇支队的速度哪个更快。

第三,我军现代巡洋舰和小型舰艇支队对没有护航或者护航兵力较弱的运输船队的攻击能力,与在追击过程中我军内部相互间通信能力之间的关系。

第四,我军战列舰舰队的速度与敌军运输船队的速度之间的关系。在其运输船队可能伴随强大护航兵力的情况下,这点更为重要。要依靠战列舰舰队对我方机动防御兵力的掩护,使其能够位于内侧位置,既可以在敌军护航舰队转移时对其实施攻击,也可以在运输船队航渡过程中对其进行攻击。

随着现代科技的发展,这四个关系也朝着利于防御的方向发展。在第一组关系中,兵力动员与情报速度之间的对比显而易见就是如此。尽管军事动员部署的速度可能与舰队动员部署一样迅速,但是情报获取与传递的速度绝对更快。由于在港口进行的入侵准备行动对航运的扰乱,敌军在动员部署阶段很难保密。即使敌军采取周密预防措施,阻止情报从商业渠道泄漏,但从未获得成功。在从前国际贸易刚刚兴起的时候,隐瞒军队的动员部署相对容易,至少可以隐瞒一时。但是随着国际贸易量大幅增长,市场活动不再是每个星期而是每个小时进行一次报道,这给军队动员部署的保密增加了很多困难。信息的获取除了通过贸易双方密切的商业交往,更重要的是利用无线电传递情报的速度大大超过了通过海上方式传递的速度。

至于巡洋舰舰队与运输船队之间速度的对比,情况也是一样,想要逃过我军封锁,必须依赖运输船队速度的提高。在护卫舰时代,两者速度的对比不超过 7∶5。但是对于大型运输船队而言,现在这个比率几乎是以前的两倍。

小型舰艇支队攻击力量的发展也一年比一年快,现在已经发展到足够强大。随着鱼雷和潜艇的出现,它几乎增加了 10 倍。巡洋舰的情况也基本如此。以前,巡洋舰攻击分散的运输船队的能力较弱,主要是因为其航速慢,火炮射程和破坏力都很有限。随着航速的提高和携带燃料及火力打击范围的增加,只要巡洋舰能够捕获运输船队,其对敌军的攻击能力是基本稳定的。这样,对敌军也能产生一种威慑,使其相信只要遭遇巡洋舰就无法逃脱。

战列舰舰队与大型运输船队速度比率的增加非常明显,也十分重要,它意味着我们有能力占领内侧位置,这是我方传统防御体系的基础。只要我方战列舰舰队处于这样一个有利位置，就可以掩护小型舰艇支队对敌方运输船队的封锁和攻击，从而迫使敌方采取最后的手段——指挥其战列舰舰队靠近运输船队并为其护航，正如肯彭费尔特指出的那样，这对敌军整个入侵计划是致命的。

从上述观点看，我们认为，对今后敌军在未取得制海权情况下实施的入侵行动，我方传统防御体系不仅依然有效，而且现代技术的发展进一步增强了我们的防御能力。至少海军非常自信，因为我们从未在防御作战中失手过。

**二、进攻和保护贸易航线**

可以用一句古老的谚语来描述进攻和保护贸易航线的基本思想，“哪里有腐肉，鹰就聚集在哪里”。最富饶的地区总是会吸引最猛烈的争夺，因此也需要最牢固的防御。为了使战略目标更加明确而且始终如一，我们可以在富饶地区和非富饶地区之间划出一条界线。富饶地区指的是贸易船只的起点、终点和商贸云集的地方。次一级的富饶地区还包括连接陆地商贸的地域。非富饶地区指的是那些介于富饶地区之间连接各个商业聚集点的航道。所以，对商贸的攻击不外乎两种形式：攻击航线两端或攻击海上航线。攻击航线两端效果会更加明显，但需要强大的实力，冒更大的风险；攻击海上航线的效果就不那么确定，只需要相对较少的兵力，风险也更小。

从敌人试图通过攻击海上贸易来对我方施加压力，却接连遭到失败的情况看，上述论断令我们感到自相矛盾。最害怕遭受攻击的地方反而最容易防守。以摧毁海上贸易航线为首要目的的敌人，其海上实力一般处于劣势，如果敌人实力占优，一般会通过海战或封锁将这些优势转变为制海权。同时，也要看到，如果交战双方实力相当，一般来讲这种情况很少见，破坏对方海上贸易航线的一方将面对敌方优势兵力，而保卫贸易航线的主要困难在于其所覆盖的海域过于广阔。但从另一方面讲，商业航线较为集中且容易受到攻击的海域并不是很多，范围也不大，只要我们具备一定优势，就可以轻松控制那里。除了这些区域外，想有效控制其他海域几乎不太可能，但敌人的攻击效果也不会很明显。因此，贸易攻防的一条真理就是：攻击一方的便利也是防守一方的便利。

除了以上这个基本原则，我们还要明确另一条原则，其重要性决不次于前者。由于海上交通线的天然属性所致，海上贸易攻防之间的联系十分紧密，我们无法撇开其中一方面而单独讨论另一方面。攻防的目的都是为了占领和控制海上交通线。最猛烈的攻击方式就是占领敌方港口，并实施海上封锁。然而，这一行动往往意味着还需要对其邻近军港进行封锁。这样，我们也必须对己方贸易航线进行防御，同时保证在敌方控制范围内没有我方商船经过。在对商业聚集点的占领上，攻防之间的联系就更加紧密了，因为绝大多数商贸云集的地域都处于双方共同的海上交通线。因此，我们只要从防御角度来讨论贸易攻防就足够了。

从前我们的贸易攻防体系是在区分富饶和非富饶地区的基础上建立的。总的来说，这种体系就是要牢牢控制重要贸易港口，在某些情况下，也包括对贸易聚集点的控制。在一支战列舰舰队和足够多的巡洋舰防御下的区域，或者像以前所说的“水域”，商船驶入这些地区就会感到安全，传统上这些地区之间的海上航线并不设防。我方本土贸易终点站可以由两支战列舰舰队进行防御，即位于英吉利海峡口的西部舰队和司令部设于唐斯的北海舰队或称东部舰队。除此以外，还有在爱尔兰科克驻扎的一支巡洋舰舰队。这支巡洋舰舰队有时隶属于西部舰队，有时独立执行任务。就像我们看到的那样，英法战争中，西部舰队的辖区有所扩大，拓展到了整个比斯开湾。这个舰队有两项任务与海上贸易有关：防御敌人对我方海上贸易航线的袭击和攻击大西洋上的敌方海上交通线。北海舰队的辖区可以扩展到波罗的海海口和北方航道附近，在与敌海军联盟的战争中，其主要任务是监视荷兰舰队的行踪或是防止北方航道附近的法国舰队袭扰我波罗的海的海上航线。就像西部舰队一样，北海舰队经常会派出小分队，这些小分队通常驻扎在雅茅斯和利斯，以保护近海的商船免受武装私掠船和来自敌防御区域港口的巡洋舰的零星袭扰。类似地，在唐斯和西部分舰队之间也经常会有一支或多支小型编队，主要是巡洋舰，大致在哈佛和海峡群岛附近海域，对诺曼和北布列塔尼的港口进行警戒。为了完善这一防御体系，巡逻小分队在港口指挥官的指挥下，需要全力保护近海航道和本地区的海上航线。尽管航线经常变化，但主要的航道就是那么几条。那些有一定防卫能力的避难港口也为海军防御提供了一定支持，其中位于爱尔兰海岸的最主要的几个港口，为大洋贸易船只提供了庇护所。但是，其他大多数避难港口都位于防御区域内，主要用来应付敌方武装私掠船的袭扰。那些遍布不列颠海岸线的炮台残骸生动说明了当时这一防御体系是多么的完备。

在殖民地我们也广泛采用了类似的防御体系。但有一点不同的是，海军的防御力量通常由几支巡洋舰舰队构成，每支舰队都有1～2艘桅帆战列舰担任旗舰。只有当敌人使用一支类似兵力发起进攻时，防御兵力才会由战列舰舰队来担任。防御武装民船袭扰的任务主要由本地区兵力来担负，依赖于小型单桅帆船，这些船一般是临时建造或租来的，为完成任务进行了改装。

在远东贸易兴起之前，贸易聚集点的数量没有今天这么多。

其中，最重要的当数直布罗陀海峡，这一海峡通常被认为是一个防御区域。从商业保护角度看，此类任务应由地中海舰队担负。通过监视土伦，这支舰队的辖区不仅包括海峡，还覆盖地中海内的贸易聚集点。它配属了舰船编队，有时多达四支，一支部署于前往里沃纳(Leghorn)的航道附近，一支在亚得里亚海，第三支在马耳他，最后一支在直布罗陀海峡。为防备西班牙，部署于直布罗陀的舰队实力很强，同时还可抵御来自卡塔赫纳和加的斯的袭扰。众所周知，1804—1805年，这一地区曾经部署了一支独立编队执行防御任务。无论在任何时候，直布罗陀总有一支自己的防御舰队，这支舰队受港口指挥官指挥，用来防御当地的武装私掠船和海盗。

现在来看，防御贸易终点站和商贸聚集地的主要方法是加强这些区域的武装力量，为迎击来犯的敌舰在大片地区构筑工事。尽管这个防御体系很严密，但敌舰来犯仍不可避免，而且也出现过出人意料地入侵，给护航船只和警戒的巡洋舰带来一些麻烦。但经验证明，由战列舰舰队构成的防御体系不会让来犯之敌长久保持优势，敌人根本不能造成任何严重的干扰和危害。破坏此类防御体系只能依靠一支实力强大的常备舰队。换句话说，只有当我们对该地区的控制手段都被破坏时，这一防御体系才会瓦解。

关于防御区域就说到这儿。下面探讨一下连接防御区域之间的航线的攻防。之前我提到，这些地方一般是不设防的。不设防的意思是指航线本身并没有专门配备巡逻舰队，而是通过护航舰的护航来保证航行船只安全。于是出现了护航体系，这个体系的理论依据是当船只在主要航线上航行时，通常只会遇到零星舰只的攻击，所以单个商船只要组成一支船队，由一艘护航舰护航，就足以应付威胁。在这一理论中，一艘巡洋舰就足以担负护航任务。但现实中我们发现，把部分护航任务交给顺道的桅帆战列舰会更加方便和经济，这些桅帆战列舰可以是准备前往别处加入某舰队，或是需要休整以及其他原因正好从别处返回。换句话说，驻扎于外国的军舰所实行的轮换制度正好可以和护航体系巧妙结合。当没有顺路的桅帆战列舰可提供护航或需要护航的船只很重要时，以及已经确切得知敌人的桅帆战列舰准备出动时，我们就要专门制定护航计划，当然这些都属于例外情况。

海上贸易航线的防御方式是由防御区域理论引出的。因为富饶区域很可能吸引敌方舰队的进攻，而对于非富饶区域的海上航线而言，敌人不会动用整支舰队来攻击它。然而，这一体系有一个很明显的漏洞，就是我们忽略了一个基本事实，即在重要航线上航行的一支船队对敌人是有吸引力的，更何况这些航线的防御兵力相对缺失。事实上，从敌方港口出发的大量舰船可以全部进入我方防御区域并处于我方舰队监视之下，但这种监视并非无懈可击，经常会有敌舰编队成功躲过我方监视。如果逃脱的敌舰前往重要贸易航线附近，那么我方舰队必须进行追击。如此一来，这种护航体系有时会严重扰乱我们原先的兵力部署。特拉法尔加海战危机就是一个例证。我方的防御区域在短时间内就被躲过土伦编队监视的敌军攻破，最终导致西部舰队不得不集结兵力来应对。然而，就算抛开别的因素不说，要保持这样的兵力集结，超过两天都是不太可能的。因为东、西印度群岛的运输船队马上就要抵达，而“维伦纽夫”号从马提尼克回到了费罗(Ferrol)，这就使得我方这些船队由于缺乏防御兵力而暴露在敌方舰队的威胁之下。事实上，我们很难讲清当时的兵力集结是否预见到了这样的后果。

为了解决上述问题，我们需要在战略层面上完善贸易航线的护航体系。当贸易船队可能遭遇敌方舰队袭扰时，我们可以通过给船队提供一条隐秘航线使危险降至最低。在刚才的例子中，我们就是这么做的。但是这种预防措施并没有从根本上解决问题，可能是受当时通信技术的制约，我们无法确保船队能准确收到隐秘航线的信息。

航运和造船材料的发展变化也深刻影响并塑造了这个时代海上商贸的保护手段。当前的军事战略要想借鉴历史经验要比以往任何一个时期都困难而且容易犯错。为了避免得出错误结论，我们必须把这些新发展、新变化牢牢记在脑中，其中有三条最重要：一是武装私掠船的废除；二是军舰行动范围的缩小；三是无线电技术的发展。还有其他一些变化也需要认真分析，但是这三点使整个问题发生了根本性变化。

我们的困难在于无法获得以往战争中商业破坏的确切数据。有一项似乎是可以确定的——被武装私掠船俘获的商船数量，大约在几百艘，有时甚至上千艘。单从数量上看，我们可以确定，不论在英国本土还是在殖民地，大部分商船都是被小型武装私掠船在其根据地附近捕获的，他们的目标往往是近海或本地的商船。商人们的抱怨主要是针对西印度群岛和本土水域，而对公海遭到劫持的投诉相对较少。小型私掠船数量虽多，但造成的损失并不见得有多大，只是其带来的精神上的负面影响比较严重。作为世界上最强大的政府，我们不可能忽略这一影响，于是我们的战略部署经常被这种袭扰打乱。其实我们现有的部署足以应对大型武装私掠船的攻击，大型武装私掠船的行动方式类似于巡洋舰，但是小型武装私掠船却能轻易地在我方防护体系的缝隙中穿梭。要对付它们，只能通过数量众多的小型巡洋舰把缝隙填满，而这么做会严重影响我方战略部署。就算真这么做了，由于这些小型私掠船的行动范围不会离自己的母港太远，也很容易逃脱，使得打压效果大大减弱，这种情况实际上和全民皆兵的总体战争几乎一样。通常的战略手段无法解决这些问题，就像拿破仑的基本战法在西班牙游击队面前无法发挥威力，也跟我们在南非遭遇的失败类似。

武装私掠船被废止后，看起来这个问题最难解决的部分已经不存在了。当然，谁也不知道《巴黎和约》到底能管多久。这个条约是开放的，即使和约缔结方也可以或多或少地规避和约的限制，只要把商船正式编入战斗序列就可以了。但是，这种做法很可能仅局限于大型私人商船。一旦滥用这种做法，就意味着对国际法的蔑视，最后注定要自食其果。而且，起码在本土水域，小型武装私掠船肆虐赖以生存的土壤已经不复存在了。以前，英国大量的贸易要在泰晤士河进行，很多货物在那里被分装到小船运送至全国各地，而这些小运输船正是活动范围不大的小型私掠船的攻击目标。现在，好几个大型货物集散中心已经形成，分发货物的重任被众多国内航线分担了，英吉利海峡不再是唯一的商业动脉，我们可以在不致使商业体系停滞的情况下避免私掠船的袭扰。

这样，整个问题可能会变得简单，对商业的保护将比以往任何时候都更依赖于战略层面的决策，这一变化导致的后果是提倡防御而抑制了进攻。

舰船活动范围的缩小也同样重要。以前，一艘巡洋舰的补给可以维持 6 个月，较少的补给次数能使其远离防御区域持续航行并保持活力。对于发生于远洋的战斗，军舰的活动基本不会受到限制，它可以与实力强大的敌人周旋两三天而依然活力不减，也可以在某处游弋，还能在发现敌人或判明目标后转移。只要能腾出足够的人手来驾驶捕获的船只，它的破坏能力就几乎没有限制。不过现在一切都不同了。目前这些舰船自给力非常小，只能在战略防御区域内作短距离冲刺。如果要参加远洋作战，它只能航行很远寻找不设防水域，因为它装载的燃煤仅能维持几天的航行。期间，连续两次高速追击就会让它不得不打道回府，除非捕获某条敌船并从中获得燃煤补给。即便这样，它也要面临一个难题——操纵捕获的船只需要人手，这必然导致母船航速的减慢，因为高速航行时轮机舱内要有足够的人手，这也会增加舰只驶过敌方防御区的危险性。唯一的解决办法就是凿沉被捕船只，不过这个方法也不可行，作为一个大国一般都不会让敌船连人带船一块沉入海底，这会招致别国的怨恨，那么转移人员就需要时间，尤其是天公不作美时更是如此。更为糟糕的是，只要巡洋舰上有俘虏存在，不管数量多少，都会使其战斗力受到严重影响，而当敌船比较大时，凿船的工作就更不好做了，即使是在理想情况下，也要花费大量时间，消耗续航力，从而增加被敌人发现的概率。

通过以上研究我们不难发现，敌方攻击重要贸易航线的可能性已经不像以前那么大了，关于巡洋舰充斥那些航线上的说法纯属夸张。现代条件下，从海上持续封锁不列颠群岛的做法不再可行，因为这需要一定规模的舰队轮流作业，目前除了英国还没有哪个国家拥有这个实力，而且这种封锁还必须以绝对的海上优势为前提。因此，舰船活动范围的缩小虽然不会更有利于防御，但却显著削弱了远洋进攻的能力。

防御力量的显著增强应归功于远距离通信手段的长足进步。以往，一艘游弋的军舰可以在一个贸易聚集点附近待上好几天捕获几艘船而不被发现。而现在大多数商船都装有无线电通信设备，一旦这些商船遭到攻击就可能招致敌舰的反击。如果攻击舰的位置暴露，无线电通信可及的范围内所有船只都会避而远之，这就迫使攻击舰要不停进行大范围机动，进一步消耗其续航力。总的来说,就目前发展水平而言,远洋军事行动已经变得前所未有地困难和难以预料,对那些重要航线上船只的破坏能力也大大减弱,贸易船只的逃脱概率大大提高,这让我们有必要重新审视贸易终点站之间的防御方式。由于给船队配备护卫舰船既会加重经济负担,又干扰了整体的战略部署,致使人们怀疑这么做到底是否划算。

除了上述一系列考虑外,我还要列举三条变化。这三条中的每一条都是有利于防御一方的,因为它们让航行路线有了更多选择。首先,蒸汽船的出现,使船在航行时不用再理会季节性风向的变化而保持固定航线。第二,航海技术的进步也使得航行之中不再需要航经一些显著的标志点。第三,货物集散港的广泛分布使得过去集中于英吉利海峡的货物流分成了数股支流,扩散到更广大的地区,对于攻击者而言就需要更分散的力量分布。显然,在这几点变化的共同作用下,单个商船成功躲避敌巡洋舰攻击的概率进一步增加,即使没有护卫舰船的护航,也不像以前那么危险了。

虽然舰队在众多贸易航线上的军事行动会遇到新的现实困难,但这并不是贬低护航价值的理由。我们应该记得,自 1815 年以来,往返于大洋进行海上贸易的船只数量大幅增加,即便废止武装私掠船的行动没有成功,当前可用于远洋攻击的巡洋舰数量却出现了下降,这一点又降低了护航的代价。还有一点可以明确,敌人通过远洋军事行动对英国贸易造成损害的程度主要由其可用的巡洋舰总数与英国海上贸易总量之间的比值决定。不过这只是大战略方面的一个小问题,它牵涉英国海上贸易量与对其进行有效保护的难度这两者之间的关系。这一点将在下文进行论述。

首先,我们要解决传统防御体系的末端防御问题。依据以往的经验，我们不难发现，当时大多数未设防航线根本没有巡逻舰船执行护航任务。我们总是认为有舰船在许多航线上巡逻，而事实并非如此，它们甚至都没有在海上进行游弋。护航舰队是航线防御体系必不可少的组成部分，虽然该体系是建立在设防港口与不设防航线这一区别基础上的，而且这个区别是一种战略性质上的真正差异，但我们无法确定一条有明确起点和终点的航线。在设防海域之外，通常还存在航线比较密集且相对比较富裕的区域。在该区域中，敌军的巡洋舰和数量众多的武装私掠船寻得了风险和利益的平衡点。当贸易船队进入这些区域后，便陷入深深的危险之中，担心为其护航的舰船被敌军舰船袭击。因此，当贸易船队将要到来之时，从设防海域派出强大的巡洋舰舰队甚至战列舰舰队为其护航是很有必要的。从我方港口驶向别处的贸易船队也可以采取相同的方式加强防御，直至它们驶出危险海域。这种体系在本土海域和殖民地海域都经常使用，但决不能将其与贸易航线上的巡逻相提并论。无论在概念上还是实践中，该体系都只是一个前哨体系，在特殊的危险时期，它才算是一个配合加强贸易护航舰队的防御体系。在一些航线集中的次要海域，如西班牙西北端的天涯角和西南端的圣文森特角，可由 1～2 艘实力较强的巡洋舰实施封锁，必要时可设置一个分舰队。

正如上文解释的那样，由于海洋的特性和海上通信的特点，这种部署既被攻击方采用，也被防御方运用。在那些富饶海域，实施防御的舰船被派去巡航时，往往也会有所斩获，因为它所担负的防御任务本身就提供了绝好的攻击机会。

在这一防御体系全面发展的时期，贸易航线上确实有巡逻的舰船，但并非大多数航线上都有。它们的存在是为了连接毗邻的防御海域，构成一个更加严密的巡洋舰前哨防御体系。

1805 年，在本土海域和直布罗陀海峡之间就存在这样一条巡航路线，它从圣文森特出发，经芬尼斯特雷到达克利尔。此外，还有一条延伸至阿申特岛附近海上战略中心的支线。当我们确信西班牙和法国的舰队准备倾其全力用小股分舰队进攻我方海上贸易航线和殖民地时，我们启用了这个新的防御体系。因此，我们有必要事先制订方案预案，确定任何可能逃过我方常规封锁线的敌方舰船位置，确保能够进行有效追击。事实上，尽管这些封锁线的作用一般认为是保护通过法国和西班牙港口侧翼的南部海上贸易航线，其实还担负着情报搜集的任务。

我们发现，虽然整个防御体系没有与引诱敌军舰队全面出击的主要目标相冲突，但它确实意味着兵力的支出，偏离了我们的首要任务，这一点在陆战中是不存在的。由于往来的贸易船队引发的周期性危机，我们必须动用大量的巡洋舰来充当战列舰舰队的耳目。

在以往的战争中，针对贸易攻防的兵力部署给我们添了不少麻烦，使我们越发认识到这种情况未来会更严重。我们确信，海上贸易规模会越来越庞大，而且由于经济结构的变化，过去在我们进口贸易中不占重要比例的食物和原材料，现在则事关国家安危。鉴于此种情况，当前我方贸易航线比过去更容易受到攻击，因此，必须更加注重并投入更多兵力保护这些航线。

假如上述判断成立，那么显而易见，有强大海军参与的战争变得比以前更加困难了。近代以来，海军对巡洋舰的需求比以往更加迫切，而将其投入到贸易保护中的能力却相对减弱了。

乍一看，这一结论毫无疑问。但是仔细研究之后，我们发现这个结论中存在两个令人怀疑的判断。第一，一个海上强国在海上贸易中的脆弱性取决于其贸易总量的大小。第二，保护海上贸易的难易程度也取决于其贸易总量——也就是说，贸易总量越大，就需要投入越多的防御兵力。由此推论，在确定英国海军规模时，常常要参考其他国家海军实力和海上贸易的比例。

我希望，上文提到的传统贸易防御体系框架能够帮助我们对此提出质疑，看看这两个判断能否经受得住仔细推敲。没有任何迹象表明，贸易防御体系发展过程中会受到其所保护的贸易量的影响，同样也不能说明敌人凭借攻击海上贸易对我施加压力会随着海上贸易总量的增长而增长。我们可以得出这样的结论——我们的海上贸易总量越大，敌人能够给我们施加的压力就越小，即使他们动用全部海军力量也是如此。可以毫不夸张地讲，如果敌人真的动用全部海军力量对我们的海上贸易施加压力，那么他们的海上贸易就将化为乌有，而我们的海上贸易则持续增长。

也许有人会反对说，那是因为别的国家唯一能够倾其全力破坏我方海上贸易的时期正值英国海军掌控制海权，对方没有能力与我争夺制海权，而只能对我进行有限袭扰而已。但无论我们是否拥有制海权，情况都不会有所变化。如果敌人试图绕开我方战列舰舰队而一心致力于破坏我方海上贸易，那他们还是无法夺取制海权。因此，无论敌人海军力量是强是弱，他们都不得不将制海权让予我们。敌人无法两线作战，除非他们针对英国海上贸易展开连续攻击行动，否则根本不会起到任何实质性作用。

现在我们再来看看这两个判断，并通过一些基本原则来检验其正确性，就会发现两者在理论上是毫无根据的。首先，我们研究一下贸易脆弱性和贸易总量的关系。由于战争的目的就是将我方意志强加给敌人，因此，我们希望通过打击敌方贸易迫使他们屈服的唯一方法就是摧毁他们的海上贸易，以至于他们宁可按照我们的条件达成和平协议，也不愿继续战争。我们对敌方贸易施加的压力要让其无法承受，而不仅仅是惹恼他们。我们必须使敌方财政陷入严重瘫痪状态或束缚并威胁其人民的生活。假设敌国的总贸易量有1亿英镑，而我们只成功破坏了500万英镑，他们会觉得这与和平时期贸易量下浮时基本差不多。但如果我们破坏其贸易量达到5 000万英镑，就会打破敌方的贸易平衡，进而左右战争结果。换句话说，我们对敌方贸易施加的压力必须占其总贸易量的一定比例，要超过敌人可承受的极限。

目前，交战国投入一定兵力对敌国贸易造成破坏的程度在一定范围内随其贸易总量变化，这是符合实际情况的。贸易总量越大，未设防海域对于出击舰船的吸引力就越大。但不管这些海域多么富饶，一艘巡洋舰的破坏力总是有限的，而且未来会更加受限。由于巡洋舰在一段时间内所能控制的缴获舰船数量是一定的，这就限制了巡洋舰的能力。当超出巡洋舰的能力上限时，贸易量将不会深刻影响战争结果；可以预见，未来敌方巡洋舰的能力是有限的，而英国的贸易量是巨大的，敌人打击英国海上贸易能力的有限性使英国得以组织起合理而有效的防御体系。事实上，敌人的破坏力长期以来一直远低于英国可以承受的限度。因此，我们有理由相信上述这个假设是错误的，海上贸易的脆弱性与贸易总量非但不成正比，而是成反比。换句话说，交战一方的贸易总量越大，就越难有效地对其施加压力。

类似地，我们发现保护海上贸易的难度并不与贸易总量成正比，而是跟贸易终点站和航线聚集点的数量与暴露程度成正比。无论贸易总量有多少，这些贸易终点站和航线聚集点的数量是不变的，而保护我方海上贸易的兵力只随敌方攻击力量即敌海军基地的部署和海军实力的变化而变化。与之前同法国单独作战、美国港口尚未向法国海军开放时相比，1812年我们与美国的战争中，在西印度群岛和北美海域我们暴露了更多的海上贸易区，使我方海上贸易不仅易受到美国舰船的攻击，而且更易受到法国军舰的攻击。我们发现派往北大西洋的防御兵力与对方投入攻击的兵力不相称，最终迫使我们在海上贸易总量几乎没有变化的情况下，增加了防御兵力。

海上贸易保护与贸易终点站、航线聚集海域之间的关系十分重要。在远东，由于贸易终点站和航线聚集海域的增加，海上贸易保护方式发生了很大变化。东印度洋在一定程度上可以被视为设防海域，由于这一地区的部分船只采用传统的防御方式，海上贸易的防御被大大简化了。直到 17 世纪末，远洋贸易船只仅能依赖自身武装进行防御，至少本土海域以外是这样，拥有一定武器装备的东印度商船因此存活至今。这些远洋贸易船只一旦驶出圣赫勒拿岛的重要航线聚集海域，其安全就主要依赖自身武装或东印度商站救援船的护航了。按照惯例，那些护航的救援船不会超越圣赫勒拿，他们在那里与来自印度、中国的返航船只会合后一同返航。建立该体系的初衷是为那些位于非洲海岸及附近岛屿海域部分重要航线上、处于法国和西班牙殖民地海军基地攻击范围内的船只护航。

显而易见，我们必须重新考虑这个防御体系。欧洲强国的扩张已经改变了该体系存在的基础。与任何一个欧洲强国开战，由设防的海上贸易终点站与航线聚集区构成的防御体系需要向东延伸，这会牵制我们很大一部分兵力，导致集结于海上贸易航线上的兵力分散、实力变弱。因此，必须确定一个防御难度开始增加的点，其他地区亦是如此。

在设防海域，尽管敌小型海军基地对我方海上贸易的威胁大大减弱，但就像鱼雷基地一样，其始终是扰乱我方防御体系的一支力量。只要这些基地部署有实力较强的小型舰队，我们的防御就不能像以前那样简单粗略，而要进行更为周密的兵力部署。同时，海域设防的原则不能动摇，如果要做到防御和以前一样有效的话，对这些海域实施防御的手段和兵力部署应与新出现的战术相适应。我们可以看到，除非现代战争工具的发展更有利于防御而不是进攻，否则旧有的战略态势不会改变。

如果要得出结论性的原则，可将其表述为两个更为宽泛的说法：第一，海上贸易的脆弱性与贸易总量成反比；第二，攻击能力同时也是防御能力。第二条原则是符合实际的，它随着现代科技的发展而变得更加突出。流畅的进攻是一种实施控制的能力，为了实施控制，对舰队不仅有数量上的要求，还有速度、续航能力和质量上的要求，这些无非通过以下两种途径获得：以消耗装甲和武备为代价或者以消耗舰船吨位为代价。如果增加舰船吨位，那只能通过减少舰船数量相抵；如果通过牺牲武备和装甲来保持舰船数量上的稳定，则对进攻和防御都是有利的。在没有支援的情况下，我们确实不能指望那些战斗力低下的舰船在富饶海域压制敌方防御兵力。每一支增援兵力都会吸引对方一定的注意力，这类行动一旦开始，便会持续不停。为了实施有效打击，需要好几支分舰队的增援兵力，如果实力较强的防御方调整部署，那么试图继续增加敌方贸易损失而不被发现的实力较弱的进攻方，迟早会被优势敌军发现并追击。情况总是这样，我们会发现拥有更强机动能力和通信手段的防御舰队，可赶在前来袭扰的驱逐舰造成较大损失之前抵达相关海域。除非进攻方获得总体制海权，否则这类袭扰行动效果肯定不佳。从前是这样，未来也是如此。

最终，在解决海上贸易防御的问题时，特别在兵力的选择和部署上，我们必须记住：任何方式都无法给予贸易以绝对的保护。我们不可能与他国开战而不损失舰船，就像我们不打破鸡蛋就无法做成煎蛋一样。如果一味发展海军舰队兵力、加强战略部署，意使海上贸易绝对无懈可击，那么最终只会断送掉英国的经济。这种行动将削弱进行持久战而获得最终胜利的能力。而且一味寻求海上霸主地位，即使我们能够获得，也会激起众怒，将所有罪责归咎于我们，而我们仍无法达到预期目标。1870年，世界第二大海上强国在与一个几乎不被看作海上强国的国家进行的战争中就被俘多艘船只。在我们海上力量最鼎盛的时期，我方海上贸易航线也绝不是无懈可击的，那种绝对安全的情况永远不会出现。寻求无懈可击就会掉入企图处处获胜的陷阱，就会因小失大，将我们的计划构筑于不流血的战争空想之上。这是未曾实现、也是不可能实现的，这种想法必须摒弃。我们发展海军的标准必须和经济水平相适应——允许我们在开始海战之前保持经济增长。同时，当海战到来之时，我们必须能够阻止敌军通过切断我方海上贸易来扼杀英国经济命脉的企图。

**三、军事远征的进攻、防御和支援**

海外远征的进攻和防御很大程度上受到贸易进攻和保护原则的支配。两者同样面临着控制海上交通线的问题。一般来讲，我们为了其中一个目的而控制海上交通线，同时也可将其用于另外一个目的。但对于联合军事远征，确保交通线的畅通就不仅仅是需要考虑的唯一因素了。除非舰队的目的地是友好国家，否则，舰队的任务就不仅仅是在航渡过程中确保运输船队的安全。通常情况下，如果目的地是敌对国家，远征一开始就会遭遇抵抗，这时舰队就要担负更多、更艰巨的任务，特别是支援作战的任务，这是舰队担负的其他任务的延伸，也是联合远征与保护海上贸易行动的区别所在。除此之外，两者在防御上并无区别。每一种情况下所需的兵力根据航行中遭受威胁的程度来确定。但这一标准并不适用于联合远征，因为无论航行中的危险有多小，舰队的防御也必须包含支援的任务。

在考虑上述问题之前，最复杂的是如何打退敌人的进攻。从战略上看，其遵循的原则与抵抗入侵的原则完全一致。无论是针对小规模远征的威胁还是敌军入侵，我们的基本原则都是首先打击敌运输船只而不是护航舰船。对付敌护航舰船的传统做法是迫使其撤离或进行牵制，只有这两种方法都行不通时，我们才将其视为首要打击目标。从前，战略大师们对这一原则进行过许多阐述，在此不必重复。海军战略原则中很少有一条能用精确的术语清晰表述，但这一条是个例外。以前的舰队命令——“敌方运输船只应当是你的首要目标”现已成为海战中的通常做法。

这条原则不仅在运输舰船仅有一艘舰船护航的情况下适用，在一些特殊情况下，即敌方出动全部兵力跟随或护卫其运输船只时依然适用。例如，1744 年，诺里斯准备动用全部兵力追击法国运输船。1798 年，纳尔逊以同样方式派遣舰队牵制敌战列舰舰队，而对其运输船队进行了毁灭性打击。

与其他战略原则一样，这条原则也存在某些例外。例如，当敌方战列舰舰队跟随其运输船时，从长远角度考虑，可以暂时放弃对其运输船只的攻击，而抓住战机歼灭敌战列舰舰队。这种情况下，对攻击目标的选择比理论上的区分要复杂一些。主要是因为我们要以对敌运输船的威胁来牵制其护航舰队，进而保持决定性的战术优势。众所周知，敌舰队的致命弱点正是由保护运输舰船的棘手使命所导致的。

不过，有一种情况似乎可以从根本上将小型远征行动和大规模入侵区分开来，这就是规避对手的能力。以往的经验表明，我们单独依靠海军是无法抵御这类远征行动的。我们无法确定是否可以阻止敌方的航渡或是在航行过程中对其进行攻击，特别是在有很多航线可供敌人选择的宽阔海域时，这种情况就更加明显，比如法国远征军对爱尔兰的进攻。出于这种考虑，尽管一定数量的海军兵力总可以有效阻止敌方入侵，但是对于敌远征行动的防御，还需要海陆兵力相互配合。为了完善我方防御体系，换句话说，也是为了加强进攻力量，当敌小型远征军避开我方舰队时，我们必须有足够的陆上兵力应对，以确保敌军登陆不会造成很大损失。即使敌方在数量规模、训练水平、组织部署等方面达到了登陆作战的要求，敌军也不太可能对战争结果产生任何影响，除非他们将小型远征升级为大规模入侵。但敌人这样做的话，会发现又面临一个新困难，即没有人能够在不掌握制海权的情况下做到这一点。

然而，在应对敌方攻击力较弱的远征行动时，海军只会将陆军视为第二道防线，但在战略上海军必须准备与陆军合作，以有效打击避开我方舰队的敌军。部署在海岸线附近的小型舰队，在确定敌远征部队目的地后可以第一时间通知我方指挥部。根据将敌登陆兵力作为主要攻击目标的原则，海军可以使用攻击力和机动力最强的巡洋舰对其进行追击，随着无线电的应用和巡洋舰航速的增加，这种攻击能力比以往任何时候都大得多。如今的远征行动，无论敌人如何成功躲避我方海上防御兵力，都不能确保最终登陆时避开我方海军的打击，更无法保证在与我方陆军对抗时，免受来自后方和侧翼的袭扰。入侵的敌军也许会采用大型运输舰船输送兵力，以减少船只数量并提高运输速度，这虽然能更好地避开我方防御舰队的封锁，但却延长了宝贵的登陆时间。如果使用小型运输舰来加快登陆速度，则会因为降低了航速和扩大了航行过程中舰船的分布范围而更易暴露。事实上，在敌人未掌握制海权的海域抗击其入侵时，技术的发展使得试图穿越封锁线的敌军更难逃脱我方防御兵力的追击。同时，由于攻防情况的复杂性，岸上防御技术的发展对于陆军防御兵力也很重要。在我方拥有足够的海军兵力阻止敌人长期掌握局部制海权的前提下，应对敌军在我本土海域进行的联合远征时，上述措施就成为一套较为宽泛的原则。现在，我们探讨一个更大、更复杂的问题，即在各项条件不利时指挥远征的问题。

谈起指挥，这里不仅包括防御的指挥，也包括支援保障的指挥。这就是我们在研究联合远征和护航船队之间的区别时找到的出发点。护航船队组成包括两个要素——商船队和护航舰船。联合远征部队是一个更为复杂和综合的有机整体，不仅仅包括陆军部队和海军舰队，而是由四部分组成。一是陆军部队；二是运输船和登陆编队，登陆编队由汽轮牵引的平底船组成，可由运输船搭载或随舰航行；三是"护航分舰队"，包括专门的护航舰船和由轻型舰船组成、用于近海作战的支援编队；四是"掩护分舰队"。

从逻辑上分析，这几个部分至少构成了一支联合远征部队。本质上它是一个有机组织，但实践中我们无法把各组成部分明显区分开来，它们也许会错综复杂地交织在一起，一个要素或多或少会具备其他要素的功能。因此，掩护分舰队不仅参与执行护航和支援任务，也经常会为登陆编队提供一部分舰船，甚至充当一部分登陆兵力。同样，护航舰船也可能承担运输任务，充当一部分支援兵力和登陆编队。因此，从宏观上看，对这四部分结构的分析只是一种理论描述，但其作用却不只限于对各部分任务的定义。随着研究的深入，还会发现它在战略上还有一定的实际价值。

从海军角度看，我们首先要考虑的组成要素是掩护分舰队，因为它是区分指挥联合远征和运输船队的必要标志。远征部队实际上是一支联合兵力，而不仅是由舰队护航的一支陆军部队。

在海上贸易防御体系中，我们不需要掩护分舰队。战列舰舰队用于控制贸易航线的终端区域，与护航运输队没有联系。

护航运输队除了护航舰船以外,没有任何其他保护兵力,当其接近贸易航线终端区域时也没有任何支援兵力。但在联合远征中,为应对敌方抵抗,我们总会使用掩护分舰队。在远征目标距离本国很遥远的情况下,只有当整支远征部队集结于战区时,掩护分舰队才开始发挥作用。在向战区集结过程中,护航舰船只需护送运输舰船即可,而一旦航线聚集点的战斗打响,掩护分舰队就会投入战斗。

只有当目的地是一个友好国家,并且由于我方长期封锁使航线处于良好的防御状态下,我们才不必动用掩护分舰队。因此,我们支持葡萄牙所进行的各种远征行动看上去更像是对商船的护航。但在某些情况下,比如伍尔夫对魁北克、阿默斯特对路易斯堡以及一些国家不断对西印度群岛发动的远征行动中,战列舰舰队总会作为战区中一个完整部分投入战斗。克里米亚战争中我方的部署就很好地阐释了这一点。首先,我们派部队在加利波利的友好领地登陆,并在那一带进行侦察。不过,其并不算是一次真正的联合远征,运输船队也没有掩护分舰队的保护。我方英吉利海峡舰队和地中海舰队控制了波罗的海和黑海的出口,有效掩护了整个航线。但是,当起初的作战计划未能奏效,我们对塞瓦斯托波尔开始联合进攻时,地中海舰队就失去了独立作战能力,其首要任务就变成为交战部队提供掩护。

鉴于这样一支兵力担负的重要的支援作战任务,将其命名为“掩护分舰队”似乎并不合适,但这样命名主要基于两点考虑。第一,这个词被官方正式使用是在上文提到的克里米亚战争中,那是我们最后一次实施大规模联合远征。在准备突袭克里米亚时,参谋长埃德蒙·里昂(Edmund Lyons)男爵要求指挥联合行动的詹姆斯·丹达斯(James Dundas)爵士把整个舰队编成一支“掩护分舰队”和一支“护航分舰队”。第二,这个命名强调了其主要职能。即防止对联合远征作战行动的袭扰，比如防止对登陆、支援和兵力补给等行动的袭扰。1705 年，在肖维尔和彼得伯勒对巴塞罗那的军事行动中，肖维尔负责两栖作战的掩护，防止法国土伦分舰队在侧翼的攻击。彼得伯勒要求海军陆战队上岸作战，肖维尔同意送海军陆战队上岸，但前提条件是一旦海军陆战队收到他发出的土伦分舰队出击的信号时，无论岸上战况如何，陆战队都必须撤回舰上。彼得伯勒同意了这个方案。这里准确体现了里昂所说的“掩护分舰队”的作战原则。

克里米亚战争中没有这种传统意义上的支援作战，引用它作为例证似乎不够可信。英国人已经形成了一种传统思维方式，即只要谈到组织和参谋工作，战争就只是一系列威慑行动的集合。但事实上，这场战争作为联合行动，其开始的构想和组织或许是我们所做过的最勇敢、最出色和最成功的事情。远征军起初只是设想协助盟友在其国内作战，却毫无准备地被派去执行一项艰巨的联合作战任务——袭击早已警觉的敌军。远征军要在一片开阔且天气恶劣的海岸登陆，其附近还有一个海军要塞，驻扎着一支兵力不明的陆军和一支战斗力较强、未有败绩的舰队。与占领路易斯堡和日本登陆辽东半岛相比，这里的作战条件要艰苦得多。那两次行动在实际进行之前预演过多次，并且经过长期准备。克里米亚战争中，我们只能在黑暗中摸索，甚至连蒸汽机的运用都是一个不确定因素，很多东西都是临时拼凑的。法国不得不将其舰队部分兵力用于运输，鉴于这样做危险性较大，法国人便以各种理由拒绝承担此项任务。事实上，我们面临的最大困难不是别的，而是同一个不愿诚心协助的盟友联合作战，但最后我们还是做到了，至少在海军作战方面。以这种方式获得胜利，标志着我们 300 年来的经验积累达到了顶峰。

在这场战争中，我们学到的第一点经验是：在未获得制海权或者未完全获得制海权的海域作战，不仅需要护航分舰队，还需要掩护分舰队，其主要职责是为运输船队和作战行动夺取必要的局部制海权。我们运用常规的封锁兵力来确保海上贸易航线的安全，掩护分舰队一般只集结于战区。就像我们在法国北部大西洋沿岸登陆那样，如果战区位于设防的贸易航线终点附近海域，我们在这些海域部署的防御兵力足以应付一般的作战行动。我方的封锁兵力会自动形成一支掩护分舰队，其要么继续封锁海域，要么像 1758 年我们进攻圣马洛那样，占据敌军舰队和我方远征军船队航线之间的位置。但如果战区不在贸易航线终点海域，或是位于一个较远的我方兵力较薄弱的海域，就需要给远征军派出一支掩护分舰队，与我方在当地的海上兵力会合。事实上，无论为取得局部制海权做出怎样的努力，我们仍需进行周密计划和部署，这个必要性不是以掩护分舰队的实力为标准进行衡量的。

确定了掩护分舰队的实力，我们就要开始考虑它的位置或航行路线了。与其他大多数战略问题一样，这是个“艰难的抉择”。目前来看，担负支援任务的分舰队主要通过提供兵力、舰船和武器实施支援，因此我们希望其离支援对象越近越好。但对于掩护分舰队来说，其职责是阻挡敌军的侵袭，因此将它部署得越远越好。这样，一旦发现敌军企图进攻，就可以立即投入战斗。同时，掩护分舰队的位置要能保证敌人对我袭扰时与其保持有效接触。一般来说，掩护分舰队的攻击范围要能涵盖敌海军基地或与我方登陆兵力保持协同。如果攻击目标恰好是敌方海军基地，掩护分舰队的位置就不再是一个战略问题而是一个战术问题了。但保持掩护分舰队本身的独立性依然至关重要，无论支援任务多么必要，掩护分舰队绝不能深陷登陆作战以至于无法及时脱身履行自身的职责。换句话说，它必须时刻都能作为一支独立的作战力量行动，就像陆军兵力掩护围攻作战行动一样。

当远征目标不是敌人的海军基地时，选择掩护分舰队的位置则主要考虑对登陆兵力的支援。如果我们不能成功突袭，一定会导致敌方的强烈抵抗，或是运输船队无法突破敌方封锁。在这种情况下，虽然无法确定舰船火力能在多大程度上支援登陆作战，但是掩护分舰队仍需紧靠我方登陆兵力实施支援。其他一些情况下，掩护分舰队也要紧靠登陆兵力实施支援：一是登陆期间需要大量兵力和舰船支援，而我方运输船队和随行舰队无法提供时；二是登陆点条件较差，要求实施两栖行动而非简单的登陆作战，为确保登陆兵力良好的两栖作战机动能力，需要辅以大量船只和兵力协同陆军行动，而我们无法提供充足支援时，还是要将掩护分舰队部署于紧靠登陆兵力的位置。这样的战例发生在1759年的魁北克，当时如果将掩护分舰队部署于离目标几百英里远的某地，可能会更有利于其发挥掩护作用，但桑德斯(Saunders)还是将他的掩护分舰队部署于圣・劳伦斯河。同样，1800年基斯勋爵在亚历山大为了通过内陆水运对阿伯克伦比(Abercromby)将军的部队进行补给，来保障其机动性，就冒了极大的风险执行掩护任务。

另一方面，如果运输船队能够提供所有必需的支援，掩护分舰队就可以尽可能近地部署在敌方海军基地附近，按照常规封锁方式展开行动。如果仅仅是为了防止敌军袭扰而无其他意图，掩护分舰队的防御可以采取封闭式封锁。但如果还有其他目的，希望通过远征逼迫敌人出海，掩护分舰队则可以采取开放式封锁。例如，上文提到的安森战例中，他为了掩护圣马洛远征，不仅对布雷斯特进行了严密封锁，同时在巴茨岛东侧也部署了部分兵力。

在日本对“满洲”(译者注)和辽东半岛的军事行动中，这些传统原则仍然起着至关重要的作用。东乡平八郎选择了远离旅顺港的掩护位置，而把对汉城和大孤山突袭的支援任务完全交给了运输船队。远征军的这两部分兵力始终保持分离状态，但在随后对旅顺港的孤立和围攻中，两部分兵力配合得非常紧密。与此同时，只要登陆点到目标的距离处于允许的范围内，两部分兵力就可以独立行动。在第二次登陆行动中，虽然使用了掩护分舰队的船只，但其自始至终是一支灵活机动的兵力，没有与运输船队混合在一起。在现代战争条件下，掩护分舰队的作战行动贯穿于封锁全过程，而其首要任务是防止敌军袭扰，这一点从未改变。不过，在对战争进行正确分析判断的前提下，还可以使用掩护分舰队达成引诱敌人出海决战的目的。

在这些军事行动中，我们发现出现了影响传统方法有效性的新因素，即鱼雷和水雷。它们带来的影响是令人好奇的。将塞瓦斯托波尔的军事行动和旅顺港的战例进行对比，不难发现传统作战原则仍然适用。根据这些原则，1585 年德雷克进攻圣多明各时，选择了一处敌军防御薄弱且易于掩护的登陆点，那是一处最接近敌方目标而未被敌方炮火覆盖，同时又远离其主力部队的位置。

在谈及掩护分舰队的问题时，舰队司令邓达斯点明了它的两个职能。他在解释运输船队的构成后说：“我方剩余的兵力……将充当掩护分舰队，同时，为登陆行动提供切实可行的支援”。确立了这两个目标后，他在距登陆点足够近的地方占据了一个位置掩护登陆兵力进攻，同时，这个位置也处于监视塞瓦斯托波尔港的巡洋舰作战半径内。在此距离内，一旦发现俄国人轻举妄动，他会有足够的时间在敌军出海之前抵达敌港口并展开进攻。也就是说，他的位置既能有效支援登陆兵力又能防止敌方袭扰。事实上，这一位置对上述两个方面的影响是相同的。同时，由于蒸汽动力弱化了时间与空间因素的影响，使得这一位置的选择并未使行动变得复杂。

在日俄战争中，这些原则的应用并非那么简单。日本人在选择距俄军最近且防守薄弱的登陆点时，不仅要考虑炮火覆盖范围和旅顺港以及俄军散布在辽东半岛的部队，还要把水雷和鱼雷的防御能力考虑在内，他们所选的位置应该是距敌最近且无水雷的海湾。严格意义上说，这个登陆点并未超出敌舰鱼雷的射程，但它恰好位于岛屿的后方，这就给了日本人防御的便利，因此这个登陆点的选择符合所有条件。但是，为了登陆过程中不被俄国舰队袭扰，日本人需要一支掩护分舰队。这样，联合远征的目标就不仅仅是旅顺港了，还包括俄国舰队，情况变得更加复杂，选择登陆点的难度也更大。与此同时，还要防止俄国舰队逃窜，这就要进行严密封锁，因此选择一处位于敌舰夜间鱼雷射程之外的地点很有必要，距目标点最近的安全位置应该是掩护兵力的后方。因此，无论战略条件如何，即使没有战列舰舰队的支援，掩护分舰队也必须或多或少地为陆军部队及其保障兵力提供支援。

当时各个条件都对日本有利。他们的防线距敌军基地很近，以至于东乡平八郎确信，如果俄国舰队突围，由于受到港口航道上水雷的阻滞，俄国人还没跑远就会被位于锚地的日军封锁兵力赶上。但如果没有这样一个合适位置会出现什么后果呢？登陆点和陆军的补给基地必须能够确保免受鱼雷攻击，同时兵力集中的原则告诉我们，不能为了给掩护分舰队刻意寻找锚地而削弱整个防御部署。这样看来，除非地理位置允许掩护分舰队使用己方的一个海军基地，否则掩护分舰队还不得不担负支援登陆兵力的任务，这样又将混淆它与运输船队的职责。因此，明确区分掩护分舰队和运输船队的不同功能变得越来越重要。

将以上两个战例与1866年意奥战争结束时的利萨海战进行对比，可进一步看出掩护分舰队的作战原则。在利萨海战中，由于忽略了这些原则，最终导致了灾难性后果。特格特霍夫将军率领的奥地利舰队实力较弱，他根据上级命令实施防御，同时在波拉等待反击机会。佩尔萨诺率领的意大利舰队实力较强，部署于安科纳，控制着亚得里亚海。7月，意大利由于陆军作战失利，面临着被迫求和并签订不平等条约的不利形势。为改变被动局面，佩尔萨诺(Persano)受命前去攻占奥地利的利萨岛。他没有按照传统的英国原则组织进攻，而是动用舰队所有兵力直接投入两栖作战。特格特霍夫抓住这一时机对佩尔萨诺舰队进行了突袭。由于佩尔萨诺无法及时调动足够的兵力进行应对，而且缺乏适合独立作战的小型舰队，结果被实力较弱的特格特霍夫舰队彻底击败。按照英国的海战原则，这是一个典型的反面教材。佩尔萨诺在实施攻击之前，应该派遣一支独立的掩护分舰队，根据攻击目标是利萨岛或是奥地利舰队，在波拉采取行动牵制特格特霍夫或者使其仓促应战。然而，佩尔萨诺并没有这样做，原因可能是他缺乏一支合适的登陆兵力，特别是在他看来，成功占领利萨岛需要动用舰队全部兵力。这一战例再次证明，无论登陆行动需要舰队怎样的支援，在没有完全掌握制海权的海域，绝不能有任何因素阻碍掩护分舰队独立执行任务。

舰队的支援作用应该发挥到何种程度是一个很微妙的问题。那种认为“舰队兵力规模的大小，会受到陆军兵力对舰队人员和舰船的需求以及陆军兵力人员本身的影响”的观点听起来像是异端邪说；认为一支战列舰舰队就是用于对付前来进攻的敌战列舰舰队的观点与其他一些确定战列舰舰队实力的标准是相悖的。但从理论上讲，上述观点再正确不过了，但这只是和平时期以及理论上的考虑。战争环境给我们提供了一个更为宽广和现实的分析角度。经历过以往战争的人们都知道，遂行联合远征任务的舰队与一支单纯的海军兵力有很大不同。进一步讲，他们清楚跨海远征的陆军兵力不是一个有机整体，在没有舰队协助的情况下，根本无法对敌实施有效打击。海军兵力不仅可为陆军兵力提供保护，还可弥补其缺陷并提高其攻击能力。缺乏海军支援的陆军仅依靠自身实力无法实施登陆作战，无法实施自身补给，无法确保安全撤退，也不能有效利用两栖作战、基地或是突然转移战线的优势。这些任务必须在舰队的配合下才能完成。

能够证明这一点的典型战例很多。例如，1800 年，梅特兰(Maitland，1759—1824)将军负责远征贝尔岛时，被问及需要什么样的海军兵力，他发现对此很难准确表述。他写道："大体上看，完成这个任务需要 3—4 艘单桅帆船，4—5 艘用于执行封锁任务的战舰。"(他的意思是封锁目标与抵御来自大陆的援军也是运输船队的支援职责。)他还补充说，"执行封锁任务的战舰应为我方陆上作战输送一定数量的兵力。"在这种情况下，担负封锁任务的舰队同时还要担负掩护任务。梅特兰的意思是将所需的战舰编配到运输船队中，主要是为了实施支援，而不是护航。当时，圣文森特勋爵同意了他的要求，还多给了他一艘单桅帆船用于登陆作战。此时，我们已完全掌握了制海权，并且有充足的海军兵力配合完成任务。

下面，我们再看另外一个战场环境不同的战例。

1795 年，在海军克里斯蒂安将军和陆军阿伯克伦比将军率领下的远征军准备前往西印度群岛，克里斯蒂安与杰维斯就所需的庞大海军兵力共同起草了一份备忘录。他们认为实施护航和局部掩护的兵力要非常强大，因为不能指望通过封锁来封闭布雷斯特和土伦。作战计划包括 3 处登陆点，每处登陆点至少需要 2—3 艘单桅帆船。“这不仅是防御行动，而且能够掩护部队登上平底船、运送加农炮以及担负其他一些必要任务。”克里斯蒂安还要求不能缺少护航舰船和 3—4 艘横帆双桅船用以“掩护小型船只的行动（指登陆兵力的行动）。”主攻兵力至少需要 4 艘单桅帆船和 7 艘护航舰船，还包括一定数量的横帆双桅船和纵帆双桅船。他合计“需要给 2000 人左右的登陆部队提供平底船，用于移动火炮、淡水以及其他物资并将其运送上岸，”而且这是日常的任务。如果加上作战部队，人数将增加至 18000 人。

这里必须提到巴勒姆勋爵，他认为这些要求太过分而极力反对，特别是其对强大护航兵力的要求。巴勒姆认为，完全可以让担负封锁任务的兵力保持警戒来确保运输船队的安全，他忽略了登陆兵力的需求，因此其观点说服力不强。其实，巴勒姆从一开始就反对远征，认为这极不明智，自然就焦急地对用于远征的兵力加以限制。巴勒姆的反对主要是基于战争全局和未来考虑的，这也是他战略思维的特点。他认为，鉴于西班牙对英国的威胁，应该节约使用海军兵力，并按照“两强”标准建设一支海军应对可能出现的危机，在西班牙锋芒初露时就集中力量对其进行决定性打击。简言之，巴勒姆极力反对在掌握绝对制海权之前为了一个次要目标而严重消耗海军兵力的做法。实际上，在部署这次远征行动之前，他已经被迫辞职了。但应该看到，他反对这次远征并非出于组织实施方面的考虑，而是因为我们缺乏足够的兵力遂行海上支援任务，这不能视为对关于整个海上局势更高层次思考的偏见①。

① 几乎所有的军事评论家都以类似理由谴责这项灾难性的远征任务，特别是当时局势需要我们在欧洲集结兵力，却因为这次行动分散了我方薄弱的海军兵力。

很显然，这种思考超出了战略层面，它强调的是对登陆地点选择的影响。陆军关注的是在接近目标的同时不会遭到敌军抵抗，理想状态是经过一夜行军，充分利用夜色掩护迅速完成登陆，但这种情况一般只出现在小型远征行动中。在大规模联合远征中，陆军想尽可能地在远离目标的位置登陆，在站稳脚跟之前防止敌军反击。海军的思路正好相反，一般来说，他们登陆在距离敌军越远的地方，就越能够确保己方陆军不受敌方海军袭扰。他们的目标是寻找一处在敌军鱼雷射程之外的区域，使得己方兵力能够顺利执行掩护任务，运输船队能够独立完成任务。

为了使作战行动更有成效，避免兵力分散，有必要组建一个联合参谋部，确保顺利完成远征任务。可能的话，还要弄清楚陆海军协同作战是按照何种原则和方式进行的。从最近发生的一个战例看，一般是由陆军参谋部初步划定登陆区域，确定一处能够得到有效支援的合适位置作为登陆点。海军参谋部根据陆军制定的登陆点方案提出需要海军完成的准备工作。海军的分析会偏重于掩护行动的困难程度和登陆点的天气、洋流、海滩等要素，以及正常条件下海岸环境对火力和佯攻战术的支持程度。如果海军参谋部对登陆点的选择提出异议，就需要联合参谋部对可能出现的风险进行评估。这时也需要海军参谋部向陆军详细阐明海军在作战行动中面临的风险，尽可能提出一个可以减少海军风险同时又不给陆军增加负担的替代方案。为了分担和平衡海军和陆军各自的作战风险，联合参谋部必须确定一个折中方案，同时也需要海军和陆军在每次作战行动中尽最大努力克服自己的困难。联合参谋部的最终决定倾向于海军还是陆军，取决于最大的危险是来自海洋还是陆地。

敌对双方的海军兵力如果在某一海域的部署比较明朗，那么这一海域的战线就相对确定。但是，一般情况下，我们无法准确预测敌军的海上行动，也就无法确定敌方海军有没有可能干预我方的行动，因此登陆点的选择最终只能由海军司令来决定。这实际上给予了海军司令对陆军提出的登陆点方案进行取舍的权力，他将选择战场环境合适且作战风险较小的登陆点。同样，如果敌军干预的可能性很小，同时也不了解海岸附近的战场环境，那么登陆点的最终选择权将在陆军司令手里，他将根据登陆点的适宜程度进行选择。

在英国曾经最辉煌的时期，我们采用这种作战方式很少遇到麻烦。然而，自从1757年我们在罗什福尔第一次不甚光彩的失败后，就开始采取让海、陆军司令在同一艘指挥舰上对海岸线附近的战场环境进行联合侦察并共同制定进攻作战方案的做法。

我们的联合远征行动总是在制定好这些方案计划后才开始实施。自老皮特时代以来，我们从没有将联合远征行动置于海军或陆军司令的单独指挥之下，也不允许指挥官根据海军或陆军单独一方遇到的紧急情况进行决断。海陆两军司令意见分歧时可能会出现一些摩擦，但是这与海军或陆军因对另一军种了解有限而做出错误判断可能导致的危险相比，根本算不了什么。

即使联合高级参谋部遇到一些棘手问题，这一机制仍然运转良好，很少出现意外情况。但如果遇到一些特殊情况我们该如何应对呢？克里米亚战争就是一个很好的例子。当时海军面临重重困难，所有尝试似乎都行不通。关键时刻，我们召开了一次所有盟国海陆两军参谋军官参加的联合会议。由于英法两国陆军司令意见分歧较大，以及对战场环境不甚了解，他们几乎无法确定任何一处可能的登陆点。而所有的海军将领都知道需要选择一处开阔的海岸登陆，但由于当时糟糕的天气随时都会打断舰船与岸上的通信，同时又担心遭到敌军攻击，而舰船载着登陆兵不利于海上作战，因此海军没有组织有效的侦察。海、陆军将领就这些情况进行了分析研究。拉格伦(Lord Raglan)勋爵认为,现在陆军已经充分了解了海军面对的困难和危险,并且做好了迎战准备。于是,海军将领们回应说,他们也做好了作战准备,并将尽全力协助和掩护陆军在最终确定的登陆点登陆。

到此为止,我们还有一种支援掩护方式没有谈到,那就是利用舰队的牵制和佯攻行动来转移敌军对登陆点的注意力,这类任务由掩护分舰队及其配属的巡洋舰和战列舰舰队执行。1585年,德雷克进攻圣多明各时就使用了这种方式,这在现代战争中是最早的,因而成为后来所有类似行动的样板。在那次进攻行动中,德雷克的部队经过一夜行军在指定地点完成登陆后,他率领舰队驶向圣多明各,并整夜保持战备状态。黎明时分,德雷克的一些船只在炮火掩护下假装强行登陆,诱使当地驻军倾巢出动,准备迎战,结果却被真正的登陆兵力从侧面打了个措手不及。从这个简单的战例到我们所记载的计划最为缜密的另一个战例——桑德斯指挥的魁北克战役都是如此。为了确保伍尔夫夜间登陆行动,桑德斯佯装要炮击蒙卡尔姆位于城市南端的防线,并在早晨做出开始登陆的假象,诱使蒙卡尔姆的驻军离开伍尔夫真正的登陆点,直到登陆兵力完全站稳脚跟。同样的佯攻也发生在城市北端。这样,伍尔夫的部队在毫无抵抗的情况下直接攻入了法国阵地的中心。

这些支援掩护方式属于战术范畴,而不属于战略范畴,但却达成了战略目的。只要确保行动的高度保密并充分运用两栖兵力的机动性,敌人就很难分辨哪是真正的进攻,哪是佯攻。即使最后登陆行动开始之时,只要别处仍有佯攻行动,防御方就无法确定敌军到底在哪登陆。在魁北克战争中,直到蒙卡尔姆遭遇了伍尔夫的部队,他才意识到自己被迫应对整支英格兰军队。从战略上看,我们很难确定哪一次登陆是对下一步行动的掩护,还是分散敌人注意力的佯攻。在大规模作战中，如果登陆行动梯次展开，判断起来将更加困难，就像日本陆军第二军一样。在那个战例中，日本海军的佯攻得到了战略性运用，效果非常明显。当时，俄国总担心日军会从渤海湾登陆，向牛庄进军。所以，俄国的辽东半岛驻军司令施塔克尔贝格（G. K. Stakelberg）将军不允许在南部集结兵力，而实际上这里正是日军选定的登陆点。东乡平八郎将军尽管担负着支援和掩护陆军登陆的繁重任务，但他依然决定派遣一支巡洋舰舰队前往渤海湾。虽然我们无法确定这次佯攻对俄军参谋部产生了多大影响，但我们知道，施塔克尔贝格将军集结起来的兵力距离日军登陆点很远，以至于在日军完成登陆并开始对俄军展开措手不及的进攻之前，俄军根本没有对日军登陆行动实施有效反击。

当然，佯攻所具有的这种扰乱敌人行动的能力是联合远征固有的特殊属性，因为这种作战行动的路线可以隐蔽和调整，不过未来这种特性将有所弱化。登陆点所在战区四通八达的铁路运输线必然会降低佯攻的效果，但同时佯攻的手段也更加丰富。例如，日俄战争期间，扫雷舰上的一种新型武器以其较强的威力和微小的代价给人们留下了深刻印象。如果这类船只组成一支舰队出现在受威胁海岸线附近任何一处适宜的位置，佯装正在进行扫雷，敌人几乎不可能分辨出来，更不会视而不见。

总的来说，按照以往的作战方式，在未夺取制海权的海域，在合理发挥海军优势的情况下完成上述行动，其效果不会比迄今为止证明得出的结论差。蒸汽动力舰船的速度和精确性也许能够令战果更为显著。很难再找到能与 1904 年日本进攻汉城那次战役相媲美的战略行动了。的确，俄国在最后一刻由于政治原因决定承认日本对朝鲜半岛的占领，没有进行反击。但日本对此事先并不知情，他们的作战安排都是基于俄军将尽其所能运用一切手段阻止其行动的假设之上。日本接受并充分评估了这场战争的风险，所有的行动方式都与英国传统作战原则相一致，但没有任何迹象表明在敌方控制海域的作战行动风险会降低。为了阻止敌军对海上交通线的控制，以前那种护航和掩护跨海远征屡试不爽的作战方式现在已不再适用。除非通过纯粹的海军行动打破敌军对制海权的控制，否则联合远征的风险总会超出我们可以接受的限度。

# “绿色小册子”

## 编者说明

“绿色小册子”是科贝特著名的战略课程讲义，通常发给皇家海军学院的学员作为教材，目前有两个版本。第一个版本是原始版本，现存于国立海事博物馆的科贝特文集第六卷(加有注释的副本)。科贝特对之曾做过一些修正和补充，从小册子的封面可以看出，他想要和别人一起合著一个新的版本。海军学院的院长斯莱德上校曾积极参与小册子的编写。由于科贝特总是担心自己非现役海军人员的身份，所以急切地想把自己新颖的理论和海军专业人士联系起来。显而易见，注释和补充的内容都是由科贝特和其合作者共同讨论编写完成的，但不包括校对过程中的四处小修改。(一处缺字，两处拼写错误，一处字体斜体的错误运用，对印刷版的这些小修改是由作者自己完成的。)

另一个做过大幅修改的版本，也出自科贝特文集第六卷，于1909年出版，但作者不详。通过对比这两个版本的小册子，并将其与最终定稿的《海上战略的若干原则》一书相比较，可以给予我们许多重要的启示。较之于科贝特的代表作，这两个版本的小册子能够更加清晰和一目了然地反映科贝特海上战略思想的发展脉络，其中也可以看出科贝特之后的两位海军学院院长

R·S·劳里少将(1907—1908 年任职)和刘易斯·贝利少将(1908—1911 年任职)的思想印记。对绿色小册子原始版本所进行的大幅修改,很有可能是在性格暴躁、敢作敢为的贝利少将的坚持下完成的。

## 第一部分　海军历史讲座中使用的战略术语和概念

法学硕士　朱利安·科贝特

### 海军战略

海军战略不是一门单独的分支学科，它是战争艺术的一部分。

军官们研究的是战争艺术，只不过专注于海军战略。

正确的研究方式是先掌握宏观的战争理论，再确定海军战略与战争理论之间的关系。

战争是政治交往的一种形式，当武力被用于实现政治目的时，战争就成为政治外交的延伸。

### 目标

我们使用武力所要实现的目标，可以是直接的，也可以是间接的。

直接目标(也称作主要目标)是特指的作战或军事行动的目的。但我们必须记住，每一个直接目标背后都有一个隐性目标；也就是说，每一项作战行动不仅要从任务本身角度进行考虑，同时其也是整场战役甚至整个战争过程的一个环节。

战略是指挥部队达到目的的艺术。根据其目标的不同可分为"大战略"和"小战略"。其中"大战略"是针对间接目标的；"小战略"是针对直接目标的。

这就是说，一支陆军部队或者海军舰队的每一项作战行动的计划和实施都应该从两个层面出发。

1．考虑与总体战争进程的关系。

2．考虑与行动直接目标的关系。

"大战略"(一般是针对间接目标)泛指整场战争的总体计

划,包括:

1. 为实现间接目标确定各直接或初级目标。

2. 确定所需兵力,并明确海军和陆军在战争中各自的职责。

注释:广义上的“大战略”还包括整个国家战争资源的调配与利用。它属于国家决策的一部分,它将陆军和海军看作整体军事力量的组成部分,是战争的工具,对其进行统筹协调和指挥。同时,它还需要时刻关注国家政治外交形势(这会影响军事行动的有效开展)与经济状况(这是军事行动的力量源泉)。这两方面的考虑是战争的内在属性,我们称之为战略的政治偏移。这通常被看作一种弊病。它是影响每个战略问题的至关重要的因素,没有任何一个大战略可以脱离国家外交政策而确定,反之亦然,这基本成了一条普遍法则。从战略角度看来最佳的作战行动及目标会因为外交上的考虑而受阻,不考虑国家外交层面的影响而决定战略问题是片面的。无论战略还是外交政策都不是独立的个体,其相互之间的影响,作为一个不可避免的“战争中的矛盾”必须被军队指挥官接受。一个典型的例子就是七年战争中皮特拒绝派遣舰队进入波罗的海支援弗雷德里希,就是因为害怕削弱与斯堪的纳维亚国家的关系。

“小战略”主要指具体作战行动的计划方案。包括:

1. 确定作战行动的“目标”,为确保某作战行动的顺利进行所需攻击的敌军部队或战略要地。

2. 指挥部队进行作战行动。

“小战略”可分为三类:

1. 海军战略。直接目标只需要舰队行动完成。

2. 陆军战略。直接目标只需要陆军行动完成。

3. 联合行动战略。直接目标需要海、陆军联合行动完成。

注释1:通常所说的海军战略或舰队战略是战略研究的一

个分支。因此，战略研究不能仅从海军作战行动的角度出发。

注释2：海军战略虽然只是宏观战略的一部分，但它与“大战略”一样，也受到本国外交政策的影响，尽管是在一个较低层次。各支部队的指挥官常常需要在没有中央政府和上级指挥机构指导的情况下独自做出一些决定。因此，他们必须对每一项军事行动的潜在战略影响做到心中有数，确保那些战略上可行的行动不违背国家外交政策。

例如：七年战争爆发前夜，博斯考恩对德拉莫特（De La Motte）实施的军事打击。

**目标性质**

解决一个战略问题，无论“大战略”还是“小战略”，首先要确定其目标的性质。

所有目标，无论直接目标还是间接目标，都可分为积极目标和消极目标两种。

积极目标是指我们主动争取和夺占的行动。

消极目标是指我们挫败敌方企图或保护己方利益的行动。

当目标为积极目标时，我们的战略属于进攻型战略。

当目标为消极目标时，我们的战略属于防御型战略。

例如：东乡平八郎对罗热斯特文斯基的作战行动，其直接目标属于进攻型，即歼灭俄国舰队，其间接目标是履行舰队防御职能。

注释：东乡平八郎的这次作战行动是真正的防御作战的一个很好的战例，尽管其实施了猛烈的攻击，却完全属于战略防御的范畴。

针对积极目标的进攻行动本质上是更为高效的战争形式（它更为直接地指向战争的最终结果），一般被军事实力较强的一方采用。

针对消极目标的防御行动本质上更加稳固，所需兵力相对较少，它一般被军事实力较弱的一方采用。

注释：这个观点具有普遍意义，历史上一些看似例外的情况并不会影响它的正确性。我们必须正确区分“进攻性”与“主动性”的概念。在某些特定条件下，当我们占据一个有利的防御位置，迫使敌人要么强攻要么放弃，这时我们就掌握着战斗的主动权。大多数实力较弱的一方成功发动攻势，都是由于他们的作战行动先于敌军兵力调动或集结之前，这样他们就能将局部劣势的敌军各个击破。

进攻的好处众所周知。其不利之处包括以下几点：

1. 随着进攻的推进，交通线不断拉长，攻势也逐步削弱。

2. 进攻一般发生在较为陌生的作战区域。

3. 随着进攻的推进，部队撤退的难度逐渐增大。

防御的优势主要包括：

1. 防御区域接近己方基地。

2. 防御方熟悉作战区域。

3. 便于组织奇袭反击。

注释：现代海战中，在熟悉的战场环境中进行防御作战的优势格外明显，因为这对水雷和鱼雷的运用十分有利。

防御的劣势主要在于部队的士气会受到打击以及当我们对敌军目标和行动路线不掌握时会十分被动，但是如果我们可以确保拥有一个安全的后方，这种劣势就会被抵消很多。

**防御的一般特征**

防御的真正意义在于等待时机进行反击。

注释：当荷兰在查塔姆烧毁我们的舰船时，我们并不是在进行防御，而是根本什么都没有做，只是任其摆布。

防御的真正威力和本质在于反击。

精心设计的防御往往隐藏着攻击的可能和手段。

总体上是防御性的作战策略中也可以包含一系列小规模的进攻行动。

准则：如果你还不足以强大到发动进攻，那就先采取守势，直到双方力量对比出现变化，允许你进行攻击——

1. 要么诱使敌军发动攻击或通过其他方式来削弱其实力。

2. 要么通过组训新的部队或寻求盟友来加强己方实力。

除了为进攻行动作准备或掩护之外，防御很少或几乎没有其他作用；因为仅仅通过防御我们无法得到任何东西，只能阻止敌军的进攻和占领。但是当我们过于弱小而无法组织进攻时，防御往往是必要的，同时等待有利时机并加强自身实力，直至比敌军更加强大，随后我们就可以开始转向进攻，前期的防御实际上是一种准备步骤。

作为对进攻的一种掩护或支持，防御可以让我们更专注于进攻。通过在一个或多个次要战场的防御，我们可以将部署在那儿的兵力减到最小，从而在最重要的战场集中最大的兵力实施进攻。

**以防御为目的的攻击行动**

(A) 反击

(B) 牵制

(A) 反击的对象针对的是任何在进攻区域暴露自身的敌军。克劳塞维茨所说的“防御的奇袭优势”正是体现在这种作战形式上。

(B) 牵制与反击类似，不同之处在于它通常发生在敌进攻区域以外。

牵制可以用来扰乱敌方战略制定，分散敌军注意力，吸引其兵力从主要攻击方向转移。经过周密计划的牵制应该可以吸引比自身更加强大的敌军。因此,用于牵制的兵力不应该很多。牵制兵力越显得庞大,就越不可能让敌方派出更强的力量前来攻击。

之所以违背兵力集中原则分遣一部分力量进行牵制作战的唯一原因是,期望着它能够分散或限制敌人更为强大的兵力。

奇袭主要依靠的是突然性和机动性,这两种能力在联合远征行动中展现得最为充分。

注释1:牵制必须与奇袭区别开来。奇袭属于真正的攻击行动。它有一个积极目标,也就是要从敌人手中获取些什么,而牵制针对的是消极目标,其目的是阻止敌人达成目标。奇袭属于巧中取胜的战争手段,但它所需要的兵力也往往大于牵制。

例如:(1) 牵制——1815年我们对华盛顿的攻击行动。作战兵力大约为4 000人的登陆部队。根据上级指示,我们的目的是"在美国海岸线上形成对敌人的一个牵制,从而使驻加拿大守军获益",其作战意图是消极的、防御性的。

(2) 奇袭——1815年对新奥尔良的作战行动。作战兵力为15 000—20 000人。我们的目的是"夺取密西西比河河口的控制权,其次是占领一些战略要地,为维持和平局势添加砝码",其作战意图是积极的、攻击性的。我们可以对比七年战争中罗什福尔远征行动(牵制)与贝莱伊斯勒(奇袭)的战斗。

注释2:这种区别引出了三种作战类型,正如伊丽莎白时期战略学家们的分类方法:

袭扰 = 牵制

侵袭 = 奇袭

入侵 = 真正的正面进攻

将这种分类与乔治阿达先生的分类(1904年皇家调查团关于后备力量的报告)相比:

“袭扰”兵力不超过10000人。

“小型远征”不超过50000人。

“危险入侵”不超过150000人。

**间接目标的性质**

根据间接目标的性质分类我们可以将战争相应地分为两类,也就是作战目标是有限的还是无限的。

(1) 拥有有限目标的战争(即有限战争)是指我们仅仅需要从敌方那里占领某地区或获得某利益。比如,美西战争其目的是解放古巴。

(2) 拥有无限目标的战争(即绝对战争)是指我们的目的是完全击溃敌军,敌方为了保全自己,必须同意我们的某些条件。比如,法德战争。

注释:间接目标的性质并非一定要与直接目标完全一致;比如间接目标可以是进攻型的,而其中一个或多个直接目标可以是防御型的,反之亦然。

例1:日俄战争中,日本的间接目标(把俄国赶出满洲)属于进攻型(积极目标)。日本舰队的职责或间接目标(掩护入侵行动)属于防御型(消极目标),其直接目标却是攻击和歼灭俄国海上力量,这属于进攻型(积极目标)。

例2:美西战争中,(美国的)间接目标是将西班牙势力驱逐出古巴,这是进攻型的。美国舰队的间接目标是阻止西班牙的增援兵力或者说是掩护美国军队的顺利入侵,这是防御型的。美国舰队的直接目标是迫使西班牙舰队迎战,这也是进攻型的。

**作战体系**

由作战目标类型确定了战争类型后,(无论属于进攻型还是防御型,有限战争还是绝对战争),战略还必须解决作战体系或“战争计划方案”的问题。

这取决于：

1. 战场环境。

2. 作战手段。

(1) 战场——一般被定义为“作战双方交战的所有地域”。然而，这个定义是不全面的。对于一个岛国来说，战场肯定还包括海域。战场准确的定义应该是“作战双方所有间接目标及其附属的次级目标所涉及的地理区域”。

一个“战场”可能包括了多个“战区”。

(2) 战区——通常指仅涉及交战某一方的作战行动区域。

“作战行动”是指任何实现战略目标的措施。

“战区”一般被定义为我们计划占领或进行防御的作战区域。

更准确的定义应该是“在确保某作战行动目标顺利完成之前，必须首先攻占的包括海洋、陆地或者海陆均包含的敌军领地。”

由于战争类型随着目标类型的改变而改变，因此可能出现一个战区的作战行动是防御型的，而同时另一个战区的作战行动是进攻型的。

防御型作战行动中可能包括了进攻型的作战手段。

**作战对象**

作战对象是指“一次进攻行动所指向的任何地点或军队。”在某个战区中，如果作战目标是夺取敌舰队所在海域的制海权，那么敌舰队就是作战对象。

**作战路线**

作战路线是指“从我们的基地或出发位置前往目标点所经过的陆地或海域。”

作战路线可以暴露在外，也可以隐蔽于内。在一个战区中，当我们占据一个可以比敌军或敌增援部队更加迅速地到达战场的位置,我们就掌控了所谓的内部路线,所占据的这个位置就被称为内线位置。“外部路线”和“外线位置”的概念则与之相反。

**交通线**

具体而言又可分为三类:

1. 补给路线,从基地前往部队驻地的路线。

2. 横向交通线,战区内各个部队之间的交通路线。

3. 撤退路线,与补给路线相反,即返回基地的路线。

这三个概念可以用“航行和交通路线”来概括,18 世纪末,我们就开始使用这个术语。在陆上,它指道路、铁路、水路等。在海上,它指舰船从基地前往目标点或者需要补给的兵力所途经的海域。

在陆上战略中,交通线是一个大问题,而海上战略似乎从未纠结于此,但事实上交通线在海上战略中更加重要。在接下来对有关内容的讨论中,我们可以发现,这是海上作战首要考虑的因素。

**海上交通线**

海上交通线具体包括以下几类:

(1) 我方或敌方舰队自身的交通线(对应于陆军在陆上的交通线)。随着现代海军对燃料和弹药的需求越来越大,其重要性也在增加。

(2) 从前方海外基地出动作战的陆军部队的交通线,即连接前方海外基地与主基地的交通线。

(3) 经济交通线,即国家经济、资源和主基地补给所依赖的交通线,还包括“横向的”、各据点之间的交通线。

这些“航行和交通路线”的问题是海军战略面临的当务之急,也就是说,海军战略面对的问题可以归纳为有关“航行和交通路线”的问题,这也许是解决这类问题的最佳切入点。

## 第二部分　从航行和交通路线问题看海军战略

所谓“海军战略”，是指挥舰队作战的艺术。这些作战行动必须始终把“航行和交通路线”作为其主要目标，即舰队主要的任务不是保卫自身海上交通线的安全，就是袭击敌军的海上交通线。

证据1：演绎——我们说海军战略的目的是夺取制海权，这是什么意思呢？它与陆上攻城略地的概念不同，因为海洋不能成为统治的对象，也无法依靠占领的海域供养舰队（陆军就可以依靠所占土地供养部队），同时我们也无法将中立方彻底驱离海洋。因此，科洛姆将军“夺占海洋领土”的理论是一个错误的类比，将其作为战略体系的基础是不稳妥的。那么在世界政治体系中，海洋的价值究竟在哪里？它的价值在于是联系国与国之间以及国家与海外领地之间的纽带。因此“制海权”就意味着对这些交通线的控制，而对交战双方来说，这种需求是针锋相对的。

推论——制海权，如同占领陆上领地一样，并不能作为战争的最终目标，除非是一场纯海战，类似于17世纪英国与荷兰之间的战争，但即使在那场战争中制海权可能也只是一个初级或直接目标，或是某几次战斗的间接目标而已。

证据2：归纳——从以往的历史经验中，我们可以得出这样的结论——舰队的实际作用（除了在纯海战中）有三个。

1. 威慑或稳固盟友（阻止或说服中立方参战）。

例如：1702—1704年西班牙王位继承战争前期与鲁克的战争，目的是为了让萨沃伊与葡萄牙不脱离盟军；纳尔逊为了保持与那不勒斯王国的同盟关系而进行的战争。

第一个例子中，在紧要关头，我们发现要马上让萨沃伊与葡萄牙意识到，如果他们站在路易十四一边，他们为此付出的代价将远大于直接对土伦舰队发动攻击的损失。第二个例子中，相比于消灭土伦舰队，与那不勒斯人的同盟关系对我们在地中海东部的作战行动影响更大。

2. 保护或摧毁经济。

3. 掩护或阻碍岸上的军事行动。

以上几点是目前对“海军战略”最全面的定义，它突出了海军战略与大战略中的外交、经济和军事方面的密切关系。

制海权的这些功能主要通过两种手段来实现：

(1) 直接对陆地进行或威胁进行攻击(轰炸、登陆、袭扰等)。

(2) 夺取制海权，即控制连接各方的海上交通线，从而自如地对敌方领土、经济和盟国等实施攻击，而敌军没有这样的能力。

注释：第二个方面对于海上交通线的控制所产生的威力远大于第一个。尽管事实上如果奋力一搏，在没有夺取制海权的情况下也可能采取第一种手段。从这个角度看，海军战略主要是控制海上交通线的问题。

不过这也并非绝对。有的时候，尚未掌控总体制海权之前就需要对目标直接采取行动。(这就是政治和军事因素的影响导致的海军战略的偏移。)

例如：1704 年鲁克面对难以撼动的土伦舰队在直布罗陀海峡的军事行动。日本入侵满洲。

**制海权**

制海权是一个战时的概念。如果我们在和平时期声称对某一海域拥有制海权，那只是一种美丽的说辞，它无非是指①我们占据着众多海上要地;②我们有足够强大的舰队能确保战争爆发时夺取制海权。

**制海权的类型**

1. 制海权可以分为整体制海权和局部制海权。

(1) 整体制海权是指敌方没有能力对我方海上交通线造成威胁,或者保护其自身的海上交通线,换句话说敌方无法在海上严重干扰我们的贸易、军事和外交行动。

只有当敌方无力派遣舰队进入海洋时我们才会获得整体制海权。

注释:获得制海权并不是说敌方什么都不能做,而是说敌方无法严重干扰我们想要达成的战争目标或阻止我们按照既定想法行动。

(2) 局部制海权是指我们能够在一个或多个战区内阻止敌方干扰我们的海上交通。

2. 局部和整体制海权均可分为暂时制海权和永久制海权。

(1) 暂时制海权指达成眼前目标(即某次战斗或战役的目标)所需的特定时间段内,能够阻止敌军袭扰我方所有或部分战区的海上交通线。

(2) 永久制海权是指当时间不再是影响制海权掌控的一个关键因素,即敌方恢复其海上实力的可能性实在太过渺茫,几乎可以不作考虑。

3. 无论哪一类制海权,都存在下列三种不同的状态:

(1) 制海权在我们手中。

(2) 制海权在敌人手中。

(3) 制海权处于争夺之中。

如果制海权处于争夺之中,还可区分为:

(1) 我方占优势。

(2) 敌方占优势。

(3) 双方势均力敌。

**制海权的争夺**

处于争夺状态的制海权是最具实际意义的战略态势,因为它是制海权在战争中的常态,至少在战争初期是这样,而且这种状态贯穿整个战争的情况也不鲜见。

这种争夺状态会一直持续,直到来一次终极对决,其中一方再也无力派遣舰艇出海。

寻求以决战结束争夺状态对实力占优势的一方更为有利。这就是为什么每次与英国为敌时,法国总是把避免决战作为行动准则。

法国这么做的合理性是以一个事实为基础的:即便掌握了整体制海权,也并不意味着能够惠及所有的海上战场。

制海权处于争夺状态时,为了实现某个目标,海军实力占优势的一方也许会把兵力集中于某一战区,以确保在局部海域或在某一时期内拥有制海权。此时,实力较弱的一方就可以利用这一点在其他海域安全地行动。

规则 1:争夺状态会迫使优势一方集中兵力,所以弱势一方可以在规避决战的前提下获得一定的行动空间。

规则 2:在争夺状态下,弱势一方也许没有能力袭扰对方的海上交通线,但也许有能力保护其自身的海上交通线。

例如:七年战争的前三年就是这种争夺状态,直到霍克和博斯考恩获得决战机会一举击败了康弗斯和德·拉·克鲁埃。此外,拿破仑战争一开始也是这种状态,直到特拉法尔加海战。

**制海权总是战争的首要目标吗?**

有时优势一方并没有或并不执着于获取制海权(就是说放任整体制海权处于争夺状态),尽管这可能会给敌方在某些海域以可乘之机,但对优势一方而言,这比危及他们正在进行的战斗要好得多。

因此在某些情况下,寻找并歼灭敌舰队并不一定是舰队的首要目标,因为也许整体制海权还在争夺之中,但局部制海权却在我们手中,而此时出于政治、军事层面的考虑可能要求我们立即采取行动,而采取这些行动仅掌握局部制海权就已经足够,没有必要等到取得决战胜利再进行。

从以上论述可以看出,"制海权"并不是一个严谨的战略词汇。从实际出发,应该改为"对海上交通线的控制"。

这样,我们在筹划作战行动时将不再问"我们是否拥有制海权?",而是要考虑"我们能否抵御敌方的袭扰,确保主要海上交通线的安全?"

**获取制海权的手段**

1. 永久的整体制海权只能通过彻底歼灭敌舰队的方式实现。

2. 局部的暂时制海权可以通过以下方式实现:

(1) 并非完全成功的防御行动(限制)。

(2) 迫使敌方在其他海域集中兵力(牵制)。

(3) 在特定战区形成对敌方相对优势的兵力集中(巡防或限制)。

**封锁**

根据目的的不同,封锁有两种:

1. 封闭式封锁,即阻止敌方进入某海域,从而获得局部或暂时制海权。

2. 开放式封锁,通过占据主要海上交通线迫使敌人出海还击(参见下文)。这是寻求决战从而获得整体制海权的一个步骤。

两种封锁都是基于海上交通线的作战行动,但第一种封锁的主要意图是防御,确保我方海上交通线的安全,第二种封锁的主要意图是进攻,通过占领敌海上交通线迫使敌军进行反击从而暴露自己。

**实施海上封锁的一般原则**

在第一种以防御为目的的海上封锁中,应该在确保不会遭受敌军鱼雷袭击的前提下尽量靠近敌军。第二种以进攻为目的的海上封锁中,应该在确保敌舰队一出动就可以诱其作战的前提下尽量远离敌军。

例如:第一种情况包括东乡平八郎对旅顺港第一阶段的海上封锁。

第二种情况包括纳尔逊对土伦的海上封锁。

两种情况的混合:桑普森试图封锁圣地亚哥,同时还企图迫使赛尔维拉出海迎战。

**海上交通线的特点**

由于整个制海权以及海上封锁的理论都是建立在对海上交通线的控制基础上的,所以如果对海上交通线的属性没有一个全面的了解就很难真正理解这些理论。

陆战中,交战双方的交通线往往方向相对,一直延伸到某个战区或目标点交汇。

海战的情况正好相反,交战双方的海上交通线方向往往是平行的,有时甚至完全重合。

在与德国的战争中,作战目标位于地中海东部、美洲和南非,我们各自的海上交通线是完全相同的。

我们与法国所有的争霸战也是这种情况。

这是海上战争最大的特点。我们现在总结出的几乎所有海上战略准则都可以追溯到这一点。

它是陆上战略和海上战略不同之处的根源，可以解释很多战略混淆和谬误。人们总是把陆上作战原则套用到海战中，却忽视了海上交通线和作战行动所固有的特性。

陆战中，我们不去轻易攻击敌方交通线的主要原因是这样容易暴露我们自己的交通线。

而海战的情况正好相反。由于交通线共享，我们不可能在不打击敌方海上交通线的情况下保护我们自己的海上交通线。

因此，在海上最显而易见的做法就是将己方舰队部署在可以控制这些主要交通线的位置上，直到被击败或被迫逃离。

例如：在以往我们与法国的战争中，我们总是会在法国舰队行动之前派遣我方舰队在布雷斯特外驻守。

正因为如此，才有了诸如“我们舰队的最佳驻泊位置在敌海岸线附近”、“敌海岸线才是我们真正的前线”等作战信条。

但这些原则并非放之四海而皆准，就像东乡平八郎对罗热斯特文斯基所实行的战略，他把兵力都留在了己方海岸线附近。

重新再看那条准则，即舰队的首要目标是寻找敌舰队并将其歼灭，东乡平八郎的做法实际上与这条原则是相反的。

因此，真正准确的说法应该是“舰队的首要目标是确保海上交通线的安全，如果敌舰队的位置威胁到海上交通线安全，就要对其采取行动。”

敌舰队通常会出现在威胁我方交通线安全的位置，但并不是每次都这样。

例如：西班牙王位继承战争开战之初。1702 年，战争主要围绕着争夺控制位于西班牙贸易航线上的一些关键点（加的斯，直布罗陀和费罗尔），法国的横向交通线和我们通往地中海的海上交通线等，后两条交通线实际上是重合的。1703 年，战争主要围绕巩固与萨沃伊尤其是葡萄牙的同盟，因此鲁克下达的指令是先忽略法国舰队，除非他们威胁到我们的海上交通线。

最终结果——1704年，我们占据了关键的海上要地，法国再也无法将我方势力驱逐出去，被迫放弃了对海上交通线的争夺。

但是十次里面总有九次，寻歼敌舰队的准则是没有问题的：

(1) 因为要取得战争的最终胜利，获得永久的整体制海权是必要的，而不歼灭敌舰队就不可能获得之。

(2) 因为敌舰队的行动往往也是为了控制共享的海上交通线。

(3) 因为舰队担负有很多重要任务，若能歼灭敌舰队，一切问题就都迎刃而解了。例如：1703年帕尔梅斯·费尔伯恩的问题解决方式(详见《英国在地中海》，第二卷第234页)

我们还要记住，十次里面有九次，最为有效的“寻歼敌方舰队”(迫使其迎战)的方法是占据那些至关重要的海上交通线。

1704年就是这种情况。鲁克追踪不到土伦舰队，但是由于占领了直布罗陀，敌方舰队被迫前来迎战(可能这并非本意，是战略法则的规律使然)。

这还可以跟1898年美国的战略以及东乡平八郎的战略相比较。

实际上，所有海军经典战例都运用了这个战略，确保海上交通线的控制权。例如，格拉沃利纳(Gravelines)，拉乌格(La Hogue)，基伯龙，特拉法尔加，津岛(Tsushima)。

英荷战争中的一些经典战役也是这样，由于我们的地理位置横跨荷兰的海上交通线，敌军被迫与我军交战。

**结束语**

在运用“寻歼敌方舰队”的准则时应该注意：

(1) 在你力量占优想要寻歼敌舰队时，往往会发现敌人所处的位置让你不得不付出巨大的代价才能将其歼灭。

(2) 将防御看作比进攻更为稳健的战争形式,起码在一般情况下,迫使敌人主动来找你比你到敌方势力范围内寻求决战更为有利。

# 译　后　记

谈及西方海军战略思想，很多人往往“言必称马汉”，似乎能够代表西方海军战略思想的仅有马汉，而事实上在海军战略研究领域并非马汉一枝独秀，而是群星璀璨，比如说英国著名海军理论家和历史学家朱利安·斯塔福德·科贝特(1854—1922)。在西方海军理论界看来，科贝特与马汉是世界上两位最有影响的、堪与克劳塞维茨齐名的海军战略理论家，正如《海权对历史的影响(1660—1783)》和《海军战略》奠定了马汉作为海权理论和海军战略理论创始人的地位，《海上战略的若干原则》一书成就了科贝特在海军战略理论研究方面崇高的学术声望。译者在海军指挥学院攻读海军战略学硕士研究生时，曾多次看到《海上战略的若干原则》一书的节选和相关介绍，却一直未见该书的中译本出现。一日在学院图书馆惊喜地发现了《海上战略的若干原则》一书的英文版(该书最初由伦敦的朗曼·格林公司于1911年出版，美国海军学会1988年编辑的海权经典系列丛书中收录了该书，本书是根据后一版本翻译的)，遂产生了翻译该书的念头。现在回想起来，以译者的英文水平来翻译经典著作，实在有些不自量力，不过也为自己敢于一试的勇气所鼓舞。做过翻译尤其是翻译过学术著作的人可能都有体会，译书的难度和辛劳并不亚于著书，特别是在研究生毕业后，译书的工作完全只能利用业余休息时间，辛苦自不必说，但也有付出辛劳后收获的喜悦，从某种意义上讲，这或许是对个人心志的一种考验吧。译者自2008年到北海舰队司令部办公室从事军事理论研究工作后，在舰队田中司令员的亲自领导和大力支持下，译书工作得以快速推进。

《海上战略的若干原则》一书国内已有多个中文译本，本书与其他版本不同的是，本书将原书附的《绿色小册子》也翻译了出来。《绿色小册子》是科贝特在皇家海军战争学院讲授战略课程时发给学生的讲义，其最初名为《海军历史讲座中使用的战略术语及定义》，后更名为《战略笔记》。《海上战略的若干原则》正是在此基础上扩充、修改、发展而成的。

《海上战略的若干原则》是一部海军战略理论的经典名著，我们翻译能力水平有限，译著质量不免会令学界前辈失望，但不管怎样，其可看作为推进国内海军战略研究做的一件实事、付出的一种努力吧。

吕贤臣

2014年12月于青岛